단단한 팀

단단한팀

혼자가 아니다. 그것이 우리의 가장 큰 힘이다.

하나의 팀으로 함께 한 나인팀 8기

김지혜 김형철 박 승 서동춘

양해준 엄용준 원유중 이경일

이경훈 이광호 이준희 전수정

그리고 최익성

누구도 그저 그런 팀을 원하지 않는다

단단한 팀을 위한 *최고의* 팀워크 전략서

최고의 팀워크, 펠로톤

거대한 바람을
홀로 찢으려 하지마라

목차

단단한 팀 : 거대한 바람을 홀로 찢으려 하지 마라

프랑스 시골길 에서 배운 최고의 팀워크, 펠로톤

프랑스 시골의 이른 아침, 수백 년 된 플라타너스 나무들이 늘어선 도로 위로 짙은 안개가 걷히기 시작한다. 그 장엄한 풍경 속을 하나의 거대한 생명체가 미끄러지듯 나아간다. 백여 명의 라이더들이 만들어내는 형형색색의 물결, 기어와 체인이 빚어내는 미세하고 규칙적인 소음, 그리고 극한의 인내심을 증명하는 거친 숨소리가 뒤섞인 거대한 흐름이다. 이 집단 주행 그룹의 이름은 펠로톤Peloton. 프랑스어로 '작은 공'이라는 뜻이다. 멀리서 보면 선수들이 하나의 덩어리로 뭉쳐 나아가는 것처럼 보여 붙여진 이름이다. 겉으로는 혼돈스러위 보일지라도, 사실 현대 조직이 꿈꾸는 생존의 질서가 촘촘하게 들어 있다.

　펠로톤을 움직이는 힘은 개인의 특출난 기량이 아니다. 냉정한 물리 법칙에 대한 이해, 각자의 역할에 대한 흔들림 없는 신뢰, 그리고 공동의 목표를 향한 유기적인 움직임이다. 라이더들의 진짜 적은 바로 옆에서 달리는 경쟁자가 아니라, 눈에 보이지 않지만 거대한 벽처럼 막아선 공기 저항이다. 시속 50킬로미터에서 소모되는 에너지의 대부분은 이 저항을 뚫는 데 쓰인다. 개인이 감당하기엔 너무 큰 힘 앞에서 그들은 서로에게 기대기 시작한다. 선두 라이더가 자신의 몸으로 바람을 가르는 순간, 그의 등 뒤에는 '에어 포켓Air Pocket'이 생성된다. 뒤따르는 선수는 이 보호막 덕분에 선두보다 현저히 적은 힘으로 페달을 밟을 수 있다. 한 명의 헌신은 결코 소멸되지 않고, 전체가 공유하는 자산이 되어 집단의 효율을 극대화하는 것이다.

　펠로톤은 도메스티크domestique라 불리는 선수들을 품고 있다. 프랑스어로 하인이라는 뜻이지만 실제로는 누구보다 숭고한 역할이다. 이들은 스스로의 영광을 뒤로 미루고 팀의 에이스를 위해 바람막이가 되고, 때로는 자신의 바퀴를 떼어주기도 한다. 속도계에는 기록되지 않지만 펠로톤을 지탱하는 가장 깊은 층위의 기여다. 더 흥미로운 장면도 있다. 서로 다른 유니폼을 입은 라이더들이 나란히 달리며 서로의 바람막이가 되어 함께 바람을 가른다. 어제 시상대에서 치열하게 다투던 적들이, 오늘은 200킬로미터 중 199킬로미터를 연대하여 달린다. 마지막 1킬로미터에 들어서야 비로소 경쟁자가 된다. 협력과 경쟁은 뚜렷한 경계로 나뉘지 않는다. 손을 잡을 때와 놓을 때를 정확히 아는 것, 그것이 이 세계의 문법이다. 협력과 경쟁 사이에 명확한 경계선은 없다. 오직 '언제'라는 타이밍만 존재할 뿐이다.

그러나 펠로톤의 진짜 드라마는 정면이 아니라 옆에서 바람이 꺾이는 순간 시작된다. 크로스윈드가 도로를 스치며 지나가면, 둥글게 흐르던 무리는 미세하게 흔들린다. 그 찰나, 라이더들은 바람의 결을 따라 길게 사선으로 뻗어가는 흐름을 만들어낸다. 새떼가 강풍 속에서 본능적으로 V자를 그리며 날아오르듯, 앞사람이 바람을 온몸으로 받아내고 뒤따르는 이들은 그 얇은 바람의 그늘 속에서 속도를 이어간다. 에셜론 echelon은 그렇게 태어난다. 가까스로 맞닿은 어깨, 흔들리지 않으려는 호흡, 각도를 잃지 않기 위해 집중하는 시선. 혼자서는 결코 만들 수 없는 살아 있는 균형이다. 그 순간 팀워크의 본질이 또렷해진다. 바람은 잔혹하지만, 그 잔혹함 속에서 팀은 가장 정교하고 가장 단단한 형태로 완성된다.

펠로톤은 승자독식의 논리를 거부한다. 세계 최고의 사이클 대회인 '투르 드 프랑스'의 시상대를 보라. 종합 우승을 차지한 노란색 저지 외에도, 최고의 스프린터에게 주어지는 녹색 저지, 산악의 왕에게 수여되는 빨간 물방울무늬 저지 등, 다양한 전문성과 기여를 상징하는 영웅들이 함께 선다. 각각의 저지는 서로 다른 능력과 기여가 어떻게 팀을 전진하게 했는지 말없이 보여준다. 이는 매출 목표 외에도 혁신, 지속적인 관리, 미래 인재 육성 등 다양한 방식의 기여를 공식적으로 인정하고 보상하는 시스템과 같다. 한 선수가 팀의 목표 달성을 통해 수십억 원의 상금을 획득하더라도, 그 돈은 결코 개인의 계좌로 직행하지 않는다. 모든 상금은 팀의 공동 기금으로 모아져 밤새도록 자전거를 정비한 미캐닉, 마사지사, 영양사, 심지어 버스 기사까지 팀의 모든 구성원에게 공정하게 배분된다. 펠로톤에서의 승리는 몇몇의 힘찬 질주가 아니라, 드러나지 않은 수백 겹의 기여가 하나의 호흡으로 이어질 때 비로소 완성되기 때문이다.

 이 책은 프랑스 시골길의 펠로톤이 우리에게 던지는 질문에 대한 답을 찾아가는 여정이다. 당신의 팀은 고독한 라이더들의 집합체인가, 아니면 연대하여 함께 나아가는 펠로톤인가?

저자 소개

- **김지혜** Jane

글로벌 맥락에서 다양성과 포용성(D&I)을 연구하고 실천해온 문화 간 커뮤니케이션 전문가입니다. 서로 다른 언어와 문화가 만나는 현장에서 영업, 사업개발, 퍼실리테이션을 넘나들며 전문성을 쌓아왔습니다. 다국적 기업에서의 경험을 바탕으로 문화적 차이가 협업과 의사결정에 미치는 영향을 분석하며, 실질적인 조직 변화를 돕는 컨설팅과 워크숍을 진행하고 있습니다.

- **김형철** Eden

20년간 급변하는 IT 현장에서 조직 문제의 해답이 결국 '사람과 그들의 관계'에 있다는 것을 배웠습니다. 이론보다 현장에서 통하는 현실적인 실행을 중시하며, 외형적 성과보다 조직을 탄탄히 지탱하는 본질적인 방향을 고민합니다. 단순히 '바른' 방향을 판단하기보다, 우리 조직이 나아갈 수 있는 '나은' 방향을 제시하는 가이드가 되고자 합니다.

- **박승** Jacob

교육 전공자이자 9년 차 HRD 실무자로, 삶의 모든 순간에 교육이 일어난다는 신념으로 인재 성장을 지원해왔습니다. 인사와 교육 사이의 접점에서 조직과 사람이 만들어내는 이야기에 늘 귀를 기울입니다. 팀을 단단하게 만드는 일에 깊은 관심을 두고 있으며, 이를 통해 전문적인 조직개발 전문가로 성장하는 커리어를 꿈꿉니다.

- **서동춘** Eric

산업심리와 인사조직을 전공한 뒤, 20년간 기업 현장에서 전사부터 팀 단위까지 아우르는 맞춤형 변화관리를 설계해왔습니다. 변화관리에 정답은 없으며, 각 조직만의 고유한 '명답'을 찾아가는 여정이 가장 가치 있는 일이라고 믿습니다. 오늘도 Change Management Solution Provider로서 현장에 서서 조직의 지속 가능한 변화를 이끌고 있습니다.

- **양해준** June

개인과 조직의 변화를 돕는 디자인 싱커이자 조직개발 플레이어로서, 영혼의 진실한 연결과 정교한 시스템의 힘을 믿습니다. '함께하는 행복'이 삶의 가장 강력한 가치임을 확신하며, 공동체의 성장을 최우선으로 추구합니다. 우리 모두가 일터와 일상에서 행복을 나누는 '단단한 커뮤니티'의 일원이 되기를 진심으로 소망하며 현장을 누비고 있습니다.

- **엄용준** Kai

사람과 팀 사이의 시너지를 설계하는 엄메이징HRD의 대표로, 10년 넘게 기업 현장에서 성과를 만드는 사람의 힘을 지켜봐 왔습니다. 기술이 발전해도 결국 성과는 사람이 함께 움직일 때 완성된다는 확신으로 다양한 협업 교육 프로그램을 운영합니다. "오늘 함께 일한 사람이 내일도 다시 함께하고 싶은 팀"을 만드는 것이 인생의 가장 큰 목표이자 소명입니다.

▪ **원유중** Wonew

20년간 HR 현장에서 스스로의 태도와 역량을 점검하며, 사람의 가능성을 증명하는 일에 매진해왔습니다. 글쓰기를 통해 누군가의 성장과 행복을 돕는 지렛대가 되고자 노력하며, 시간은 흐르는 것이 아니라 쌓이는 것이라 믿습니다. 하루하루 '꿈행일치'의 삶을 실천하고 기록하며 사람들에게 긍정적인 영향력을 전하고 있습니다.

▪ **이경일** Benny

33년간 통신과 유통 플랫폼을 넘나들며 평사원에서 경영총괄(CSO)에 이르기까지 무수한 도전을 이어왔습니다. '상품과 서비스를 빛나게, 고객과 동료를 더욱 빛나게 하라'는 신념을 가슴에 품고 비즈니스 현장을 지켜왔습니다. 대한민국 1호 'Shine Maker'로서 치열하게 살아가는 모든 이들의 가치가 빛날 수 있도록 곁에서 열렬히 응원하겠습니다.

▪ **이경훈** Eddie

공학 전공 후 연구소에 입사했으나 우연한 기회로 인사 및 교육 업무에 입문하여 20년 넘게 인재 육성에 몸담아 왔습니다. 사기업, 공무원, 공기업 등 다양한 조직을 경험하며 인재의 소중함과 좋은 조직의 중요성을 깊이 체감해왔습니다. 계획된 우연을 소중히 여기며, 앞으로도 좋은 인재를 성장시키고 건강한 조직을 만드는 일에 전념할 계획입니다.

- **이광호** Daniel

IT 엔지니어로 시작해 사람의 성장과 성과에 매료되어 HRD 전문가의 길을 걷고 있는 박사이자 컨설턴트입니다. 중앙대학교에서 석사와 박사 학위를 취득한 후, 현장의 문제를 해결하는 다양한 프로젝트와 강의를 수행해왔습니다. 현재는 컨설팅 현장과 대학 강단을 오가며 조직의 성장을 지원하고 차세대 HR 전문가들을 양성하는 데 주력하고 있습니다.

- **이준희** Jenny

기업 현장에서 리더와 구성원의 고민과 성장을 지켜온 심리학 연구자로, 마음의 원리를 바탕으로 조직의 성장을 돕습니다. 사람이 움직이는 근본적인 원리를 활용해 모든 팀이 더 단단하고 효율적으로 일할 수 있도록 실질적인 도움을 줍니다. 심리학적 통찰을 통해 현장에 필요한 솔루션을 제공하며 팀이 가진 잠재력을 극대화하는 일에 집중합니다.

- **전수정** Crystal

'과연 사람이 변할까?'라는 질문에 확신을 가지고 'YES'라고 답하는 20년차 변화관리 전문가입니다. 이론보다는 현장의 복잡한 이슈들을 해결하는 과정에서 소명을 느끼며 매일 새로운 문제 풀이에 도전합니다. 더 나은 조직 변화를 위해 정교한 풀이식을 만들어내고, 미련한 신념이 현실이 되도록 현장의 목소리에 귀 기울입니다.

Part 01

팀보다 위대한 선수는 없다

<펠로톤 속으로>

7월의 태양은 정수리를 뚫을 듯이 쏟아지고, 달궈진 아스팔트 위로는 희미한 아지랑이가 피어오른다. 니스Nice의 해안 도로를 가득 메운 수만 관중의 함성은 거대한 파도처럼 밀려오지만, 기이하게도 내 헬멧 안은 진공 상태처럼 고요하다. 들리는 것은 오직 내 불규칙한 심장 박동 소리와, 옆 동료가 내뱉는 옅은 숨소리뿐이다.

"탁."

오른쪽 클릿슈즈를 페달에 끼워 넣는다. 그 건조하고 날카로운 금속음이 척추를 타고 올라와 뇌관을 건드린다. 이제 되돌릴 수 없다. 내 앞에는 3,500킬로미터라는, 인간의 다리로는 감히 가늠조차 할 수 없는 거리가 야수처럼 입을 벌리고 있다. 혀 밑에서부터 비릿한 쇠 맛이 올라온다. 아드레날린과 공포가 뒤섞인, 레이서들에게만 허락된 낯익고도 역겨운 맛이다. 땀 한 방울이 고글 안쪽을 타고 흘러내려 눈가를 맵게 찌른다.

핸들바를 쥔 손바닥에 땀이 배어 나온다. 카본 프레임의 딱딱하고 차가운 감촉이 장갑 너머로 전해진다. 저 앞에는 알프스의 만년설이, 피레네의 살인적인 고갯길이, 그리고 무엇보다 형체 없는 괴물인 '바람'이 우리를 기다리고 있을 것이다. 그 바람은 혼자 맞서기엔 너무나 거대하고, 인간의 근육을 찢어놓을 만큼 집요하다. 나는 본능적으로 고개를 돌려 옆을 본다.

나와 같은 색의 저지를 입은 마르크의 옆모습이 보인다. 선크림을 잔뜩 바른 그의 목덜미 위로 핏줄이 도드라져 있다. 우리는 굳이 말을 섞지 않는다. 그저 서로의 호흡이 떨리고 있음을, 이 거대한 도전을 앞두고 느끼는 공포의 무게가 같음을 눈빛만으로 공유할 뿐이다.

총성이 울린다.

정지해 있던 거대한 톱니바퀴가 비명을 지르며 맞물려 돌아가듯, 198명의 선수가 일제히 페달을 밟는다. 수백 개의 체인이 기어 톱니를 물고 돌아가는 소리가 합쳐져 웅장한 기계음을 만들어낸다. 타이어가 지면을 긁는 마찰음과 함께 내 몸이 앞으로 쏠린다. 나는 즉시 앞 선수의 뒷바퀴가 만들어내는 좁은 공기의 틈, 그 고요한 슬립스트림 속으로 파고든다. 내 어깨 옆으로 또 다른 동료의 거친 숨소리가 바짝 따라붙는다.

이 거대한 바람을 홀로 찢을 수 있는 영웅은 아무도 없기에, 우리는 기꺼이 타인의 그림자 속으로 미끄러지며, 그렇게 하나의 거대한 몸뚱이가 되어 첫 번째 바퀴를 굴린다.

왜 우리는 여전히 함께 일해야 하는가

슈퍼 개인 시대의 역설

노벨상 수상자 명단에는 흥미로운 시대적 역설이 드러난다. 20세기 초반, 위대한 발견은 단독 수상자들의 몫이었다. 그러나 21세기에 들어서며 양상은 완전히 뒤바뀌었다. 노벨 과학상 수상 건수의 90% 이상이 2인 또는 3인 공동 수상으로 채워지면서 공동 수상은 명백한 주류가 되었다. 가장 첨예한 지식의 경계에서조차 위대한 성과는 더 이상 한 사람의 뇌에서 단독으로 탄생하지 않는다.

개인의 탁월함이 정점을 찍은 시대다. AI가 그 등을 받쳐주고 있다. 보고서 한 편은 몇 초면 뚝딱이고, 수천 개의 데이터를 분석하는 일도 클릭 몇 번이면 끝난다. 며칠씩 걸리던 일을 오늘은 한 시간 만에 해치운다. 혼자서도 충분하다는 착각이 그 어느 때보다 설득력 있게 들린다. 하지만 혼자 할 수 있는 일이 많아진 만큼, 혼자 풀 수 없는 문제들도 자꾸 등장한다. 개인의 역량은 최고조에 달했는데 팀은 오히려 더 절실해진다. 대체 왜 그런 걸까?

문제가 개인을 넘어섰다

아무리 뛰어난 천재라도 인간의 뇌는 빠른 만큼 좁다. 인지 심리학자 배들리(Baddeley, 2018)의 연구에 따르면, 인간의 작업기억은 평균 4±1개의 정보 조각만 동시에 다룰 수 있다. 마치 창을 네 개까지만 띄울 수 있는 컴퓨터와 같다. 능력의 문제가 아니다. 인간은 설계 자체가 전체를 한눈에 조망하도록 만들어지지 않았다. 복잡한 문제 앞에서 개인의 인지 용량은 순식간에 바닥난다. 아무리 강력한 CPU도 메모리가 4GB면 무용지물이다.

현대의 문제는 영웅 한 명이 풀 수 있는 단순한 퍼즐이 아니다. 빠른 기술 변화, 급변하는 시장 상황, 복잡한 규제, 수많은 이해관계자의 상충하는 요구가 복잡하게 얽혀 있는 거대한 그물망이다. 그 어떤 중요한 문제도 더 이상 한 사람의 책상 위에서 해결되기를 기대할 수 없다. 맥킨지의 2023년 연구는 복잡한 문제를 잘 푸는 기업들의 공통점은 다섯 가지 이상의 서로 다른 시각을 가진 사람들이 함께 일한다고 말한다. 단순히 다양한 직군이 모인다는 뜻이 아니다. 기술적 이해, 시장 감각, 재무 구조, 디자인 사고, 전략적 통찰. 서로 다른 인지의 언어를 쓰는 사람들이 충돌하고 교차할 때 비로소 문제의 전체 지도가 그려진다는 뜻이다. 문제의 크기가 달라졌다. 변화의 속도가 빨라졌다. 한 사람의 시야로는 문제의 전모조차 파악할 수 없는 세상이 되었다.

자연은 '결합'으로 풀었다

자연은 이 복잡하고 위험한 세상을 '결합'이라는 가장 단순하고도 강력한 전략으로 풀어왔다. 생명체의 본질적인 생존 방식이다. 함께의 힘을 보여주는 두 가지 흥미로운 실험이 있다.

첫째는 이탈리아 신경과학 연구팀이 진행한 두더지 행동 실험이다. 연구자들은 단독으로 움직이는 두더지와 여러 마리가 함께 움직이는 집단의 위험 감지 능력을 비교했다. 두 마리 이상이 함께 움직일 경우 외부 위협을 감지하고 대피하는 반응 속도가 단독 개체보다 평균 30% 이상 빨랐다. 단순히 개별 감각의 합이 아니다. 한 개체가 포착한 미세한 진동이나 냄새를 옆 개체가 즉시 증폭하고 보정하면서 공동의 인지 능력 자체가 예리해진 것이다.

둘째는 옥스퍼드 대학의 비둘기 길 찾기 실험이다. 연구팀은 비둘기에게 새로운 목표 지점을 지정하고 혼자 날 때와 그룹으로 날 때의 경로 효율을 비교했다. 놀랍게도 경험 많은 리더 비둘기 한 마리가 혼자 날 때보다 경험이 적은 비둘기들을 포함한 열 마리 그룹이 함께 날 때 이동 경로가 40% 이상 효율적이고 직선적이었다. 혼자서는 최적의 경로를 찾지 못하던 비둘기들도 그룹 내에서 서로의 비행 속도와 방향을 끊임없이 수정하며 개별적인 오류를 상쇄했다. 어떤 개인도 혼자서는 찾지 못할 최적의 경로를 집단이 찾아낸 것이다.

자연은 일찍이 증명해 왔다. 생존은 개별 능력의 총합이 아니라 감각과 인지의 결합에서 나온다. 결합은 복잡한 환경에서 오류를 줄이고 효율을 높이는 가장 근본적인 전략이다.

능력을 더하지 말고, 시야를 연결하라

많은 사람이 팀의 집단지성을 오해한다. 뛰어난 뇌 하나가 더 커지는 것, CPU 사양을 높이는 것쯤으로 여긴다. 틀렸다. 팀은 뇌 하나를 키우는 게 아니다. 여러 개의 뇌를 연결하는 것이다. 이 연결 안에서 내가 못 본 위험을 동료가 보고, 내가 떠올리지 못한 대안을 다른 팀원이 던지고, 내가 놓친 맥락을 누군가 채운다. 각자의 뇌가 서로의 맹점을 비추며 시야를 확장한다. 이것이 유능한 개인보다 팀이 더 강력한 문제 해결 능력을 갖는 이유다. 유능한 개인과 팀의 차이는 능력의 차이가 아니라 인지 범위의 차이다. 지금까지 팀워크는 성능 좋은 조각을 모으는 것, 개인의 능력치를 단순히 더하는 방식에 머물러 있었다. 하지만 능력을 합친다고 시야가 넓어지진 않는다. 속도는 빨라져도 깊이는 그대로다. 진정한 팀워크는 각자의 시야를 연결해 공동의 시야를 확장하는 과정이다. 그 연결 속에서 비로소 한 사람으로는 절대 볼 수 없던 문제의 입체적 전모가 드러난다.

AI의 성능은 압도적이다. 방대한 정보와 논리적 대안을 순식간에 쏟아내고, 내 요청에 가장 합리적인 정답을 제시한다. 하지만 AI에게 없는 게 있다. 바로, 결과를 함께 책임지는 사람만이 던질 수 있는 질문이다. 개인은 결코 자신의 질문을 넘어설 수 없다. AI가 100개의 옵션을 제시할 때, 팀은 그 100개를 넘어선 101번째 질문을 던진다. 내가 생각 못 한 재무적 위험, 예상 못 한 고객 심리, 무시했던 법적 문제. 팀 동료는 내가 보지 못한 곳을 바깥에서 비춘다. 서로 다른 관점이 충돌하고 교차할 때 문제는 다시 정의되고, 그 틈에서 새로운 해답이 탄생한다. AI를 등에 업은 슈퍼 개인은 정답을 빠르게 찾는다. 하지만 팀으로 자신을 확장한 개인은 문제 자체를 다시 정의하고 해답을 창조한다. 팀은 단순히 여럿이 모인 곳이 아니다. 혼자로는 절대 볼 수 없는 세계를 여는 문이다. 슈퍼 개인의 시대, 진짜 슈퍼 파워는 팀이다.

함께 일하고 있다는 착각

팀의 진짜 힘은 여러 개의 뇌가 연결될 때 나온다. 하지만 사람을 모아둔다고 그 연결이 저절로 시작되진 않는다. 같은 사무실에 앉아 있어도, 같은 회의에 참석해도, 뇌는 여전히 따로 돌아가고 있을 수 있다. 팀을 만드는 일은 생각보다 훨씬 더 지난하고 복잡한 설계의 과정이다. 이 책을 함께 쓴 '나인팀' 프로젝트는 바로 그 지난한 과정을 온몸으로 경험한 여정이었다. 이번 나인팀 8기는 특별히 처음부터 '최고의 팀에 대한 책을 쓰자'는 목표를 확정하고 출발했다. 다른 기수의 팀이 주제를 정하는 데만 두 달을 허비하는 동안, 우리는 목적지와 주제가 분명했기에 순탄할 것이라고 기대했다. 심지어 멤버들은 모두 팀에 대한 강한 열정을 가졌고, 각자의 분야에서 유능함을 증명한 전문가들이었다. 겉으로 보기엔 이미 성공이 보장된 조합이었다.

그러나 그 과정은 예상과 정반대로 흘러갔다. 함께 한다는 말이 주는 막연한 안도감 뒤에는, 좋은 사람들이 모인 집단이 저절로 '단단한 팀'이 되는 것은 아니라는 뼈아픈 깨달음이 숨어 있었다. 우리는 팀으로 모였지만, 실상은 '따로 또 같이'의 덫에 걸려 미묘한 갈등과 비효율을 반복했다. 그 여정에서 우리는 팀에 대한 뿌리 깊은 착각과 정면으로 마주해야 했다.

첫 번째 착각. 같은 산을 오르면, 같은 길을 걷고 있다고 믿는다

나인팀은 모집부터 "최고의 팀에 대한 책을 쓰자"는 단 하나의 목표 아래 모였다. 목표가 '정상'으로 같으니, 당연히 정상으로 가는 '길'도 같아졌다고 안심했다. 우리는 이것을 **'출발선 착각'**이라고 부른다.

하지만 원고가 쌓이고 핵심 메시지를 논의하면서, 각자의 머릿속에 담긴 '최고의 팀'의 그림이 전혀 다르다는 것이 드러났다. 누군가는 팀을 '규율과 프로세스'로 작동하는 시스템으로 보았다. 다른 이는 '심리적 안전과 따뜻한 관계'로 묶인 관계의 결속이 핵심이라고 주장했다. 또 다른 이는 '현장의 성과와 실용적인 사례'가 가장 중요하다고 보았다. 모두가 각자 생각하는 최고의 팀을 만들기 위해 최선을 다하고 있었지만, 그 정의가 달랐기에 각자의 주장과 요구는 점점 평행선을 달리기 시작했다. 목표는 같았지만, 그 목표에 이르는 여정의 출발선에 선 관점 자체가 처음부터 서로 다른 곳에 있었던 것이다. 이 미세한 관점의 차이가 쌓여, 팀의 방향을 결정할 때마다 큰 폭의 흔들림을 만들어냈다.

두 번째 착각. 같은 배를 탔으니, 같은 노로 젓고 있다고 믿는다

우리는 "함께 책을 쓰자"고 결심했지만, 실제로 글이 태어나고 아이디어가 발전하는 방식은 멤버마다 천차만별이었다. 이것이 두 번째 착각, '방식 착각'이다. 어떤 이는 먼저 방대한 개념과 이론을 정립한 뒤에야 글을 시작할 수 있었고, 어떤 이는 현장의 사례와 데이터를 충분히 모은 뒤에야 전체 그림을 그릴 수 있었다. 또 다른 이는 일단 초안을 빠르게 던져놓고 수정하며 완성하는 방식을 선호했다.

문제는 서로의 방식이 비동기화되어 있었다는 점이다. 개념이 먼저 나와야 다음 단계로 넘어갈 수 있는 팀원과, 자료가 먼저 쌓여야 개념을 잡을 수 있는 팀원 사이에 끊임없는 대기 시간이 발생했다. 한 배에 탔다는 믿음은 있었지만, 각자의 노는 서로 다른 속도와 방향으로 움직였고, 심지어 서로의 노에 물이 튀어 마찰을 일으키기도 했다. '함께 한다'는 말이 우리의 작업 방식이나 습관까지 일치시켜 줄 것이라는 기대는 착각이었다. 오히려 각자가 오랜 시간 쌓아온 장점과 효율적인 작업 습관이 간극을 더 키울 뿐이었다.

세 번째 착각. 같은 테이블에 앉으면, 같은 장면을 보고 있다고 믿는다

프로젝트 중반, 원고가 합쳐진 첫 합본이 나왔을 때, 우리는 마침내

'벌써 다 된 것 같다'는 안도감에 젖었다. 하지만 그 순간 세 번째 착각, **'인지 착각'**이 팀을 흔드는 결정적인 계기가 되었다. 우리는 모두 같은 출력물, 같은 원고를 바라보고 있었지만, 각자가 발견하는 문제와 그 중요도는 전혀 달랐다.

유능한 개인들은 각자의 정확하고 예리한 시야로 원고를 분석했다. 누군가는 "개념의 용어 사용이 통일되지 않아 메시지가 흩어진다"고 지적했고, 다른 누군가는 "사례가 너무 많아서 핵심 논리의 흐름이 막힌다"고 주장했다. 또 다른 이는 "메시지의 골격 자체가 약해 독자를 설득할 힘이 부족하다"고 보았다. 모두가 틀린 말을 하지 않았지만, 각자의 '정확함'이 오히려 충돌을 더 날카롭게 만들었다. 의견은 확산되었지만 수렴이 되지 않는 상태였다. AI까지 활용해 각자의 생각을 확장했지만, 그 생각들을 하나로 통합하지는 못했다. 틀린 사람은 없었지만, 각자의 옳음이 팀을 서로 다른 방향으로 끌어당기는 혼란을 겪었다.

네 번째 착각. 열심히 오래 걷다 보면, 언젠가 나란히 설 거라 믿는다

프로젝트는 계속되었고, 회의는 길어졌다. 줌Zoom 미팅 기록은 셀 수 없이 쌓였고, 공동 문서함에는 수백 개의 파일이 넘쳐났다. 우리는 '열심히' 그리고 '많이' 일하고 있었다. 팀의 노력이 양적으로 축적되면 질적인 정렬도 자연스럽게 따라올 것이라는 네 번째 착각,

'**축적 착각**'이 우리를 붙잡았다.

하지만 아무리 많은 노력과 시간이 쌓여도, 팀의 방향은 자동으로 정렬되지 않았다. 오히려 각자가 맡은 영역을 깊이 파고든 만큼, 서로 간의 거리도 덩달아 벌어졌다. 열심히 했지만, 나란히 가지는 못했고 길게 걸었지만, 같은 지점에 도달하지 못했다. 노력의 양과 시간의 흐름이 곧 방향의 일치를 보장해주지 않는다는 뼈아픈 진실을 깨달은 것이다. 서로의 속도와 단계가 달랐던 탓에, 단순한 '축적'으로는 팀을 완성할 수 없었다. 팀을 만들기 위해서는 노력의 양이 아니라, 그 노력의 방향을 맞추는 의도적인 정렬 작업이 필요했다.

다섯 번째 착각. 불을 함께 지피니, 팀도 저절로 하나가 될 거라 믿는다

나인팀 멤버들은 서로 친밀했고, 성숙하고 열정도 넘쳤다. 큰 갈등 없이 항상 따뜻하고 긍정적인 분위기가 유지되었다. 겉으로 보기엔 이미 완벽하게 '하나가 된' 팀처럼 보였다. 이것이 마지막 착각, '**관계 착각**'이었다. 우리는 불을 함께 지피는 '온기'만으로 팀이 저절로 하나가 될 것이라고 믿었다.

하지만 좋은 관계는 팀의 토양일 뿐, 팀의 엔진은 아니었다. 좋은 사람들이 모여 만든 '좋은 관계'는 분명 팀의 붕괴를 막는 중요한 안전망이었지만, 팀을 하나의 목표로 '정렬'시키고 최고의 성과를 내게 하는 작동 원리는 아니었다. 관계의 따뜻함이 팀을 '유지'하게는 했지만, 복잡한 문제 앞에서 명확한 의사결정과 책임 분담, 그리고 비판을 수용하는 구조를 만들어주지는 못했다. 팀은 관계로 유지될 수 있지만, 최종적으로는 설계와 구조로 완성된다는 것을 나인팀은 프로젝트의 막바지에 이르러서야 절감한다.

나인팀의 여정은 이 마주한 착각을 하나하나 깨뜨리는 고통스럽고도 귀중한 과정이었다. 그 과정을 통해 얻은 결론은 하나의 강력한 진실로 수렴된다. 팀은 자연스레 만들어지는 것이 아니라, 의도적으로 설계하고 구조화해야만 비로소 완성되는 정교한 시스템이라는 것이다. 그 이유는 명확하다. 사람들이 모여 있다고 해서 모두 팀은 아니다. 커뮤니티는 함께 있지만, 팀은 함께 이룬다. 군중은 방향이 없지만, 팀은 방향이 있다. 그래서 관계의 온기만으로는 불완전하다. 이제 남은 질문은 이것이다. 저절로 되지 않는다면, 무엇을 어떻게 설계해야 할까? 유능한 개인들을 하나의 확장된 인지 시스템으로 묶어낼 수 있는 '단단한 팀'의 구조는 무엇일까? 이 질문에 대한 답을 함께 찾아가 보자.

단단한 팀이 되기 위한 5가지 요소

팀이 이겨서 기쁘다

NBA 역사상 가장 위대한 선수, 이른바 GOAT_{Greatest Of All Time}를 논할 때 늘 마이클 조던과 나란히 놓이는 이름이 르브론 제임스다. 2018년 3월 20일 밤, 경기 종료가 몇 초 안 남은 상황에서, 근소한 점수 차의 마지막 공격이었다. 공은 그의 손에 있었다. 단 1점이면 충분했다. 지난 11년 동안 1,263경기 연속으로 한 번도 빠짐없이 이어온 두 자릿수 득점 기록을 지킬 수 있는, 말 그대로 마지막 기회였다. 이는 단순히 득점력이 아니라 몸의 관리, 집중력, 그리고 팀 내 역할을 동시에 감당해 온 '슈퍼스타'로서의 증명이기도 했다.

하지만 코트 위의 흐름은 달랐다. 수비는 그에게 쏠려 있었고, 그 시야 너머에는 더 좋은 각도에서 슛을 던질 수 있는 동료가 들어왔다. 계산이라 부르기엔 너무 짧은 순간이었고, 망설임이라 하기엔 너무 분명한 판단이었다. 그는 거의 본능적으로 공을 내줬다.

패스.

슛.

경기는 그가 이끄는 클리블랜드 캐벌리어스 팀의 승리로 끝났다. 팀은 이겼고, 그의 기록은 끊겼다. 승리와 단절이 그의 선택에서 동시에 일어났다. 그의 두 자릿수 득점 기록은 그의 실수가 아니라 그의 선택으로 끝이 났다. 카메라는 기록이 깨졌다는 사실에 집요하게 매달렸지만, 그는 시선을 조금 옆으로 돌리며 담담하게 말했다.

> ***I don't play the game for records***
> ***But I'm glad we won the ballgame.***
> 저는 기록을 깨기 위해 경기를 뛰는 것은 아닙니다
> 하지만 저희가 경기에서 승리했다는 사실이 기쁩니다.

이 인터뷰가 유난히 크게 울렸던 이유는 겸손해서가 아니었다. 방금 전, 그가 실제로 선택한 기준에 대한 설명이었다. 이 말은 수십 년간 우리 사회와 조직을 지배해온 개인 수행력 중심의 성공 공식을 정면으로 건드리고 있었다.

마이클 조던은 효율의 상징이다. 경기당 평균 30.1점, NBA 역사상 누구도 넘지 못한 숫자다. 그는 시카고 불스라는 단일 팀에서 여섯 번의 우승을 이루며 완벽함의 신화를 만들었다. 조던의 팀은 한 점으로 수렴되는 구조였다. 가장 강한 개인이 기준이 되고, 그 기준을 향해 팀이 수직적으로 정렬되는 방식이다. 이 구조는 명확했고, 강력했으며, 당대의 환경에서는 가장 합리적인 해답이었다.

르브론 제임스는 전혀 다른 방향을 택했다. 그는 경기당 평균 득점(27.2점)에서 조던보다 낮지만, 누적 득점에서는 이미 4만 점을 넘어섰다. NBA 역사상 통산 득점 1위이다. 조던이 도달하지 못한 총량의 영역이다. 더 중요한 차이는 우승의 방식에 있다. 르브론은 마이애미, 클리블랜드, 레이커스라는 세 개의 서로 다른 팀에서 우승을 경험했다. 이는 단순한 이적의 결과가 아니다. 환경이 달라져도 팀을 작동하는 시스템으로 재구성할 수 있는 능력, 즉 유연함의 증명이다. 정규시즌 경기당 어시스트는 르브론이 7.4개, 조던이 5.3개로 평균 2개 이상 많은 어시스트를 기록한다. 이 숫자는 단순한 패스 능력이 아니라 사고의 방향을 보여준다. 팀의 성공 확률을 높이는 방식으로 경기를 운영한다. 그래서 많은 선수들이 그와 함께 뛰기를 원했고, 그가 있는 팀에서는 종종 다른 선수들의 커리어 하이 시즌이 터져 나왔다.

팀에 기여하면 개인은 손해를 본다는 생각. 여전히 많은 이들이 품는 의구심이다. 그러나 그날의 선택은 이 공식을 정면으로 반박한다. 르브론은 22개 커리어 시즌 중 21번 올스타로 선정된 전설이자 여전히 진행 중인 선수다. 그의 영향력은 코트를 넘어 현역 NBA 선수 최초의 자수성가 억만장자라는 재정적 성과로까지 이어졌다. "팀이 이겨서 기쁘다."는 한 문장은, 팀 시스템이 결국 개인의 가치를 극대화하는 전략이라는 선언에 가깝다. 그것은 감정이 아니라 판단이었고, 미덕이 아니라 환경 적응의 결과였다. 조직은 이타심을 원하지 않는다. 승리를 원한다. 그렇다면 그 순간의 선택은, 어쩌면 가장 계산된 형태의 '이기적 이타심'이 아니었을까.

오늘의 세상은 너무 빠르고, 너무 복잡하며, 한 사람의 완벽함으로 감당하기엔 변수가 많다. 요즘 더 요구되는 건 조던을 넘어섰다고 주장하는 르브론이 아니다. 조던의 압도적인 개인 수행력 위에, 르브론의 유연한 시스템 사고를 얹을 수 있는 팀이다. 개인의 효율과 팀의 복원력을 동시에 품은 구조, 기록을 이어갈 수 있는 순간에도 더 나은 선택을 할 수 있는 결속의 힘. 이것이 지금 우리가 다시 정의해야 할, 진정 단단한 팀의 출발점이다.

단단함의 재정의 : 쇠사슬 팀 VS 밧줄 팀

여기 쇠사슬 팀과 밧줄 팀이 있다. 두 팀 모두 단단해 보인다. 적어도 처음에는 그렇다. 쇠사슬 팀은 구조가 분명하다. 각자의 역할은 명확하고, 책임은 위에서 아래로 정확히 이어진다. 누가 결정하고 누가 따르는지 분명하기 때문에 속도가 빠르고 통제가 쉽다. 잘 굴러갈 때는 강력하다. 그래서 많은 조직이 여전히 팀을 쇠사슬처럼 설계하려 한다. 하지만 쇠사슬의 단단함에는 전제가 있다. 모든 고리가 제 역할을 할 것, 그리고 중심이 흔들리지 않을 것. 이 전제가 무너지는 순간, 쇠사슬은 강점이 아니라 약점이 된다. 하나의 고리가 끊어지면 전체가 함께 무너진다. 변화가 잦고 예측이 어려운 환경에서 이 구조는 생각보다 자주 한계에 부딪힌다. 누군가의 판단이 늦어지거나, 역할 하나가 비거나, 상황이 계획과 어긋나는 순간, 팀 전체의 균형이 흔들린다.

반면 밧줄 팀은 다른 방식으로 단단하다. 밧줄은 하나의 고리로 연결되지 않는다. 수많은 가느다란 실들이 서로를 감싸며 힘을 나눈다. 어느 한 가닥이 손상돼도 전체는 버틴다. 충격이 오면 끊어지기보다 늘어나고, 형태를 바꾸며 하중을 분산시킨다. 밧줄의 강함은 개별 실의 힘이 아니라, 연결되는 방식에서 나온다. 그래서 밧줄 팀은 느슨해 보일 수 있지만 실제로는 훨씬 오래간다.

지금 시대는 밧줄형 팀을 요구한다. 오늘의 조직에는 빠른 실행만큼이나 빠른 회복이 중요하고, 정확한 판단만큼이나 유연한 전환이 필요하다. 이런 환경에서는 강하게 고정된 쇠사슬보다, 유연하게 연결된 밧줄이 더 단단하다. 그래서 우리는 단단한 팀을 이렇게 정의한다. **단단한 팀이란, 강하게 묶여 있는 팀이 아니라 유연하게 연결된 팀이다.**

단단한 팀의 핵심 동력 5가지

흔들림 없다고 '강팀'이 아니다. 흔들림에도 강한 '단단한 팀'이 되려면 어떻게 해야 할까? 더 강하게 통제하는 것으로도 부족하고, 더 뛰어난 개인을 앞세워도 한계가 있다. 단단한 팀은 우연히 만들어지지 않는다. 현재의 성과를 지탱하면서도, 다음 변화를 감당할 수 있게 설계된 구조 위에서만 가능하다. 그래서 우리는 팀이 흔들리는 순간에도 다시 기능하게 만드는 조건이 무엇인지부터 고민하기 시작했다. 토론 끝에, 단단한 팀을 만드는 핵심요소를 다섯 가지로 정리했다.

이 요소는 감각적으로 고른 목록이 아니다. 팀 성과와 효과성을 다뤄온 글로벌 연구와 모델들을 차분히 들여다보면, 표현과 언어는 달라도 핵심은 반복해서 같은 방향을 가리킨다. 접근 방식은 제각각이지만, 질문은 놀라울 만큼 닮아 있다. 팀은 무엇으로 무너지고, 무엇으로 다시 일어서는가. 그렇게 보면 연구의 흐름은 크게 세 갈래로 나뉘지만, 결론은 하나로 수렴한다.

첫째는 팀 내부의 상호작용과 관계에 주목한 연구들이다. 이 흐름은 팀을 하나의 살아 있는 집단으로 바라본다. 팀이 어떻게 만들어지고, 갈등을 겪고, 신뢰를 쌓으며, 실제 성과 단계로 진입하는지를 추적한다. 이 모델들이 공통으로 보여주는 메시지는 분명하다. 신뢰가 무너지면 어떤 구조도 작동하지 않고, 소통의 맥락이 어긋나면 협업은 금세 형식적인 분업으로 퇴행한다는 점이다. 그래서 신뢰와 소통은 팀 효과성의 출발점이 된다. 모든 논의는 이 지점에서 시작한다.

둘째는 팀의 설계와 맥락에 초점을 둔 연구들이다. 여기서 관심사는 개인의 역량이 아니다. 팀이 어떤 방향 위에 놓여 있고, 그 방향이 어떤 구조로 뒷받침되고 있는가다. 목표가 명확하게 공유되고, 역할과 책임이 연결될 때 팀원들은 '해야 해서'가 아니라 '할 수 있어서' 기여한다. 이 관점에서 몰입은 태도의 문제가 아니라 설계의 결과다. 팀이 잘 설계되어 있을수록, 몰입은 자연스럽게 따라온다.

셋째는 변화와 불확실성을 전제로 한 최신 연구들이다. 이 흐름은 성과를 한 시점의 결과가 아니라, 지속 가능한 능력으로 본다. 민첩하게 신호를 읽고, 실패를 경험으로 전환하며, 협업을 통해 새로운 해법을 만들어내는 힘. 변화 속에서도 팀이 기능을 잃지 않는 능력은 이제 선택이 아니라 생존 조건이 되었다. 이 지점에서 협업과 성장은 덧붙이는 요소가 아니라, 팀을 살아 있게 만드는 핵심 동력이 된다.

이렇게 놓고 보면, 신뢰·소통·협업·몰입·성장은 서로 다른 학파와 시대의 연구들이 결국 합의한 최소 공통분모다. 팀이 지금 잘 작동하게 만드는 조건이자, 동시에 다음 국면에서도 무너지지 않게 하는 기준이다. 현재를 운전하는 실행력과 미래를 준비하는 적응력이 이 다섯 요소 안에서 동시에 설계된다. 그래서 이 요소들이 제대로 엮인 팀은, 펠로톤에서도 끝내 대열의 앞을 유지한다. 앞에서 누가 끌든, 바람의 방향이 어떻게 바뀌든, 대열은 쉽게 흩어지지 않는다. 단단한 팀은 그렇게 달린다. 강하게 묶여 있어서가 아니라, 유연하게 연결되어 있기 때문에.

Part 02

신뢰

믿음이 없다면 나아가기 버겁다

<펠로톤 속으로>

속도계의 숫자는 시속 60킬로미터를 넘어섰지만 눈에 보이는 숫자는 무의미하다. 오직 헬멧의 틈새를 파고들어 고막을 찢을 듯 울부짖는 바람 소리만이 이 광기 어린 속도를 증명한다. 펠로톤은 거대한 하나의 생물체처럼 길게 늘어지며 아스팔트를 집어삼킨다.

내 앞바퀴와 팀 동료인 요나스의 뒷바퀴 사이 간격은 불과 30센티미터. 작은 공백에 내 쇄골과 늑골, 어쩌면 선수 생명 전체를 걸어야 한다. 요나스의 타이어가 뱉어낸 모래 알갱이들이 기관총처럼 고글을 때린다. 그에게서 흩날린 땀방울이 입술 틈으로 스며든다. 도로 먼지가 뒤섞인 짭짤하고 서걱거리는 맛이 느껴진다. 그가 내 앞에서 모든 근육을 태우고 있다는 증거다. 수십 개의 카본 휠이 동시에 도로를 긁어대며 내는 웅웅거리는 진동이 핸들바를 타고 손목까지 전해진다.

본능은 자꾸만 브레이크 레버 위의 검지를 까딱이게 만든다. ‘너무 가까워 닿으면 끝장이야.’ 생존 본능이 경고음을 울린다. 몸을 뒤로 물리려 할 때마다 무자비한 맞바람이 가슴팍을 후려친다. 의심은 곧 저항이 된다. 그를 온전히 믿지 못해 거리를 벌리는 순간 나는 눈에 보이지 않는 공기의 벽에 부딪혀 낙오될 것이다. 의심하는 자에게 도로는 가혹하고 바람은 자비가 없다.

마른침을 삼키며 페달을 더 강하게 밟는다. 바퀴가 닿을 듯한 그 아슬아슬한 경계선, 그 죽음의 문턱 안으로 몸을 던진다. 순간 거짓말처럼 세상이 고요해진다. 귀를 때리던 폭풍이 일순간 음소거된다. 마치 물속 깊은 곳으로 잠수해 들어온 듯한 먹먹한 고요함이다. 요나스의 등판이 거대한 방파제가 되어 나를 향해 쇄도하는 공기의 파도를 갈라낸다. 거친 숨을 몰아쉬며 어깨를 들썩이는 그의 그림자 속 그 좁고 안전한 고요한 공간에서 나는 역설적이게도 깃털처럼 가벼워진다.

요나스의 불규칙한 등 근육 움직임이 곧 나의 리듬이 된다. 이제 내 시야는 그의 땀 젖은 저지에 가려져 있지만 상관없다. 나의 통제권을 타인에게 양도하고 그 좁은 틈으로 더 깊숙이 파고드는 순간 나는 가장 위태로운 절벽 끝에서 가장 완전한 하나가 된다.

신뢰란 각자가 최선을 다할 것이라는 믿음이다.

누구와 함께 경기장에 들어 가고 싶은가?

1. 신뢰의 결핍이 가져오는 치명적인 손실

생존을 위한 극한의 밀착: 30cm

세계 최고의 자전거 대회인 투르 드 프랑스Tour de France는 단순한 스포츠 경기를 넘어 단단한 팀의 실마리를 보여준다. 이곳에서 100여 명의 선수들이 하나의 거대한 생명체처럼 움직이는 펠로톤Peloton을 목격한다. 프랑스어로 작은 공이나 뭉치를 뜻하는 펠로톤은 경기 운영의 핵심 전략이다.

거대한 무리 속 선수들 간격은 불과 30cm 안팎이다. 시속 50km가 넘는 고속 주행 상황에서 앞 선수의 뒷바퀴와 뒤 선수의 앞바퀴가 닿을 듯 근접 주행을 유지하는 것은 곡예에 가깝다. 선수들은 왜 위험천만한 밀착을 감행할까? 답은 공기 역학에 있다.

자전거가 고속으로 달릴 때 소모하는 에너지의 80% 이상은 공기 저항을 이겨내는 데 사용된다. 맨 앞에서 바람을 가르는 선수는 보이지 않는 벽을 밀며 나아가는 것과 같은 막대한 에너지를 소모한다. 그러나 앞 선수가 만들어낸 진공 상태인 에어 포켓Air Pocket 안으로 파고들면 공기 저항은 크게 감소한다.

연구에 따르면 펠로톤 내부 깊숙이 위치한 선수는 선두보다 최대 40% 적은 힘으로 동일한 속도를 유지할 수 있다. 앞사람이 가파른 언덕을 오르는 고통을 감내할 때 뒷사람은 평지를 달리는 것과 같은 에너지 효율을 누린다. 30cm의 간격은 단순한 거리 좁히기가 아니다. 조직 전체의 효율을 극대화하여 더 멀리, 더 빠르게 가기 위한 생존 전략이다. 펠로톤이 독주자보다 압도적으로 빠른 이유이며, 조직이 개인의 합보다 위대한 성과를 내는 이유다.

통제할 수 없는 위험을 감수하는 용기

30cm 간격은 치명적인 위험을 내포한다. 시속 50km 속도에서 30cm는 인간의 반응 속도로 대처할 수 없는 거리다. 앞사람이 예고 없이 브레이크를 잡거나 옆사람이 라인을 침범하면 결과는 참혹하다. 한 명의 실수가 수십 명을 쓰러뜨리는 연쇄 추돌로 이어진다. 뼈가 부러지는 물리적 고통은 물론 수년간 준비한 대회를 포기해야 하

는 절망적인 상황이 닥친다.

그럼에도 선수들은 다시 일어나 30cm의 간격으로 파고든다. 이토록 위험한 상황에 자신을 내던지는 기제는 바로 '신뢰'이다. 조직 신뢰 이론의 권위자들은 신뢰를 다음과 같이 정의했다. 신뢰란 내가 상대방을 통제할 수 없는 상황에서 상대방이 나에게 중요한 영향을 미치는 행위를 할 것이라는 긍정적인 기대를 바탕으로 자신의 취약성을 기꺼이 감수하려는 의지이다.

핵심은 통제 불가능성과 위험 감수다. 펠로톤에서 내가 통제할 수 있는 것은 오직 내 자전거뿐이다. 앞사람의 브레이크나 옆사람의 핸들링은 내 통제 범위 밖에 있다. 마찬가지로 조직 생활에서도 우리는 동료가 맡은 프로젝트를 기한 내에 완수할지, 리더가 위기 상황에서 나를 보호해 줄지 100% 통제할 수 없다. 그럼에도 불구하고 우리는 중요한 업무를 위임하고 나의 등 뒤를 맡긴다. 저 선수는 급브레이크를 밟지 않을 것이라는 믿음이 있기 때문이다.

신뢰가 없다면 선수들은 본능적으로 안전거리를 확보하려 할 것이다. 30cm가 아닌 1m, 2m로 간격이 벌어진다. 충돌의 위험은 사라지지만 에어 포켓의 효과도 사라진다. 각자 바람을 온몸으로 맞으며 달려야 한다. 에너지는 낭비되고 속도는 줄어들며 팀은 단순히 같은 방향으로 달리는 개인들의 집합으로 전락한다.

조직에서의 안전거리를 두는 행위는 비용으로 직결된다. 신뢰가 없는 조직에서 리더는 팀원을 믿지 못해 마이크로매니징을 하고 팀원은 동료의 데이터를 믿지 못해 이중 검토를 한다. 모든 의사결정 과정에 과도한 참조와 문서화 작업이 수반된다. 조직의 작동을 가로막는 공기 저항을 높이는 행위다. 신뢰가 없는 조직은 전체 에너지의 40%를 성과 창출이 아닌 서로를 감시하고 확인하는 방어 비용으로 낭비하게 된다.

2. 머리와 마음의 이중주

우리는 흔히 누군가를 믿는다고 말하지만 신뢰는 단순한 개념이 아니다. 조직심리학자 다니엘 맥칼리스터Daniel McAllister는 신뢰가 인지적 신뢰Cognition-based Trust와 정서적 신뢰Affect-based Trust라는 두 가지 경로로 작동한다고 말했다. 이 두 차원을 이해하는 것은 조직 내 진짜 신뢰를 구축하는 데 필수적이다.

머리로 판단하는 인지적 신뢰 Cognition-based Trust

인지적 신뢰는 상대방의 능력과 전문성에 대한 합리적인 판단에 근거한다. 데이터와 증거에 기반한 계산된 신뢰다. 펠로톤의 상황에 대입해 보면 다음과 같다.

"이 선수는 10년 경력의 베테랑이다. 지난 시즌 기록을 보면 라인 유지 능력이 탁월했다. 급커브 구간에서도 흔들리지 않는 기술적 역량을 증명해 왔다. 그러니 이 선수 뒤에 붙으면 기술적으로 안전할 것이다."

조직에서 인지적 신뢰는 업무적 관계의 기초다. "김 대리에게 이 재무 분석을 맡기면 오류가 없을 것이다", "박 팀장의 시장 예측은 항상 데이터에 기반하며 정확했다"라는 믿음이 여기에 해당한다. 인지적 신뢰가 확보될 때 조직에서 일어나는 가장 큰 변화는 위임이다. 리더가 권한을 위임하지 못하는 이유는 실무자의 역량에 대한 인지적 신뢰가 부족하기 때문이다. 인지적 신뢰가 쌓이면 리더는 검증 비용을 줄이고 더 큰 전략적 과제에 집중할 수 있다.

마음으로 느끼는 정서적 신뢰 Affect-based Trust

정서적 신뢰는 상대방과의 유대감과 호의, 배려에서 비롯된다. 감정적이고 직관적인 믿음이다. 펠로톤에서 우리는 이렇게 느낀다.

"이 선수는 나를 단순한 경쟁자가 아닌 동료로 생각한다. 작년에 내가 탈진했을 때 자신의 물통을 건네줬고 내가 뒤처질 때 속도를 늦춰서 다시 대열에 합류하도록 도와줬다. 위기 상황이 오더라도 이 선수는 나를 버리고 혼자 도망가지 않을 것이다."

정서적 신뢰는 함께 보낸 시간과 공유된 경험, 그리고 어려울 때 보여준 따뜻함을 통해 축적된다. 조직에서 정서적 신뢰가 두터우면 솔직한 대화와 심리적 안전감이 나타난다. 정서적 신뢰가 있으면 구성원들은 자신의 약점이나 실수를 드러내는 것을 두려워하지 않게 된다. "제가 이 부분을 실수했습니다", "도무지 해결 방법을 모르겠습니다"라고 말해도 비난받거나 이용당하지 않을 것이라는 믿음이 있기 때문이다.

단단한 팀의 균형점: 인지적 신뢰와 정서적 신뢰의 결합

많은 조직이 두 가지 신뢰 중 하나에 치우쳐 있다. 균형이 무너진 신뢰는 팀을 불안정하게 만든다.

인지적 신뢰는 높지만 정서적 신뢰가 낮은 팀: "일은 기가 막히게 잘 하는데 같이 일하고 싶지는 않다."

펠로톤으로 치면 실력은 월드 클래스지만 결정적인 순간에 자기 기록을 위해 동료를 희생시킬 것 같은 선수이다. 이런 팀은 단기적으로 높은 성과를 낼 수 있지만 구성원들은 서로를 도구로만 인식한다. 정보 공유는 제한적이며, 누군가의 실패를 내심 즐기거나 방관한다. 갈등이 발생했을 때 이를 중재할 정서적 완충지대가 없어 팀이 쉽게 와해된다.

정서적 신뢰는 높지만 인지적 신뢰가 낮은 팀: "사람은 법 없이도 살 만큼 좋은데 중요한 일은 못 맡기겠다."

펠로톤으로 치면 마음은 따뜻해서 물도 나눠주지만 체력이 약해 자꾸 뒤처지거나 자전거 핸들링이 불안해 옆 사람을 위협하는 선수이다. 이런 팀은 분위기가 화기애애하고 회식도 즐겁지만 성과는 나지 않는다. 좋은 관계를 유지하기 위해 서로의 무능을 덮어준다. 결국 중요한 프로젝트는 특정 소수에게 몰리게 되는 업무 편중이 발생하고 팀 전체의 성장은 정체된다.

<u>**진정으로 단단한 팀**</u>: 30cm까지 붙어 전속력으로 달릴 수 있는 팀은 이 두 가지 신뢰가 높은 수준에서 균형을 이룬 팀이다. "저 사람은 실력이 확실해서 내가 믿고 등을 맡길 수 있고(인지적 신뢰), 나를 진심으로 아끼기 때문에 위기 때 나를 지켜줄 것이다(정서적)"라는 통합된 확신이 필요하다. 머리로만 믿는 신뢰는 차갑고 깨지기 쉬우며 마음으로만 믿는 신뢰는 무력하다. 두 신뢰가 결합될 때 비로소 조직은 폭발적인 시너지를 낼 수 있다.

3. 신뢰를 지탱하는 세 기둥: 능력, 동료애, 일관성

능력Capability, 동료애Collegiality, 일관성Consistency은 신뢰라는 구조물을 떠받치는 기둥과 같아 하나라도 약해지면 전체가 무너질 수 있다.

능력Capability: 자기 몫을 해낼 것이라는 확신

신뢰의 첫 번째 기둥은 능력이다. 이는 인지적 신뢰의 핵심 토대가 된다. 펠로톤에서 선두에 서는 선수는 시속 50km의 속도를 유지할 수 있는 심폐지구력과 돌발 상황에서도 라인을 유지할 수 있는 자전거 컨트롤 기술이 있어야 한다. 능력이 부족한 선수가 선두에 서면 펠로톤 전체의 속도가 줄어들고 뒷사람들은 불안에 떨며 안전거리를 벌리게 된다.

조직에서도 마찬가지이다. 맡은 직무를 수행할 수 있는 지식, 기술, 경험은 필수적이다. "사람이 좋다"는 것만으로는 부족하다. 동료가 자신의 업무를 전문적이고 효율적으로 처리할 수 있다고 확신할 때 우리는 안심하고 책임과 권한을 맡길 수 있다. 능력은 단순히 '잘함'을 넘어 '예측 가능성'을 제공한다. "김 과장이 맡았으니 이 기술적 난제는 해결될 것이다"라는 안도감, 이것이 능력에 기반한 신뢰이다.

동료애Collegiality: 함께 승리하겠다는 파트너십

신뢰의 두 번째 기둥은 동료애이다. 학술적 용어로 '호의'에 해당하며 정서적 신뢰를 형성하는 핵심 동력이 된다. 동료애는 단순히 사적으로 친하게 지내는 것을 의미하지 않는다. 같은 목표를 향해 함께 일하는 사람을 경쟁자가 아닌 파트너로 바라보는 마음이 진정한 동료애이다.

펠로톤에서 동료애가 있는 선수는 자신의 물통을 동료에게 건네고, 동료가 뒤처질 때 바람을 막아주며 끌어준다. 자신의 에너지 손실을 감수하고서라도 팀 전체의 완주를 돕겠다는 이타적 의지이다. 조직에서 동료애는 "나의 성공이 당신의 실패를 전제로 하지 않는다"는 믿음에서 나온다. 내가 곤경에 처했을 때 동료가 나를 밟고 올라서는 것이 아니라 손을 내밀어 줄 것이라는 확신이 있을 때 우리는 방어기제를 내려놓고 진정한 협력을 시작할 수 있다.

일관성Consistency: 말과 행동이 일치한다는 예측 가능성

신뢰의 세 번째 기둥은 일관성이다. 이는 '진정성'의 실천적 표현이다. 일관성은 인지적 신뢰와 정서적 신뢰를 모두 강화하며 두 신뢰를 하나로 묶어주는 접착제 역할을 한다.

펠로톤에서 "10분만 선두를 서고 교대하겠다"고 말한 선수가 정확히 10분 뒤에 교대 신호를 보낼 때 동료들은 그의 말을 믿게 된다. 만약 10분이라 해놓고 20분을 끌거나 5분 만에 포기한다면 그 선수의 말은 무게를 잃는다. 상황이 불리해졌다고 해서 약속을 바꾸거나 어제 한 말과 오늘 하는 행동이 다르면 신뢰는 즉시 붕괴된다.

조직에서 일관성은 리더십의 핵심 덕목이다. 리더의 의사결정 기준이 기분에 따라 바뀌거나 회사의 정책이 계속 변한다면 구성원들은 혼란에 빠진다. "저 사람은 상황이 바뀌어도 원칙을 지킨다", "앞에서 한 말과 뒤에서 하는 행동이 같다"는 믿음은 불확실한 비즈니스 환경에서 구성원들이 의지할 수 있는 유일한 버팀목이 된다.

4. 신뢰가 조직에서 만드는 것: 도전, 속도, 회복

많은 이들이 신뢰의 중요성을 강조하지만 실제로 팀의 성과와 문화에 어떤 눈에 띄는 차이를 만드는지는 명쾌하게 설명하지 못하는 경우가 많다. 신뢰는 결코 추상적인 개념이 아니다. 신뢰가 있으면 팀에 세 가지 기적을 만들어낸다.

도전이 가능해진다 (심리적 안전감 확보)

30cm 간격으로 시속 50km를 달리는 펠로톤의 주행은 위험을 감

수하는 도전 그 자체이다. 앞 선수가 나를 위협하지 않을 것이라는 절대적인 신뢰, 즉 심리적 안전감이 없다면 불가능한 일이다. 이 믿음이 있어야 넘어질 위험을 감수하고서라도 에어 포켓 안으로 뛰어들 용기를 낸다.

팀도 마찬가지다. 신뢰를 바탕으로 한 심리적 안전감이 없는 팀에서는 문제 발생 시 비난받을까 두려워 아무도 먼저 손을 들지 않는다. 촉박한 납기 속에서 결함을 발견해도 책임을 피하기 위해 숨기거나 혼자 해결하려다 결국 문제를 키우게 된다. 신뢰가 두터운 팀은 다르다. 문제를 드러내는 것이 비난이 아닌 해결의 출발점이라는 믿음이 있기에 담당자는 즉시 상황을 공유한다. 문제는 작을 때 드러나고 팀원들은 손가락질 대신 함께 원인을 분석하고 대안을 모색한다.

속도가 빨라진다 (업무 효율 극대화)

펠로톤이 혼자 달리는 선수보다 빠른 이유는 신뢰를 바탕으로 30cm까지 밀착하여 에너지를 최대 40%까지 절약할 수 있기 때문이다. 신뢰가 없다면 안전거리 확보를 위해 1~2m씩 떨어져 달리게 되고, 결국 각자 바람을 맞으며 불필요한 에너지를 낭비하게 된다.

조직에서도 이와 똑같은 비효율이 발생한다. 팀원에 대한 신뢰가 부족한 리더는 모든 보고와 결정을 다시 확인하고 재차 검토하는 마이크로 매니징에 막대한 에너지를 소모한다. 팀 전체 에너지의 절반을 성과가 아닌 확인과 검증에 낭비하는 공기 저항과 같다. 반대로 신뢰가 있는 리더는 팀원의 능력(인지적 신뢰)을 믿고 과감하게 위임한다. 확인 대신 실행을 지시하고 검증 대신 지원에 집중한다. "저 사람이 맡으면 된다"는 믿음 하나가 확인에 쓰이던 에너지를 실행으로 전환시키며 팀의 속도를 두 배 이상으로 빠르게 만든다.

회복이 빨라진다 (실패를 학습으로 전환)

아무리 뛰어난 선수로 구성된 펠로톤이라도 예측 불가능한 변수로 인해 사고는 반드시 발생한다. 중요한 것은 넘어지지 않는 것이 아니라 넘어진 후에 얼마나 빨리 회복하느냐이다. 신뢰가 있는 팀은 넘어진 동료를 비난하지 않고 기다려주며 다시 대열에 합류할 때까지 바람을 막아주고 끌어준다. 넘어진 경험은 실패가 아닌 레이스의 일부 즉 성장의 기회로 전환된다.

조직에서도 마찬가지이다. 신뢰가 없는 팀은 문제가 생기면 서로 책임을 미루고 탓하며 문제를 숨긴다. 문제는 곪아 터지고 팀은 무너진다. 신뢰가 있는 팀은 문제가 생기는 즉시 이를 공유하고 "왜 이렇게 됐을까요?"라며 함께 원인을 찾는다. 서로의 강점을 활용해 빠르게 해결하며 실패조차도 학습의 기회로 바꾼다. 넘어져도 다시 일어서는 회복탄력성, 이것이 신뢰가 만들어내는 가장 강력한 힘이다. 결국 신뢰는 팀을 움직이는 동력이다. 30cm까지 붙을 용기를 주고, 검증 대신 실행을 가능하게 하며, 실패해도 다시 일어서게 하는 회복탄력성을 선물한다. 신뢰의 세 기둥인 능력, 동료애, 일관성이 굳

건하게 설 때 팀은 비로소 단단해진다. 이제 이 질문에 답할 차례이다. "당신은 누구와 함께 경기장에 들어가고 싶은가? 그리고 동료들은 당신 옆에 붙고 싶어 하는가?" 다음 장에서는 이 신뢰를 실제로 구축하는 구체적인 행동, 즉 '개념이 아닌 실천'의 영역인 신뢰의 레버리지와 리더 및 팀원의 구체적인 행동 지침을 다룬다.

각자가 최선을 다할 것이라는 믿음을 만든다

"우리는 서로 믿어야 한다"는 선언만으로는 신뢰가 생기지 않는다. 신뢰는 시스템과 행동의 결과물이다. 특히 조직 차원에서는 개인의 선의에 기대는 것이 아니라 신뢰가 생성되고 유지될 수밖에 없는 구조적 환경을 설계해야 한다. 본 챕터에서는 조직, 리더, 팔로워가 각자의 위치에서 신뢰를 구축하기 위해 실행해야 할 구체적인 전략을 살펴본다.

1. 조직이 만들어내는 시스템적 신뢰

비슷한 전문성과 역량을 지닌 두 팀장이 있다. 한 명은 팀원들의 절대적인 지지를 받으며 성과를 내는 반면 다른 한 명은 끊임없는 의심과 냉소적인 반응에 부딪혀 고전한다. 흔히 이를 리더 개인의 성격 차이라 생각하기 쉽지만 실상은 조직이 설계한 '시스템적 신뢰'가 리더십의 진정성을 어떻게 뒷받침하느냐에서 결과가 갈리는 경우가 많다. 시스템은 리더가 던지는 신뢰의 메시지를 조직 전체에 울려 퍼지게 만드는 확성기와 같아서 이 기반이 부실하면 리더의 진심 어린 독려조차 공허한 메아리로 전락하고 만다. 조직 차원에서 시스템적 신뢰를 구축하여 리더십에 실질적인 힘을 실어주기 위해서는 다음 두 가지 핵심 지지대를 반드시 확보해야 한다.

표방하는 가치를 보상으로 증명한다

조직이 강조하는 가치가 실제 보상과 단단하게 연결되어야 한다. 리더가 아무리 펠로톤과 같은 원팀과 협업을 외치더라도 평가와 보상 시스템이 개인 성과만을 우선하여 동료를 적으로 만들고 있다면 팀원들은 리더의 말을 의심할 수밖에 없다. 조직이 소중히 여기는 가치가 실제 보상을 통해 증명되는 구조를 갖출 때, 구성원들은 비로소 협력을 가장 이롭고 합리적인 선택으로 받아들이며 마음을 연다.

❶ 마이크로소프트Microsoft의 잃어버린 10년과 부활

과거 마이크로소프트는 스택 랭킹Stack Ranking이라는 가혹한 상대평가 제도를 운영했다. 팀원들을 일렬로 세워 정해진

비율에 따라 하위 등급을 의무적으로 할당하는 이 제도는 내부 경쟁을 극대화했다. 그 결과 동료는 협력자가 아닌 '내가 살기 위해 밟아야 할 적'이 되었다. 유능한 동료와 일하는 것을 기피하고, 정보를 독점하며, 타 부서의 실패를 방관하는 문화가 자리 잡았다. 혁신의 정체와 조직 신뢰의 붕괴로 이어졌다. 사티아 나델라Satya Nadella 취임 후 MS는 스택 랭킹을 폐지하고 새로운 평가 기준을 도입했다. "당신의 성과는 무엇인가?"뿐만 아니라 "당신은 타인의 성과에 어떻게 기여했는가?", "당신은 타인의 아이디어를 바탕으로 무엇을 만들었는가?"를 평가하기 시작했다. 협업을 평가와 보상에 직접 연동시키자 신뢰가 복원되었고 클라우드 기업으로의 화려한 부활이 가능했다.

❷ 어도비Adobe의 체크인 제도

어도비는 2012년 연례 성과 리뷰를 폐지하고 '체크인'이라는 상시 피드백 시스템을 도입했다. 과거의 연례 리뷰가 등급 매기기와 과거의 잘잘못을 따지는 데 집중하여 공포와 불신을 조장했다면, 체크인은 "앞으로 무엇을 해야 하는가?", "어떻게 성장할 것인가?"에 초점을 맞춘 지속적인 대화이다. 보상이 투명한 기준과 지속적인 대화를 통해 결정될 때 구성원들은 회사가 자신을 감시하는 것이 아니라 지원한다고 느끼며 신뢰하게 된다.

❸ 유해한 고성과자Toxic High Performer 관리

조직 신뢰를 가장 빠르게 무너뜨리는 것은 성과는 좋지만 팀워크를 해치는 직원을 용인하는 것이다. "김 프로는 성격은 좀 그래도 실적은 1등이잖아"라며 승진시키고 인센티브를 주는 순간 신뢰라는 가치는 휴지 조각이 된다. 구성원들은 "결국 회사는 돈만 벌면 인정받네", "동료를 밟고 올라가도 성과만 내면 되는구나"라고 학습한다.

넷플릭스Netflix는 '키퍼 테스트Keeper Test'를 통해 고성과를 요구하지만 동시에 "뛰어난 재수 없는 사람Brilliant Jerk은 용납하지 않는다"는 원칙을 고수한다. 성과가 아무리 좋아도 팀의 신뢰 자산을 갉아먹는 행위는 비용으로 간주하여 퇴출시키는 단호함이 있을 때, 남아 있는 구성원들은 조직의 공정성을 신뢰한다.

따라서 조직은 개인 성과급 외에 팀 단위 보상, 동료 평가, 협업 지수 등을 도입하여 보상 시스템과 조직 가치의 정합성을 맞춰야 한다. 협력하는 것이 나에게도 이득이 된다는 확신을 시스템이 줄 때 신뢰는 구호가 아닌 합리적 선택이 된다.

흔들리지 않는 의사결정의 기준을 세워라

어떤 상황에서도 흔들리지 않는 예측 가능한 기준을 세워야 한다. 비즈니스 환경이 급변하거나 위기가 닥쳤을 때 조직의 의사결정 기준이 리더의 개인적인 기분이나 상황 논리에 따라 바뀌지 않고 원칙을 고수해야 한다. 이러한 일관성은 구성원들에게 거친 파도 속에서도 의지할 수 있는 심리적 안전판을 제공한다. 이는 팀원들이 서로에 대한 의구심을 버리고 30cm라는 극한의 밀착 간격 안으로 기꺼이 뛰어들게 만드는 가장 강력한 신뢰의 토대가 된다.

❶ 아마존Amazon의 '반대하고 받아들여라Have Backbone; Disagree and Commit'

아마존의 리더십 원칙 중 하나인 'Disagree and Commit'은 의사결정 과정의 투명성과 결과에 대한 일관된 승복을 강조한다. 회의실에서는 치열하게 논쟁하고 반대할 수 있지만 일단 결정이 내려지면 내 의견과 다르더라도 100% 헌신하여 실행한다는 원칙이다. 이는 "리더의 기분에 따라 결정이 뒤집히지 않는다", "뒤에서 딴소리가 용납되지 않는다"는 신뢰 문화를 만든다. 결정의 프로세스가 투명하고 예측 가능할 때 구성원들은 결과에 상관없이 그 결정을 신뢰하고 따른다.

❷ 파타고니아Patagonia의 가치 기반 의사결정

파타고니아는 "우리는 우리의 터전인 지구를 되살리기 위해 사업을 한다"는 사명을 가지고 있다. 이들은 매출이 떨어지더라도 환경에 해를 끼치는 제품 라인을 과감히 중단하고 블랙 프라이데이에 "이 재킷을 사지 마세요(Don't Buy This Jacket)"라는 캠페인을 벌인다. 단기적 이익보다 핵심 가치를 우선시하는 일관된 의사결정을 수십 년간 반복함으로써 직원과 고객들은 파타고니아라는 브랜드에 무한한 신뢰를 보낸다. 일관성은 직원들에게 자부심을 심어주고 어떤 상황에서도 회사가 가치를 저버리지 않을 것이라는 깊은 신뢰를 형성한다.

조직은 위기 상황일수록 의사결정의 기준을 명확히 해야 한다. "자원이 부족하니 원칙은 나중에 지키자"라고 타협하는 순간 그동안 쌓아온 신뢰 자본은 순식간에 증발한다. 리더의 일관성 없는 행동은 구성원의 스트레스를 높이고 도덕적 해이를 불러온다. 일관된 리더십은 불확실한 상황에서도 구성원들에게 심리적 안정감을 제공하며 조직 몰입도를 높이는 핵심 요인이다.

2. 리더의 역할: 신뢰가 흐르는 환경을 설계하라

리더는 팀원들이 서로 30cm까지 붙을 수 있는 판을 깔아주는 사람이다. 자전거 경주인 펠로톤에서 선수들은 서로 30cm 간격으로 붙어서 달린다. 이 아슬아슬한 거리를 유지하기 위해서는 절대적인 신뢰가 필요하다. 앞사람이 갑자기 속도를 줄이면 충돌하고 옆사람이 라인을 침범하면 넘어진다. 그런데도 그들은 30cm까지 붙는다. 서로를 믿기 때문이다. 이 신뢰는 저절로 생기지 않는다. 누군가 판을 깔아야 하고 환경을 만들어야 한다.

아무리 뛰어난 팀원이 있어도 이 '신뢰의 판'이 없으면 팀은 느려진다. 개인의 역량이 뛰어나더라도 서로 믿고 의지할 수 있는 환경이 없으면 30cm까지 붙지 못하고 멀찍이 떨어져 각자 달린다. 이는 안전하지만 느리고 효율적이지 않다. 팀이 아니라 개인의 집합일 뿐이다.

리더가 해야 할 일은 이 신뢰의 환경을 구축하는 것이다. 구체적으로 목표를 신뢰하게 하고, 동료를 신뢰하게 하고, 리더인 나를 신뢰하게 하는 것 이 세 가지이다. 이 세 가지가 갖춰질 때 팀원들은 비로소 최소한의 간격으로 밀착하여 최고의 속도를 낼 수 있다.

목표의 '왜'를 설명해 방향에 대한 확신을 만든다 (목표 신뢰)

리더는 팀원들에게 무엇을 해야 하는지 뿐만 아니라 왜 이 목표를 향해 달려야 하는지를 설명해야 한다. 단순히 숫자나 일정만 던져주면 팀원들은 시킨 일만 하는 수동적인 자세를 취하게 된다. '어차피 위에서 정한 거', '안 되면 안 된다고 하면 되지'라는 냉소주의가 만연하여 문제가 보여도 굳이 말하지 않고 그 이상은 하지 않는다. 이는 프로젝트 실패로 이어질 가능성이 높다.

리더가 "왜 3개월 안에 신제품을 출시해야 하는지"에 대한 명확한 이유(경쟁사와의 시장 점유율, 이번 프로젝트 성공이 팀과 개인 커리어에 미치는 영향 등)를 공유하면 팀원들의 눈빛이 달라진다. 3개월이라는 숫자는 같지만 의미가 붙으니까 내 일이라는 책임감을 느끼고 마음이 움직인다. 숫자는 머리에 들어가지만 이유는 가슴에 들어가 시키지 않아도 움직이는 몰입을 이끌어낸다.

함께 고생하는 경험을 설계해 동료애를 높인다 (동료 신뢰)

'우리는 한 팀이다', '협력하자'와 같은 구호나 포스터는 팀원들 사이의 뿌리 깊은 불신을 해결해주지 못한다. 개발팀과 품질팀처럼 갈등 관계에 있는 팀원들 사이의 벽을 허무는 것은 말로 백 번 하는 것보다 한 번 같이 고생하는 경험이다.

리더는 일부러 서로 안 맞는 팀원들에게 작은 공동 과제를 함께 하도록 설계해야 한다. 복잡한 일이 아니어도 좋다. 함께 식사를 하고 커피를 마시며 각자의 어려움을 나누는 과정에서 서로의 입장을 이해하게 된다. "품질팀은 고객 클레임 때문에 꼼꼼할 수밖에 없구나", "개발팀도 기획이 늦어져서 일정에 쫓기는구나"와 같이 상황을 이해하면 비난이 줄고 동료애가 싹튼다. 포스터 천 장보다 야근 3일이 낫다는 말처럼, 함께 문제를 해결하고 땀 흘린 경험이 '저 사람과 함께라면 해낼 수 있다'는 동료에 대한 신뢰를 만든다.

위기 때 방패가 되어 리더에 대한 믿음을 얻는다 (리더 신뢰)

팀에 위기가 닥쳤을 때 리더의 행동은 팀원들의 신뢰를 결정짓는 결정적인 순간이 된다. 임원 회의 등 외부의 압력 앞에서 팀원 탓을 하는 순간 신뢰는 끝이다. '어차피 문제 생기면 우리 탓하겠지'라는 불신은 팀원들로 하여금 문제가 생겨도 보고하지 않고 숨기게 만들어 결국 작은 문제가 큰 위기로 번지게 한다.

위기 상황에서 리더가 임원 앞에서 "제 판단 착오입니다. 팀원들은 최선을 다하고 있습니다"라고 자신의 책임을 인정하고 팀원들을 보호하면 상황은 완전히 달라진다. 이 말이 팀원들 귀에 들어가는 순간 팀 분위기는 팀장이 우리를 지켜줬다는 긍정적인 반응으로 바뀐다. 팀원들은 숨겼던 이슈를 스스로 꺼내놓고 같이 해결하자며 적극적으로 나선다.

리더의 역할은 밖에서는 팀원을 지키고 안에서는 함께 돌아보는 것이다. 임원에게는 "제 책임입니다"라고 말하고, 팀에 돌아와서는 "다음에는 어떻게 할지 같이 얘기해봅시다"라며 학습의 시간으로 만드는 것이다. 이처럼 위기 때 팀의 방패가 되는 리더의 모습이 "저 사람을 따라가면 된다"는 확신, 즉 리더에 대한 신뢰를 구축한다.

[Leader's Action Tips]

- 임원 앞에서 "제 책임입니다"를 먼저 말하라: 설령 팀원의 실수라 하더라도 외부 압력 앞에서는 리더가 책임을 지는 모습을 보여야 한다. 이 한마디가 팀원들의 충성을 얻는다.

- 팀으로 돌아와서 함께 복기하라: 비난이 아닌 학습의 시간으로 만들어야 한다. "다음에는 어떻게 대비하면 좋을까요?"와 같이 해결책을 함께 논의하며 배우는 조직 문화를 만든다.

- 위기 때 흔들리지 마라: 리더의 침착함이 팀의 안정감이 된다.

3. 플레이어의 역할: 30cm까지 붙고 싶은 동료 되기

팀의 성공은 리더 한 명의 역량에 의존하지 않는다. 마치 사이클 펠로톤처럼, 모든 플레이어가 옆에 붙고 싶은 동료로서 각자의 역할을 다할 때, 팀은 비로소 단단하고 빠르게 전진할 수 있다. 신뢰는 리더의 일방적인 배려가 아니라, 동료들이 서로에게 '나와 함께라면 안전하고 빠르며 목표에 도달할 수 있다'는 신호를 끊임없이 보내는 상호 작용의 결과이다. 다음 5가지 핵심 원칙은 프로페셔널로서 동료들의 '인지적 신뢰(Cognitive Trust: 실력에 대한 믿음)'와 '정서적 신뢰(Affective Trust: 관계와 의도에 대한 믿음)'를 모두 얻는 구체적인 방법이 된다.

결과로 증명한다: 신뢰는 실력의 부산물이다

"열심히 했다"는 과정에 머무르지만, "해냈다"는 팀에게 실질적인 가치를 제공하는 결과이다. 프로의 세계에서 신뢰는 개인의 호의나 노력의 크기에서 나오지 않고 일관되고 완성도 높은 실력에서 나온다. 마감 기한을 지키지 못하거나 품질 기준에 미달하는 결과물을 내놓으면서 밤새워 노력했다고 변명하는 것은 팀의 시간과 에너지를 낭비하는 행위이다. 동료의 업무는 나의 결과물 위에서 시작되는 연속적인 과정이기에 나의 지연은 팀 전체의 지연으로 이어진다는 치명적인 인식을 가져야 한다. 실력은 인지적 신뢰의 핵심이며 이는 약속 이행 능력에서 비롯된다.

[Player's Action Tips]

- 마감 100% 준수: 주어진 마감 시한을 생명처럼 여겨야 한다. 도저히 불가능할 경우, 마감이 도래하기 전에 사전 조율을 통해 동료들에게 리스크를 알리고 대안을 제시해야 한다.

- 고품질 납품: 완성도 높은 결과물은 동료의 인지적 신뢰를 얻을 수 있는 확실한 방법이다.

- 80% 완성본 공유: 결과물을 혼자 붙잡고 100%를 채우려 하기보다 80% 정도 완성되었을 때 미리 공유하여 동료들의 피드백을 받고 방향을 조기에 수정하는 것이 훨씬 빠르고 안전한 전략이다.

내 일이 끝난 후 주변의 병목을 살핀다

개인의 할당된 업무를 완료했다고 해서 칼퇴근을 고집하며 야근하는 옆 동료를 외면하는 사람은 유능한 개인일 수는 있으나 팀워크가 필요한 환경에서는 신뢰받는 동료가 될 수 없다. 사이클 펠로톤에서 바람막이를 해주지 않고 자신의 페이스만 고집하는 선수는 결국 혼자 고립된다. 진정한 신뢰는 '내 일'의 경계를 넘어 '우리 팀'의 전체적인 성공을 시야에 둘 때 발생하며, 정서적 신뢰를 구축하는 기반이 된다. 팀의 가장 큰 병목이 어디인지 살피고 그곳에 나의 여유를 기꺼이 투자하는 것이 기여의 핵심이다.

[Player's Action Tips]

- 적극적인 지원 의사 표현: 자신의 업무에 여유가 생기면 단순히 침묵하지 말고 "혹시 제가 지금 도와드릴 수 있는 부분이 있을까요?"라고 물어본다

- 정서적 연대 강화: 물리적으로 큰 도움을 줄 수 없더라도 그 한마디는 동료에게 우리는 함께하고 있다는 정서적 연대와 안정감을 주며 팀 사기를 높인다.

- 작은 기여의 힘: 자신이 가진 작은 자료, 지식, 효율적인 팁 등을 아낌없이 공유하는 것도 팀 전체의 생산성을 높이는 큰 기여가 된다.

한 번 뱉은 말은 반드시 지킨다

사람들은 사소한 약속(이메일 회신 기한, 점심 약속 시간, 회의 시간 준수 등)을 소홀히 하는 동료에게 큰 프로젝트의 책임을 맡기지 않는다. 신뢰는 드라마틱한 한 번의 사건이 아니라 아주 사소한 약속들을 일관성 있게 지켜내는 데서 구축된다. 언행의 일관성이야말로 동료들이 나의 다음 행동을 예측하고 계획을 세울 수 있게 해주는 핵심 자산이다.

[Player's Action Tips]

- 책임질 수 있는 약속만 한다: 자신의 역량과 스케줄을 현실적으로 판단하여 지킬 수 있는 약속만 한다. 일단 약속했다면 철저히 이행한다.
- 사전 양해와 대안 제시: 약속을 지키기 어려운 상황에서는 데드라인이 닥치기 전에 동료에게 미리 상황을 공유하고, 가능한 시점과 대안을 제시하여 팀의 리스크를 최소화해야 한다.

막히는 즉시 손을 들어 리스크를 공유한다

문제를 혼자 해결하려 끙끙 앓다가 마감 직전이나 이미 돌이킬 수 없는 상황이 되었을 때 문제를 터뜨리는 것은 최악의 무능이자 팀에 대한 배신이다. 팀 전체를 공황 상태로 몰아넣고 재작업 비용을 증가시킨다. 자신의 문제를 일찍, 투명하게 공유하고 도움을 요청하는 것은 결코 무능의 증거가 아니라 팀의 리스크를 조기에 줄이는 가장 용기 있고 프로페셔널한 행동이다. 투명하게 공유된 문제는 개인의 실패가 아닌 팀이 함께 해결할 수 있는 과제로 전환된다.

[Player's Action Tips]

- 조기 경고 시스템 가동: 문제가 발생했거나 예상될 때 "이 부분이 예상대로 잘 안 풀리는데 제가 잡고 있는 방향이 맞는지 조언(혹은 도움)을 받을 수 있을까요?"라고 구체적으로 도움을 요청한다.

- 호미로 막을 것을 가래로 막게 하지 않기: 초기 비용을 아끼려다가 나중에 막대한 손해를 방지하고, 팀의 에너지 낭비를 막아야 한다.

결정된 방향에는 최선을 다해 정렬한다

회의실에서 치열하게 논쟁하며 A안이 맞다고 주장했지만 리더 또는 팀의 합의로 B안이 최종 결정되었다면 회의실 문을 나서는 순간부터는 B안이 나의 안이 되어야 한다. 결정된 방향에 대해 뒤에서 "내 말대로 안 해서 망할 것이다"라고 냉소하거나, 소극적이고 마지못해 임하는 태도는 팀의 동력을 갉아먹는다. 진정한 프로페셔널은 팀의 성공에 자신의 에너지를 완전히 정렬시킨다. 결정 과정에 적극 참여하고 일단 결정되면 전폭적으로 협력하는 자세가 신뢰를 완성한다.

우리는 펠로톤의 30cm 간격이 주는 압도적인 효율과 그 이면에 숨겨진 신뢰의 메커니즘을 살펴보았다. 신뢰는 머리로 계산하는 능력과 마음으로 느끼는 동료애, 그리고 이를 묶어주는 일관성의 결합체이다. 이것이 있을 때 조직은 도전에 과감해지고 실행 속도는 빨라지며, 실패로부터 빠르게 회복한다.

신뢰를 구축하는 것은 한 번의 워크숍이나 멋진 슬로건으로 불가능하다. 그것은 정교한 시스템적 설계와 매일의 구체적인 행동들이 쌓여 만들어지는 지질학적 퇴적층과 같다.

- 조직은 평가와 보상의 정합성을 맞추고 일관된 의사결정 원칙을 고수하여 신뢰의 토양을 다져야 한다. '협업'을 외치면서 '개인 경쟁'을 부추기는 모순을 제거해야 한다.
- 리더는 목표의 의미를 설명하여 확신을 주고 공동의 경험을 설계하며, 위기 때 방패가 되어 신뢰의 판을 깔아야 한다.
- 플레이어는 실력으로 증명하고 약속을 지키며, 팀을 위해 헌신함으로써 '30cm까지 붙고 싶은 동료'가 되어야 한다.

당신은 지금 누구와 함께 경기장에 들어가고 있는가? 그리고 당신의 동료들은 당신의 옆, 30cm 안으로 들어오는 것을 두려워하는가, 아니면 안심하는가? 오늘 당신이 보낸 이메일 한 통, 회의 시간에 뱉은 말 한마디, 동료의 실수를 대하는 태도 하나하나가 모여 당신과 조직의 신뢰 등급을 결정한다. 혼자서는 바람을 이길 수 없다. 믿음이 있어야 30cm까지 붙을 수 있고, 붙어야만 끝까지, 그리고 빠르게 달릴 수 있다. 이것이 우리가 신뢰를 포기할 수 없는 이유이자 지금 당장 신뢰 구축을 시작해야 하는 이유이다.

Part 03

소통

말이 통하지 않으면 함께하기 어렵다

<펠로톤 속으로>

내 시야는 갇혀 있다. 앞서 달리는 선수의 땀에 젖은 등판 위로 굵게 튀어나온 척추뼈가 내가 보는 세상의 전부다. 시속 50킬로미터의 속도로 밀집해 달리는 펠로톤의 한가운데 이곳은 시각이 차단된 공간이다. 어디서 도로가 굽어지는지 저 앞에 움푹 파인 포트홀이 있는지 내 눈으로는 확인할 길이 없다. 나는 그저 앞사람의 휠이 그리는 궤적을 맹목적으로 쫓을 뿐이다.

그때 최면을 거는 듯 웅웅대던 타이어 소음 사이로 미세한 파열음이 섞여 든다. 앞쪽의 공기 흐름이 급격히 변한다.

"중앙!"

날카로운 외침이 전방에서 터져 나온다. 마치 호수에 던져진 돌멩이가 파문을 일으키듯 그 외침은 앞쪽에서부터 거세게 밀려와 순식간에 나를 거쳐 뒤쪽으로 흘러간다. 동시에 앞 선수의 오른손이 등 뒤로 다급하게 돌아간다. 검지 하나가 바닥을 향해 힘껏 찔러 내린다.

생존을 위한 가장 원초적이고 절박한 언어다.

내 뇌가 상황을 인식하기도 전에 몸이 먼저 반응한다. 나 역시 반사적으로 오른손을 등 뒤로 돌려 허공을 찌르며 똑같은 단어를 내뱉는다. *"중앙!"* 나의 경고는 즉시 내 뒤통수에 바짝 붙어있는 누군가에게 전해진다.

그 찰나 거대한 물고기 떼가 포식자를 피하듯 무리 전체가 유연하게 휘어진다. '츠츠츠-' 수십 대의 타이어가 아스팔트를 사선으로 긁어대며 일제히 왼쪽으로 30센티미터씩 미끄러져 나간다. 바로 그 순간 회색 콘크리트 덩어리가 뿜어내는 서늘한 기운이 내 종아리 털을 스치고 지나간다. 페달과 중앙분리대 사이 깻잎 한 장 차이의 아슬아슬한 생존이다. 단 한 명이라도 신호를 놓치거나 침묵했다면 이 거대한 대열은 순식간에 아스팔트 위에 넘어지고 뒤엉켜 아수라장으로 변했을 것이다.

위기를 넘긴 펠로톤에는 안도의 한숨 대신 다시금 거친 숨소리만이 채워진다. 우리는 서로의 얼굴을 보지 않는다. 하지만 내 손끝에서 시작된 작은 파동이 저 뒤쪽 꼬리 끝까지 무사히 흘러갔음을 보지 않아도 온몸으로 감각한다. 수백 개의 바퀴가 하나의 신경망으로 연결된 거대한 짐승이 되어 우리는 다시 한번 위험한 코너를 향해 몸을 기울인다.

소통은 맥락에 맞춰
같은 그림을 그려가는 것이다

소통이 멈추면 방향을 잃어버린다

1. 연결될수록 길을 잃는다

"아버지가 방에 들어가신다." 그리고 "아버지 가방에 들어가신다."

어릴 적 국어 시간에 배웠던 이 유명한 예문을 기억하는가? 띄어쓰기 한 칸 즉, 작은 틈이 사라지는 순간 아버지는 안방이 아닌 가방 속으로 몸을 구겨 넣어야 하는 우스운 상황에 처하게 된다는 선생님의 말씀을 듣고 배를 잡고 웃었던 기억이 난다. 단지 붙여 썼을 뿐인데 의미는 완전히 왜곡되어 버린 대표적인 사례로 지금도 머릿속에 선명하게 남아 있다.

인류 역사상 그 어느 때보다 촘촘하게 연결된 '초연결의 세상'을 살고 있다. 하지만 아이러니하게도 기술이 발전하고 연결이 강화될수록 우리는 마치 가방 속에 갇힌 아버지처럼 소통의 답답함을 호소한다. 왜일까? 바로 정보와 정보 사이를 구분 짓고 의미를 부여하는 바로 맥락이라는 띄어쓰기가 실종되었기 때문이다.

더욱이 요즘 AI가 지식과 생활 전반에 걸쳐 매우 빠른 속도로 스며드는 지금에도 우리는 매일 수시로 날아오는 수많은 수신 메일과 참조 메일을 클릭하고 읽는 것조차 버겁다. 제목을 훑어보니 "이걸 왜 나에게 보냈지?"라고 생각되는 단순 공유 메일임에도 혹시 모를 리스크 때문에 꼼꼼히 읽느라 시간을 낭비한다. 또한 빗발치는 수많은 메신저 알림에 핸드폰을 들고 본능처럼 두더지 잡기 게임을 하듯 메시지 하나하나에 정신없이 단답형 답변을 달고 수신 확인 이모티콘을 날리느라 지쳐가는 나를 목격한 경험이 많을 것이다.

칸막이는 사라졌고 협업 툴의 진화로 우리는 언제 어디서든 서로를 호출하고 정보를 공유하며 왕성하게 소통한다. 하지만 주변을 둘러보면 조직 내에서 "말이 통하지 않는다.", "벽 보고 이야기하는 것 같다."는 불만이 쌓이게 되고 결국 "말이 통하지 않으면 함께 일하기 싫다."라는 극단적인 상황으로 이어진다. 정보는 넘쳐나는데 정작 업무의 본질인 의미는 사라져 버린 그야말로 소통의 풍요 속 빈곤이자, 아버지 가방에 들어가시는 상황의 연속이다.

이처럼 우리는 흔히 투명한 공유를 건강한 팀의 소통 척도로 삼고 공유를 자주 많이 하는 것이 소통을 잘하는 것이며 일 잘하는 직원으로 평가받는다고 생각한다. 그래서 우리는 조금이라도 업무로 연결된 모든 이에게 모르는 것보다 아는 게 낫다는 믿음과 내가 일을 열심히 하고 있음을 조금은 생색내기 위한 속마음으로 오늘도 동료를 메일 참조CC에 넣고 카톡 등 소통 채널에 정제되지 않은 내용들을 수없이 공유한다. 하지만 우리의 선의가 동료에게는 방향을 잃게 만드는 정보 폭력이 될 수도 있다는 사실을 깨달아야 한다.

조직 행동론에 역 U자형 관계Inverted-U Relationship라는 흥미로운 개념이 있다. 정보 공유가 일정 수준까지는 팀의 신뢰와 성과를 높여주지만 임계점을 넘는 순간 그래프는 가파르게 추락한다는 이론이다. 과유불급, 즉 넘치는 것은 모자란 것만 못하다는 옛말이 현실 과학으로 증명된 것이다.

실제로 마이크로소프트가 발표한 2023년 업무동향지표는 이 현상을 디지털 부채Digital Debt라는 날카로운 언어로 정의했다. 전 세계 근로자의 68%가 업무 시간의 대부분을 쏟아지는 이메일과 채팅 알림을 처리하는 데 쓰느라 정작 창의적인 일에 집중할 시간을 빚지고 있다. 정보를 공유받고 활용하는 게 아니라 관리하느라 상당한 시간을 소비하고 있다.

이러한 현상은 특히 유능한 플레이어들에게 더 가혹하다. 밥슨 칼리지의 롭 크로스Rob Cross 교수는 하버드 비즈니스 리뷰(HBR_2016.01) 기고문 『협업 과부하Collaborative Overload』에서 다음과 같이 경고하고 있다. "조직에서 가장 협조적이고 성과가 좋은 상위 인재들이 역설적으로 과도한 소통과 정보 요청에 질식해 번아웃에 빠지고 있다." 우리가 도움이라 믿으며 던진 정보의 파편들이 누군가를 숨 쉴 틈 없는 질식 상태로 몰아넣고 결국 팀 전체의 방향 감각을 마비시키는 우를 범하는 것이니 깊은 공감과 함께 안타까운 마음으로 가득하다.

현장의 다양한 경험에서 얻은 시사점을 볼 때 팀을 건강하게 만드는 것은 방대한 데이터 센터가 아니라 올바른 방향을 가리키는 맥락이라는 필터다. 진정한 공유란 무엇일까? 그것은 100페이지짜리 보고서를 통째로 넘기는 게 아니라 "지금 당신의 프로젝트에는 35페이지의 이 한 문단이 필요할 거예요."라고 세밀하게 짚어주는 친절한 편집과 요약이다.

모든 것을 쏟아내는 소음이 아니라 모두 함께 같은 곳을 바라볼 수 있도록 정제된 맥락으로 소통하는 것이야말로 서로를 위한 최고의 배려이며 팀이 길을 잃지 않고 건강한 팀으로 나아가는 첫걸음이다.

2. 달라진 팀에는 다른 언어가 필요하다

과거의 팀은 비슷한 나이, 비슷한 배경, 비슷한 경험을 가진 사람들이 같은 공간에서 일했다. 오랫동안 함께 일하면서 자연스럽게 서로를 이해하게 되었고 굳이 말하지 않아도 통하는 것들이 있었다. 같은 규칙, 같은 문화, 같은 맥락 속에서 "우리끼리는 척하면 알지." 또는 "우린 느낌 아니까…" 등 암묵적 이해가 자연스럽게 작동했다.

그러나 지금의 팀은 완전히 다르다. 첫 번째 이유는 팀 내 **다양성이 폭발적으로 증가**했다는 것이다. MZ세대와 기성세대가 한 테이블에 앉아 있고 스타트업 출신과 대기업 출신이 함께 프로젝트를 진행한다. 기획자, 마케터, 영업, 개발자, 디자이너 등 각 분야의 전문가들이 협업하면서 서로 다른 언어와 논리로 대화를 나눈다. 이러한 다양성은 분명 조직의 자산이다.

다양한 관점이 만나면 혁신이 일어나고 창의적인 해결책이 나온다. 하지만 동시에 소통의 복잡성도 기하급수적으로 증가하는 문제를 내포하고 있다. 같은 상황을 보고도 전혀 다른 해석을 하고 같은 목표를 향해 간다고 생각하지만 실제로는 다른 방향으로 움직인다는 것을 우리는 그간의 경험을 통해 익히 깨달은 바 있다.

두 번째 이유는 **정보의 과잉과 불균형이 심각**해졌다는 것이다. 디지털 시대가 되면서 정보의 양은 폭발적으로 늘어났다. 메신저, 이메일, 클라우드 문서, 프로젝트 관리 툴 등 수많은 정보 공유 채널을 통해 어마어마한 정보가 쏟아진다. 하지만 역설적으로 정작 필요한 순간에 필요한 정보는 찾기 어렵다.

중요한 의사결정을 위한 핵심 정보는 수많은 잡음 속에 묻혀 있고 긴급한 사항과 일상적인 공유가 뒤섞여 우선순위를 판단하기 어렵다. 더 큰 문제는 정보가 불균등하게 분포되어 있다는 점이다. 경영진은 전체 그림을 보지만 실무진은 부분만 보고, 영업팀은 고객 정보를 갖고 있지만 개발팀은 기술 정보만 갖고 있다. 이러한 정보의 불균형은 오해와 갈등의 씨앗이 된다.

마지막 이유로는 **일하는 방식이 근본적으로 변했다는** 것이다. 코로나 시기를 거치면서 원격근무와 하이브리드 근무가 일상이 되었다. 같은 공간에 모여 얼굴을 맞대고 일하던 시대는 끝났고 연대의 시간이었던 회식 문화도 완전히 변했다. 이제는 화면을 통해 만나고, 메시지로 대화하며, 비동기적으로 협업하는 시대다.

이런 환경에서는 표정이나 몸짓 같은 비언어적 신호가 사라지고 분위기나 뉘앙스를 읽기 어려워진다. 옆자리 동료에게 가볍게 물어볼 수 있던 것도 이제는 공식적인 메시지를 보내야 하고 즉각적인 피드백 대신 시간차를 두고 소통해야 한다. 물리적 거리가 심리적 거리로 이어지면서 팀의 유대감 또한 안타깝게도 상당히 약해졌다.

이처럼 세 가지의 변화가 겹치면서 기존의 소통 방식은 더 이상 작동하지 않게 되었다. "말했으니 전달되었겠지."라는 가정은 위험해졌고, "알아서 하겠지."라는 기대는 실망으로 변한다. 이제는 능동적으로 맥락을 만들고, 정확하게 맥락을 읽으며, 지속적으로 맥락을 공유하는 새로운 소통 방식이 절실하게 요구되는 시기이다.

3. 정보를 나누고, 감정을 잇고, 목적을 맞춰야 한다

맥락적 소통이란 같은 그림을 보며 대화하는 것이다. 단순히 정보를 주고받는 것을 넘어 상대방이 처한 상황을 이해하고 그 상황 속에서의 감정과 필요를 읽으며 우리가 함께 추구해야 할 공동의 목표를 일치시키는 과정이다. 맥락적 소통을 위해서는 정보, 감정, 목적의 동기화가 필수적이다.

❶ 정보의 동기화

이것은 팀의 모든 구성원이 정확히 똑같은 정보를 가져야 한다는 의미가 아니다. 각자의 역할과 책임에 맞는 정보를 가지되 핵심이 되는 정보의 수준은 비슷해야 한다는 의미다. 예를 들어 한 회사가 새로운 사업을 시작한다고 하자. 전체 팀이 "왜 지금 이 사업을 시작하는가?"에 대한 배경을 이해해야 한다. 시장이 어떻게 변하고 있는지, 고객이 무엇을 원하는지, 경쟁사가 어떻게 움직이는지.

이런 맥락 정보가 팀 전체에 공유될 때 각자의 부서에서 일하는 담당자들도 자신의 일이 전체 그림 속에서 어떤 의미를 갖는지 이해하게 된다. 같은 수준의 정보를 바탕으로 일할 때 개인의 판단 기준이 일치하고 주도적인 실행이 가능해지기 때문이다.

핀테크 스타트업 K사는 야심차게 준비하던 신규 서비스 출시를 2주 앞두고 있었다. 그런데 경영진이 갑자기 핵심 기능 중 하나인 커뮤니티 기능을 삭제하라는 지시를 내렸다. 일반적인 팀이었다면 실무진은 "다 만들어 놨는데 왜 이제 와서?"라며 반발하거나 의욕을 잃었을 것이다.

하지만 리더는 단순히 "삭제해."라고 지시하지 않았다. 그는 정보의 동기화를 위해 긴급 미팅을 열고 전후 배경 내용을 공유했다. "최근 금융 당국의 보안 규제 가이드라인이 강화되었습니다. 우리 커뮤니티 기능이 이 기준을 맞추려면 출시가 3개월 지연됩니다. 지금은 기능 하나를 포기하더라도 경쟁사보다 먼저 시장에 진입하는 속도가 더 중요한 시점입니다." 이와 같은 맥락 정보가 공유되자 개발자들은 불만을 거두고 오히려 "그렇다면 삭제 작업을 최소화하고 안정성을 높이는 쪽으로 코드를 수정하겠습니다."라며 자발적으로 움직였다. 같은 정보를 보게 되자 실무자의 판단 기준이 경영진의 시야와 일치하게 되었다.

❷ 감정의 동기화

조직에는 정보만 흐르는 것이 아니라 감정도 흐른다. 불안감, 기대감, 답답함, 희망, 좌절, 성취감. 이런 감정들이 팀 안에서 어떻게 공유되고 처리되는지가 팀의 성과를 크게 좌우한다. 감정의 동기화는 모두가 같은 감정을 느껴야 한다는 의미가 아니다. 오히려 다양한 감정이 존재할 수 있음을 인정하고 그 감정들을 투명하게 공유하며 서로의 감정을 이해하고 지지하는 것이다.

팀이 새로운 도전을 앞두고 있을 때 누군가는 설레고 누군가는 불안할 수 있다. 중요한 것은 이 모든 감정이 표현될 수 있고 존중받을 수 있는 환경을 만들어야 한다는 것이다. 그래야 팀이 진정으로 하나가 되어 움직일 수 있다.

중견기업 B사의 영업팀은 AI 도입으로 인한 대규모 조직 개편을 앞두고 있다. 팀 전체에 혹시 내 자리가 없어질지도 모른다는 불안감이 팽배했지만 겉으로는 아무렇지 않은 척 침묵만 흐르고 있다. 리더는 성과를 독촉하는 대신에 회의 시작 전 감정의 동기화를 시도했다. "솔직히 저도 이번 변화가 두렵습니다. 여러분은 지금 어떤 마음입니까?" 리더의 고백에 팀원들은 하나 둘 속마음을 꺼내 놓기 시작했다. "저는 AI 툴을 배우는 게 너무 부담됩니다.", "오히려 반복 업무가 줄어들 것 같아 기대도 됩니다."

팀은 서로의 감정을 확인한 후 불안한 사람에게는 멘토를 붙여주고, 기대하는 사람은 TF팀에 합류시키는 방식으로 서로를 지탱해 주었다. 불안감을 숨기지 않고 투명하게 공유한 덕분에 팀은 공포에 잠식되지 않고 변화를 받아들일 정서적 연대를 맺을 수 있는 효익을 얻었다.

❸ 목적의 동기화

같은 정보를 알고 같은 감정을 공유해도 추구하는 목적이 다르면 팀은 결국 서로 다른 그림을 그리게 된다. 각 부서나 개인이 추구하는 세부 목표는 다를 수 있지만 그 모든 것이 가리키는 최종 방향 즉, 완성된 그림은 같아야 한다. 마치 산 정상을 향해 가는 여러 갈래의 길처럼 각자의 경로는 달라도 목적지는 하나여야 한다.

이를 위해서는 추상적인 미션 문구가 아니라 구체적이고 일상적인 언어로 표현된 공동의 목적이 반드시 필요하다. "고객 감동이나 고객 감동"라는 거창한 구호보다 "고객이 우리 제품이나 서비스를 통해 일상이 편해지고 행복하게 만들기"라는 구체적인 목적이 공유될 때 비로소 팀은 흔들림 없이 한 방향으로 나아갈 수 있다.

기업용 회계 프로그램을 만드는 C사의 비전은 "Global No.1 ERP Solution"이라는 거창하지만 모호한 문구였다. 직원들에게 이 목표는 그저 남의 이야기처럼 들렸다. 팀장은 팀원들이 가슴 뛰게 할 목적의 동기화가 필요함을 느꼈다. 그는 팀원들과의 워크숍을 통해 목표를 우리의 언어로 다시 썼다. "우리의 명확한 목표는 매월 말일 대한민국 모든 경리 직원들이 야근하지 않고 6시에 퇴근하게 만드는 것입니다."

이 구체적이고 일상적인 목적이 공유되자 기획자는 "이 버튼을 여기에 두면 클릭을 두 번 줄여서 퇴근을 10초 당길 수 있어."라고 말했고, 개발자는 "데이터 처리 속도를 높여야 6시 퇴근이 가능해."라며 몰입했다. 추상적인 구호가 걷히고 구체적인 목적이 보이자 팀은 비로소 흔들림 없이 한 방향으로 달리게 되었다. 목적의 동기화는 내적 동기를 촉발시켜 기대 이상의 결과를 만들어 내는 강력한 힘이다.

4. 진짜 속마음인 맥락을 읽어야 한다

같은 그림을 보며 대화하는 맥락적 소통으로 공통의 맥락을 형성했다면 이제 그 맥락을 정확하게 읽어내는 능력이 필요하다. 우리는 매 순간 수많은 메시지를 주고받지만 그 메시지의 진정한 의미를 이해하려면 입체적으로 명확하게 해석해야 제대로 된 맥락을 확보할 수 있다. 진짜 속마음인 맥락을 읽기 위해 상황, 관계, 문화의 렌즈가 필요하다

❶ 상황적 맥락을 읽는 렌즈

우리가 어떤 말을 들었을 때 "지금 왜 이 말이 나오는가?"를 빠르고 정확하게 파악하는 것이 중요하다. 같은 말이라도 언제, 어디서, 어떤 상황에서 나왔는지에 따라 의미가 완전히 달라지기 때문이다.

예를 들어 회의 중에 누군가 "이거 너무 복잡한데요?"라고 말했다고 하자. 프로젝트 초기 단계라면 이는 더 나은 방안을 찾자는 건설적인 제안일 수 있다. 하지만 마감이 코앞인 상황이라면 "왜 이제 와서 이런 것까지 고민해야 하나?"라는 불만이거나 "이렇게 복잡하면 제시간에 끝낼 수 있을까?"라는 불안의 표현으로 해석될 수 있다. 상황적 맥락을 읽을 때는 시간적 제약, 가용 자원, 외부 압박, 팀의 현재 상태 등을 종합적으로 고려해야 한다.

❷ 관계적 맥락을 읽는 렌즈

대화 중에 "누가 누구에게 하는 말인가?"를 정확하게 살펴야 한다. 말의 내용은 같아도 누가 누구에게 하는지에 따라 해석이 완전히 달라지기 때문이다. 상사가 부하직원에게 "의견을 더 많이 내세요"라고 했을 때 평소 의견을 존중해주던 상사라면 이는 격려와 기대의

메시지다. 하지만 의견을 내면 불편해했던 상사라면 오히려 압박이나 비난으로 들릴 수 있다. 관계적 맥락에는 상하 관계뿐 아니라 신뢰도, 친밀도, 과거 경험, 감정적 거리 등이 모두 포함된다. 3년을 함께 일한 동료와 처음 만난 동료 사이의 대화는 같은 단어를 사용해도 전혀 다른 무게와 의미를 갖기 때문이다.

❸ 문화적 맥락을 읽는 렌즈

"우리 조직에서 이것은 무슨 의미인가?"를 이해해야 한다. 모든 조직은 고유한 문화를 갖고 있고 그 문화 속에서 같은 단어도 다른 의미로 통용된다. 어떤 회사에서 "이 프로젝트는 좀 더 생각해 보자"는 말은 단순한 보류를 의미하지만 다른 회사에서는 사실상 반대를 뜻할 수 있다. "괜찮다"는 평가가 어떤 조직에서는 칭찬이지만 다른 조직에서는 개선이 필요하다는 신호일 수 있다. 문화적 맥락을 이해하지 못하면 완전히 잘못된 판단을 하게 되고 조직 내에서 아웃사이더로 겉돌게 된다.

이 세 가지 렌즈는 각각 작동하는 것이 아니라 동시에 적용되어야 맥락을 확실하게 파악할 수 있다. 하나의 메시지를 들었을 때 우리는 즉시 세 가지 질문을 던져야 한다. "지금 이 상황이 무엇인가?", "이 사람과 나는 어떤 관계인가?", "우리 조직에서 이것은 무슨 의미인가?". 이 세 렌즈가 동시에 만날 때 비로소 입체적이고 명확하게 맥락의 이해가 가능해지고 진정한 의미의 소통이 시작된다.

5. 맥락적 소통은 비전을 성과로 바꾸는 마법이다

맥락적 소통이 제대로 작동하는 팀은 겉으로 보기에는 평범해 보일 수 있다. 하지만 자세히 들여다보면 맥락적 소통이 가져다주는 크나큰 효익은 그야말로 셀 수 없이 많다.

❶ 적은 말로도 깊이 이해하고 공감한다

같은 맥락을 공유하고 있기 때문에 긴 설명이 필요 없다. 상황을 함께 이해하고 있으니 배경 설명을 생략할 수 있고 감정을 공유하고 있으니 왜 그런 결정을 내렸는지 직관적으로 안다. 목표가 명확하니 방향에 대한 불필요한 논쟁도 없다. 결과적으로 소통이 매우 효율적이면서도 정확해진다. 회의 시간은 줄어들지만 결정의 질은 높아지는 효익을 얻을 수 있다.

스타트업 A팀은 매일 아침 구구절절한 회의 대신에 팀 채팅방에 '오늘의 핵심'을 3줄로 요약하여 올린다. 맥락이 공유되지 않은 팀이라면 "이게 다야?"라고 불안해하겠지만 A팀은 이미 이번 분기 목표와 현재 프로젝트의 배경을 완벽하게 동기화했기에 3줄이면 충분하다.

팀원이 "오늘 A안 테스트 중인데 예상보다 로딩이 느리네요. ㅠㅠ"라고 짧게 남기자 리더는 긴 지시 대신 '힘내요.' 이모지와 함께 "B안으로 우회할까요?"라는 짧은 댓글을 단다. 구구절절한 설명 없이도 해당 팀원은 리더가 로딩 속도가 핵심 지표임을 인지하고 있으며 빠른 대안 실행을 지지한다는 맥락을 즉시 이해하고 B안을 즉시 실행한다.

❷ 빠르게 결정하되 실수가 적다

정보가 투명하게 공유되고 목표가 명확하니 의사결정이 빠르다. 그런데 이 빠른 결정이 무모하지 않은 이유는 팀 전체가 함께 그 결정을 검증하기 때문이다. 정서적으로 연결되어 있으니 누군가의 우려나 불안도 무시되지 않고 상황을 함께 읽고 있으니 보이지 않는 위험도 미리 포착한다. 따라서 속도와 신중함을 동시에 갖춘 의사결정이 가능하다.

B사 마케팅팀은 경쟁사들이 생성형 AI로 콘텐츠를 쏟아내는 상황에서 '우리도 AI를 도입할 것인가'를 두고 긴급 회의를 열었다. 맥락이 없는 팀은 "AI가 대세니까 하자"는 맹목적 찬성과 "품질이 걱정된다"는 막연한 반대로 시간을 끌었을 것이다.

하지만 이 팀은 "우리 브랜드의 핵심 가치는 '진정성'"이라는 맥락을 이미 확실하게 공유하고 있는 상황이다. 덕분에 그들은 "단순 카피라이팅은 AI를 써서 속도를 높이되 고객 인터뷰 영상만큼은 반드시 사람이 직접 기획하고 촬영한다"라는 결론을 30분 만에 내렸다. 진정성이라는 브랜드 핵심 가치라는 맥락 위에서 속도와 품질을 동시에 잡는 결정을 쉽고 빠르게 해낸 것이다.

❸ 각자 일하되 한 방향으로 간다

맥락적 소통이 잘 되는 팀에서는 마이크로 매니징이 필요 없다. 구성원 각자가 전체 맥락 즉, 우리가 그려야 할 큰 그림을 이해하고 있기 때문이다. 개발자는 개발을, 디자이너는 디자인을, 마케터는 마케팅을 각자의 전문성을 살려 진행하지만 그 모든 결과물은 결국 하나의 완성된 그림으로 귀결된다. 세세한 지시 없이도 스스로 판단하고 실행하되 결코 팀의 방향을 잃지 않는 것 이것이 바로 맥락적 소통의 힘이다.

글로벌 IT 기업 C사의 프로젝트 팀은 한국, 미국, 영국에 흩어져 일한다. 시차 때문에 실시간 회의는 일주일에 딱 한 번 뿐이다. 하지만 그들은 놀랍도록 하나의 제품을 만들어낸다. 디자이너는 새벽에 런던에서 UI를 수정하고, 개발자는 낮에 서울에서 기능을 구현한다.

서로 마주 보고 있지 않지만 그들은 '사용자의 클릭 수를 3번 이내로 줄인다'는 명확한 맥락을 이미 확실하게 공유하고 있었다. 디자이너가 예쁜 버튼을 포기하고 직관적인 배치를 선택했을 때 개발자는 굳이 물어보지 않고도 "아, 클릭 수를 줄이기 위함이구나."라고 이해하며 코드를 최적화한다. 바로 마이크로 매니징 없이도 맥락이 그들을 훌륭하고 완성도 있게 지휘하는 것이다.

❹ 갈등하되 발전한다

맥락적 소통이 잘 되는 팀이라고 해서 갈등이 없는 것은 아니다. 오히려 건강한 갈등이 더 많이 일어난다. 다양성을 인정하니 의견 차이가 자연스럽게 표출되고 심리적으로 안전하니 반대 의견도 편하게 낼 수 있다.

하지만 이 갈등이 파괴적이지 않고 건설적인 이유는 공통의 맥락이 있기 때문이다. 서로를 이기려는 싸움이 아니라 더 나은 답을 찾기 위한 대화가 되고 갈등 이후에도 팀의 신뢰는 오히려 더 깊어진다고 판단한다.

D사 신규 서비스 기획 회의에서 데이터 분석가와 기획자 사이에 격론이 벌어졌다. 분석가는 "이탈률 데이터상 이 기능은 없애야 한다."고 했고, 기획자는 "이 기능이 우리 서비스의 감성적 차별점이다."라고 맞섰다.

일반적인 팀이라면 감정싸움으로 번졌겠지만 이들은 "우리의 목표는 고객이 오래 머무는 플랫폼을 만드는 것"이라는 공통 맥락을 흔들림 없이 확고히 쥐고 있었다. 치열한 논쟁 끝에 그들은 제3의 안을 도출했다. "기능은 유지하되 접근 동선을 단순화하여 고객의 이탈을 막자." 서로를 이기려는 싸움이 아니라 바로 공동 목표를 위한 더 최적화된 답을 찾는 과정이 된 것이라 매우 의미가 크다.

❺ 도전하되 두렵지 않다

새로운 시도는 늘 불확실성과 위험을 동반한다. 하지만 맥락적 소통이 잘 되는 팀은 이 불확실성을 함께 감당한다. "우리가 왜 이것을 시도하는지" 모두가 이해하고 "실패해도 함께 배운다"는 심리적 안전감이 있으며 "우리 팀이라면 해낼 수 있다."는 신뢰가 있기 때문이다. 그래서 더 과감하게 도전할 수 있고 실패하더라도 빠르게 회복할 수 있다.

E사는 최근 야심차게 출시한 구독 서비스가 시장 반응을 얻지 못하고 실패했다. 보통이라면 책임자를 문책하고 분위기가 얼어붙었겠지만 이 회사는 전사 타운홀 미팅에서 실패 공유회를 열었다. CEO는 "우리가 이 시도를 한 이유는 새로운 시장 가능성을 보기 위함이었고 비록 숫자는 안 나왔지만 고객이 무엇을 싫어하는지 확실히 배웠다."며 팀을 격려했다.

맥락적 소통으로 심리적 안전감을 주는 순간이었다. 이 맥락을 이해한 직원들은 실패에 위축되지 않고 다음 달 바로 새로운 모델을 제안할 수 있었다. "실패해도 맥락이 남으면 자산이다."라는 믿음이 그들을 다시 뛰게 만든 것이다. 이 얼마나 설렘을 주고 자긍심을 느끼며 일할 수는 분위기인가.

맥락에 맞춰 같은 그림을 그려 나간다

1. 안전하다고 느끼게 한다

소통의 첫걸음은 심리적 안전감이다

어느 회사에서 팀장 주관으로 영업 활성화를 위한 한계 돌파 회의를 시작하면서 현재의 문제점들을 도출하고 한계를 돌파하기 위해 무엇이든지 편하고 자연스럽게 의견을 내라고 한다. 그러나 직원들은 무언가 열심히 적는 척하면서 팀장과 눈을 마주치지도 않고 어떠한 의견도 내지 않는다.

그러자 침묵을 견디지 못한 팀장은 선임인 이차장을 호명하며 차석답게 한마디 하라고 재촉하듯이 말한다. 이차장은 평소 추진하고 싶었던 의견을 어렵게 개진하지만, 팀장은 그건 이미 예전에 해봐서 별로 신선하지도 않고 효과가 없었던 기억이 난다면서 "경험이 많은 이차장도 별거 없네."라는 비판적인 투덜거림과 함께 '뭐 좀 더 혁신적인 아이디어 없냐?"며 핀잔을 주듯이 말한다. 이차장은 "역시나 그럴 거면서 무슨 이야기를 하자는 거야?" 마음속으로 생각하며 얼굴이 붉게 물든다.

팀장은 또다시 아무도 말을 하지 않자 신입사원에게 "소비자 관점에서 혹시 신선한 아이디어 없냐?"며 의견을 내보라고 한다. 신입사원은 그간 아르바이트 경험과 회사의 인턴 경험을 바탕으로 꽤 참신하고 효과가 있을 법한 아이디어를 힘차고 열정적으로 냈다.

그러자 팀장은 "아직 자네가 회사 사정과 고객을 제대로 모르면서 하는 말"이라고 폄하하며 제안 사항을 추진하기에는 현실성이 매우 떨어진다는 반대 의견을 거침없이 쏟아 낸다. 이 말을 들은 신입사원은 '이래서 아무도 플레이어들이 말을 하지 않았구나'하며 팀이 왜 침묵하고 있는지를 비로소 깨닫는다.

결국 팀장은 과거에 본인이 힘들었을 때 성공했던 자기만의 영업 방식을 설명하면서, 이번에 새롭게 변경해서 함께 추진하자고 어필하면서, 일방적으로 플레이어들에게 각각 역할을 부여하고 모두 파이팅을 외치면서 회의를 마쳤다. 그러나 자리에서 일어서는 플레이어들에게서 도전에 대한 설렘과 한계를 돌파하겠다는 결기는 조금도 찾아볼 수가 없다. 그저 답답함과 불만 그리고 막막함으로 가득

할 뿐이다.

팀의 소통을 가로막는 가장 높고 단단한 벽은 무엇일까? 수많은 메일과 메신저 그리고 다단계식 결재 라인도 중요 원인이기는 하지만 핵심은 아니다. 바로 우리 마음속 깊은 곳에 자리 잡은 두려움이다. "내가 이 말을 하면 무능해 보이지 않을까?", "반대 의견을 냈다가 찍히면 어쩌지?", "나만 튀지 말자"는 두려움이 우리의 입을 막는다. 한 마디로 심리적 안전감이 소통의 핵심 중의 핵심이다.

안전하지 않은 팀에서는 구성원들이 위험 신호를 감지하고도 모른 척한다. 당장은 평화로워 보이지만 이 침묵은 훗날 조직 전체를 뒤흔드는 위기라는 거대한 청구서가 되어 감당할 수 없는 이자까지 붙어 돌아오게 될 수도 있다.

소통이라는 산소가 맥락을 살린다

하버드 경영대학원의 에이미 에드먼슨 교수의 대표적인 저서 『두려움 없는 조직』에서 심리적 안전감을 "구성원이 업무와 관련해 그 어떤 의견을 제기해도 무시당하거나 질책받지 않고, 있는 그대로 수용될 것이라는 확신"이라고 명확하게 정의했다.

이 정의가 현실을 살아가는 우리에게 깊은 공감을 불러 일으키는 이유는 역설적으로 우리 대부분이 불안함 속에서 일하고 있기 때문이다. 회의실에서 "이건 아닌 것 같은데…"라는 생각이 들어도 꿀꺽 삼켜버린 경험이 있을 것이다. 소통이라는 산소가 차단된 조직은 호흡이 멈추고 서서히 질식해 간다는 것을 우리는 안다.

이것은 단순히 가족 같은 편안함이나 갈등이 없는 상태를 말하는 것이 아니다. 오히려 치열하게 논쟁해도 우리 관계는 안전하다는 믿음에 가깝다. 아래의 예시처럼 내가 다소 알지 못하거나 보고서가 부족해도, 보고시에 실수를 해도, 심지어 리더의 의견에 반기를 들어도 그것이 비난의 화살로 돌아오지 않을 것이라는 믿음이 바로 소통의 핵심이 되는 심리적 안전감이다.

"팀장님, 지시하신 방향은 알겠지만 요즘 MZ 고객의 반응과는 맞지 않는 것 같습니다. 오히려 다른 방식으로 추진해야 MZ 고객에게 통할 것 같습니다."

"팀장님께서 말씀하신 내용에 대해 잘 이해가 되지 않습니다. 다시 한번 제가 이해할 수 있도록 말씀하신 배경을 정확하고 자세하게 설명해 주시겠습니까?"

성과가 좋은 팀에서는 플레이어들이 끊임없이 묻고, 따지고, 제안하게 만든다. 안전한 충돌 속에서 맥락은 더 선명해지고 팀은 더 올바른 방향으로 나아간다. 반면 성과가 낮은 팀은 리더의 눈치만 보며 침묵하고 결국 길을 잃고 엉뚱한 방향으로 가고 만다.

심리적 안전감은 소통을 위한 선택이 아니라 팀이 숨 쉬기 위한 산소와 같다. 이 산소가 공급되어야 비로소 플레이어들은 "왜요?"라고 물을 수 있다. 질문이 사라진 조직은 맥락 없이 시키는 일만 하는 영혼 없는 기계들의 집합소가 될 뿐이다.

심리적 안전지대를 만드는 실천적 프로세스

심리적 안전감은 리더가 어느 날 갑자기 "오늘부터 우리 팀은 안전합니다!"라고 선언한다고 해서 마법처럼 생겨나지 않는다. 심리적 안전감은 우리가 볼 수는 없지만 하루하루 주고받는 사소한 눈빛, 말투, 태도 속에 켜켜이 쌓여가는 우리 관계의 신뢰이다.

리더가 먼저 건네는 따뜻한 말 한마디, 실수를 대하는 태도, 반대 의견을 듣는 표정 하나하나가 팀에 산소를 공급하기도 하고, 질식하게 만들기도 한다. 오랜 기간 경험을 통해 터득한 맥락을 만들고 팀원들을 같은 그림 앞에 세우는 네 가지 실천적 프로세스를 상세히 소개한다. 머리로 이해하지 말고 현장에서 활용하여 맥락에 맞춰 같은 그림을 그려가는 훌륭한 리더가 되길 바란다.

❶ 리더가 먼저 완벽의 가면을 벗어야 한다

때로 리더는 모든 정답을 알고 있어야 한다는 슈퍼맨 강박에 시달린다. 하지만 완벽한 리더는 세상 그 어느 곳에도 없음을 명확하게 알아야 한다. 물론 지금도 없고 앞으로도 없을 것이라 확신한다. 다만 완벽한 척하는 리더만 있을 뿐이다.

빈틈을 보이지 않으려 단단한 갑옷을 두르면 두를수록 플레이어들은 자신을 방어하기 위해 등 뒤에 칼을 숨긴다. "모른다."라고 말하는 것은 무능이 아니라 플레이어들을 믿는다는 용기 있는 증표임을 알아야 한다. 그러니 이제부터 자연스럽게 빈틈을 보여줘야 한다.

“저는 마케팅기획팀장으로서 이론이나 어깨너머로 대충 알지 실전에서는 훌륭한 여러분만큼 아는 것이 없으니 실전 프로인 여러분께서 저를 도와 주시기 바랍니다. 저는 전사 차원의 방향 조율과 대내외 협업에 집중할 테니 필요한 부분은 저에게 모두 맡기고 여러분들은 각자의 역할에 몰입해 주세요. 각자 잘하는 부분에 최선을 다해 우리의 목표를 멋지게 함께 이루어 냅시다.”

“솔직히 말하면 저도 이번 프로젝트에서 이 부분은 확신이 서지 않습니다. 제가 놓치고 있는 게 있을 것 같아요. 여러분의 생각이 절실합니다.”

이 고백을 들은 플레이어들은 리더를 얕잡아 볼까? 절대 아니다. 오히려 “여기 팀에서는 모른다고 해도 안전하구나.”, “리더도 우리를 필요로 하는구나.”라는 안도감을 느낀다. 리더의 취약성은 플레이어들의 마음의 빗장을 여는 가장 강력한 열쇠가 된다.

❷ ‘누가’가 아니라 ‘무엇’을 봐야 한다

사고나 실수가 터졌을 때 리더의 첫마디가 그 팀의 문화를 결정짓는다. “도대체 누가 그랬나요?”라며 범인을 색출하려 들면 팀원들은 방어기제를 작동시키고 숨을 곳부터 찾는 것이 현실이다. 반면 “무엇이 문제였을까요?”라며 프로세스나 시스템을 바라보면 팀원들은 학습 모드로 전환하여 능동적으로 해결책을 찾는다. 플레이어, 즉 사람은 비난의 대상이 아니라 함께 문제를 해결해야 할 파트너라는 것을 리더는 인식하고 실천해야 한다.

치명적인 오류가 발생하여 모두가 얼어붙은 상황에서 리더가 침착하게 말한다. "김 대리 너무 자책하지 마세요. 이건 김 대리의 실수가 아니라 우리 프로세스의 구멍입니다. 이번 일을 계기로 우리가 시스템을 어떻게 보완하면 좋을지 우리 같이 제대로 찾아보는 데 집중합시다."

사람을 비난하지 않고 시스템을 점검할 때 실패는 감추고 싶은 치부가 아니라 성장을 위한 보약이 된다라는 믿음을 주고, 플레이어들은 두려움 없이 다시 힘차게 도전할 용기를 얻는다.

❸ 껄끄러운 소리에 귀를 열어야 한다

회의 중 내 생각과 정반대되는 의견이나 뼈아픈 지적이 나왔을 때 어떠한가. 본능적으로 얼굴이 붉어지고 심장은 빠르게 뛰며 0.5초 만에 "그건 아니지!"라며 반박하고 싶어진 경험이 있을 것이다. 하지만 그 순간을 억지로가 아니라 진정성을 가지고 참아내야 한다. 듣기 싫은 소리, 불편한 진실일수록 더 격하게 환영하고 반겨야 한다.

그렇게 하기가 매우 어려운 것이 사실이지만 그것이 바로 리더가 놓치고 있던 사각지대를 비춰주는 등불이 될 수 있다. 그동안 너무 쉽게 감정적으로 반박해서 얻은 결과가 무엇이었는지 되돌아보면 답이 나오기 때문이다.

"와~ 정말 날카로운 지적이네요. 저는 거기까진 미처 생각 못 했습니다. 용기 내서 이야기해 줘서 정말 고마워요."

자신의 의견이 무시당하지 않고 존중받았다는 느낌은 플레이어를 수동적 관찰자에서 주도적으로 문제를 해결하는 능동적 주체로 탈바꿈시킨다.

❹ 기대를 넘어서는 온기를 전해야 한다

업무적인 관계를 넘어 사람 대 사람으로 마음이 연결되는 순간은 언제일까? 의무적으로 해야 할 일을 했을 때가 절대 아니다. 경험상 상대가 전혀 예상치 못한 기대 이상의 '한 번 더'의 배려를 받았을 때로 기억한다.

"이 대리 요청한 자료 여기 있습니다. 그리고 이 데이터를 분석할 때 참고하면 좋을 최신 업계 리포트도 추가로 첨부했어요. 다음 보고서 쓸 때 도움이 될 거라 생각해서 전해 드립니다."

"이번 프로젝트 성과가 아주 훌륭해요. 무엇보다 모두가 지쳐 있을 때 박 과장이 먼저 웃으며 분위기를 띄워준 따뜻한 동료애를 정말 높게 평가합니다."

누군가 도움을 요청했을 때 딱 그것만 해결해 주면 업무가 되지만 생각하지 못한 하나를 더 챙겨주면 감동이 된다. 칭찬할 때 결과만 건조하게 언급하지 말고 이면의 숨은 노력까지 짚어주고, 힘들어할 때 말로만 "파이팅" 하지 말고 따뜻한 커피 한 잔이라도 건네 보자. 이 사소한 '하나 더'가 삭막한 사무실에 심리적 안전감이라는 온기를 불어넣고 함께하는 모두가 맥락에 맞춰 같은 그림을 그리며 희열을 느낄 수 있다.

2. 리더의 소통 : 정보를 나르지 말고 맥락을 설계하라

리더의 역할은 붓을 들고 혼자 그림을 그리는 것이 아니다. 플레이어들이 각자의 붓으로 그림을 그릴 때 그들이 같은 풍경을 바라보고 같은 의도로 색을 칠할 수 있도록 맥락을 설계하고 조율하는 것이 핵심적인 역할이다. 이처럼 맥락이 흐르게 하기 위해 리더가 반드시 수행해야 할 다음의 3가지 핵심 실천 가이드를 통해 맥락 설계자로서의 리더가 되길 바란다.

맥락의 동기화로 그려야 한다

과거 아날로그 시대에는 대리, 과장, 부장, 국장 등 직급 순서대로 정보의 양과 질이 비례하였다. 한 마디로 윗분들만 아는 고급 정보라는 말이 통용되고 권력이 정보의 독점에서 나오는 시절이었다.

하지만 디지털 시대이자 맥락 소통 시대인 현재 권력은 정보의 투명하고 완전한 유통에서 나온다. 플레이어들이 엉뚱한 그림을 그리는 가장 큰 이유는 리더가 가진 정보의 값과 플레이어가 가진 정보의 값이 다르기 때문이다. 서로 다른 지도를 가지고는 같은 목적지에 도착할 수 없음을 우리는 너무나 잘 알고 있다.

이제 리더가 플레이어들과 같은 그림을 그리기 위해 실천해야 할

네 가지 핵심 원칙을 아래와 같이 제안한다.

❶ 결론이 아닌 맥락으로 소통하기

많은 리더들이 "결론만 간단히"를 쿨한 리더십 혹은 카리스마로 여기는 경우가 있다. 엉뚱한 착각이다. 하지만 업무 지시 단계에서 앞뒤 다 자르고 결론만 툭 던지는 것은 플레이어의 생각할 권리를 박탈하는 행위나 다름없다.

우리가 함께하고 있는 플레이어는 시키는 대로만 하는 노예도 아니고 입력하면 출력하는 프린터는 더욱이 아니다. 이제 그들은 "왜"가 납득되지 않으면 "어떻게"를 고민하지 않는 시대다. 영문도 모른 채 땅을 파는 것만큼 고역은 없으니 말이다.

이제 플레이어들의 가슴을 뛰게 하고 싶다면 '맥락 브리핑의 3단 구조'를 기억하고 실천하기 바란다. 업무를 주문할 때는 반드시 아래 3가지 요소를 세트로 묶어서 전달해야 그 효과를 최대로 얻을 수 있다.

- 배경 : 이 일이 왜 지금 테이블 위에 올라왔는가?(시장 상황, 경쟁사 동향, 내부 데이터 등 객관적 사실)

- 의도 : 이 일을 통해 우리가 얻고자 하는 궁극적인 가치는 무엇인가? (단순 매출 증대인가, 브랜드 이미지 제고인가, 고객 신뢰 회복인가? 등)

- 목표 : 그래서 구체적으로 무엇을 달성해야 하는가? (기한, 수치, 결과물의 형태 등)

- [나쁜 사례] *"김 대리, 이번 달 매출 목표가 10% 상향됐어. 힘들겠지만 공격적으로 운영해서 맞춰봐."*

- [좋은 사례] *"김 대리, 잠깐 이야기 좀 할까요? (배경) 지금 경쟁사 A가 저가 공세로 치고 들어오면서 우리 시장 점유율을 야금야금 가져가고 있어요. 지난달 데이터 보니까 이탈률이 3%나 늘었더군요. 그래서 우리 회사는 지금 당장 마진을 좀 줄이더라도 점유율을 지키는 것이 내년 생존을 위해 필수라고 판단했어요. 결론적으로 김 대리 파트의 이번 달 매출 목표를 10% 상향 조정하고 대신 프로모션 예산을 두 배로 배정했네요. 단순히 많이 파는 게 아니라 이탈 고객을 붙잡는 확실한 리텐션 전략을 수립해 주기 바랍니다."*

❷ 누구나 마실 수 있는 정보의 우물을 파자

플레이어들이 정보를 얻기 위해 리더의 눈치를 보거나 결재를 받기 위해 결재판을 들고 머뭇거려야 한다면 그 조직은 이미 병든 것일 수 있다. 리더는 정보를 쥐고 있는 문지기가 되어서는 안 된다. 정보를 필요로 하는 누구나 와서 마실 수 있는 우물을 파는 사람이 되어야 한다. 한마디로 정보의 오아시스 같은 리더가 되어야 한다는 것이다.

이를 위해 정보의 우물 '정보 공유 대시보드'를 운영해 볼 것을 추천한다. 원칙은 매우 간단하다. "1%의 보안, 99%의 투명함" 인사 정보나 법적 기밀 같은 1%를 제외하고는 프로젝트의 모든 진행 상황, 회의록, 이슈, 심지어 리더의 고민까지 모두 공개하는 것이다. "숨기는 게 없다."는 느낌 자체가 강력한 신뢰의 시그널이자 함께 이루어야 한다는 내적 동기를 강력하게 만들어낼 수 있다.

- 도구의 단일화 : 텔레그램, 카톡, 사내 메신저, 구글 드라이브 등 하나의 채널에 모든 정보를 모아야 한다. 여기저기 흩어진 정보는 어떻게 보면 없는 정보나 마찬가지이기 때문이다.

- 과정의 기록 : 말끔하게 정리된 결과 보고서만 올리지 않도록 해야 한다. 회의 중에 나온 엉뚱한 아이디어, 그간의 실패 사례와 원인, 고민하고 갈등했던 흔적까지 과정을 기록하고 공유되도록 해야 한다. 그 과정의 맥락이 함께 참석했던 모두에게는 맥락 동기화를 만들고 나중에 합류한 플레이어에게는 매우 소중한 최고의 교과서가 되기 때문이다.

❸ 탐정처럼 파고드는 적극적 경청

경청은 상대방의 머릿속 그림이 내 것과 일치하는지 확인하기 위해 끊임없이 단서를 찾는 탐정의 수사와 같다.

업무 지시를 내린 후 습관적으로 "이해했죠?"라고 묻지 않아야 한다. 그것은 "네"라는 대답을 강요하는 닫힌 질문이기 때문이다. 나의 설명에 빈틈이 없었는지 확인하는 아래의 열린 질문들을 참조하고 현실 상황에 맞게 응용해서 잘 활용하길 바란다.

- *"제가 설명한 맥락 중에서 혹시 설명이 부족했거나 놓친 부분이 있을까요?"*
- *"실무자 입장에서 볼 때 저의 계획에서 가장 큰 허점이나 이슈 그리고 제가 놓쳐버린 리스크는 무엇이라고 생각하나요?"*
- *"이 목표를 달성하기 위해 제가 당장 해결해 줘야 할 장애물은 무엇인지 솔직한 의견을 부탁합니다."*

리더가 먼저 자신의 빈틈을 찾으라고 요청할 때 플레이어는 비로소 입을 열고 리더가 보지 못한 사각지대를 환하게 비춰줄 수 있다.

❹ 맥락을 흐르게 하는 소통의 디테일

[회의 시] 우선 보고를 멈추고 전투를 시작해야 한다. 회의실은 정보를 낭독하는 독서실이 아니다. 집단 지성으로 문제를 해결하는 치열한 전투 현장이어야 한다. 단순 정보 전달이나 실적 보고는 문서로 대체할 수 있다. 대신 문서를 사전에 읽어오지 않으면 회의에 들어올 수 없다는 원칙도 세워야 한다.

리더는 화이트보드나 모두가 볼 수 있는 화면에 다음과 같이 적어놓고 회의를 시작하기 바란다. "오늘 우리가 끝장내야 할 단 하나의 안건은 이것이다. 회의 시간은 오로지 질문하고 논쟁하고, 대안을 찾고, 결론을 내리는 데 100% 쓰여야 합니다."

[문서 생성/보고 시] 데이터를 단순 나열하지 말고 의미와 시사점을 담아 편집해야 한다. 100페이지짜리 데이터만 가득 던져주며 "다 중요하니까 읽어보세요."라고 하는 것은 직무 유기다.

리더는 정보 배달부가 아니라 정보 편집자로서의 역할을 치밀하게 수행해야 한다. 모든 문서의 첫 장에 '3줄 요약'을 의무화하길 추천한다.

- 배경Why : 왜 이 보고서를 썼는가?

- 핵심What & How : 무엇이 문제이고 해결책은 무엇인가?

- 요청Action : 그래서 상대방이 무엇을 해 주길 구체적으로 바라는가?

[메신저/이메일 발송 시] 참조CC는 방패가 아니다. "나중에 딴소리하지 마"라는 심정으로 업무 관련자 전원을 참조에 넣는 행위는 즉시 멈춰야 한다. 그것은 정보 공유가 아니라 정보 공해다. 꼭 알아야 할 사람만 수신인으로 지정해야 한다. 만약 참조를 넣어야 한다면 "김 대리님은 지난 히스토리를 알고 계시니 참조로 넣습니다."라고 이유를 명기하는 배려가 필요하다.

메신저에서도 "저기요?"라고 말 걸고 상대방이 대답할 때까지 기다리지 말아야 한다. 용건과 맥락 그리고 희망하는 기한 등을 한 번에 정리해서 보내야 한다. 이러한 맥락을 담은 비동기 소통이 서로의 몰입을 지켜주는 최고의 매너다.

솔직함을 이끌어 내는 안전지대를 조성한다

리더가 가장 공포스러워 해야 할 것은 실패가 아니다. 바로 듣기 싫은 소식이나 나쁜 소식이 들리지 않는 고요함이다. 다른 의견이 사라진 조직은 죽은 조직이나 마찬가지이다. 맥락은 질문과 반론을 통해 비로소 선명해지고 튼튼해지기 때문이다.

또한 심리적 안전감은 리더의 선언문으로 생기지 않는다. 하루하루의 사소한 상호작용이 소통의 산소가 되어 맥락을 만들고 같은 그림을 그리게 하는 소통의 원천이요 샘물이다.

❶ 나쁜 소식 포상제

조직을 망치는 것은 문제 자체가 아니라 문제를 숨기는 문화다. 그래서 문제를 가장 빨리 들고 온 사람을 트러블 메이커가 아니라 구조대원으로 대우해야 한다. 그것이 조직을 살리는 길이 될 수 있다. 딱 3초만 멈춰봐라. 일정 지연이나 실패 등 치명적인 내용의 보고를 받았을 때 첫 3초간 리더의 표정이 모든 것을 결정한다. 미간을 찌푸리거나 한숨을 쉬지 말고 객관적인 팩트 중심으로 상황을 지배해야 한다.

"와, 이걸 지금 발견해서 천만다행입니다. 김 대리가 아니었으면 나중에 큰일 날 뻔했어요. 숨기지 않고 용기 내서 알려줘서 고마워요. 자, 이제 이 문제를 해결할 방법을 같이 찾아봅시다."

이 한마디는 조직 전체에 '정직함이 곧 능력이다.'라는 강력하고 확실한 신호다.

❷ 1+1 지지 화법

용기 내어 반대 의견을 낸 플레이어에게 "그래, 알았어."라고만 하면 부족하다. 그 의견에 힘을 실어주는 '플러스 원'의 지지가 필요하다.

자신의 의견이 단순히 들리는 것을 넘어 영향력을 발휘한다고 느낄 때 플레이어는 수동적 관찰자에서 능동적 주체로 변모하게 된다.

목표 조율과 피드백으로 맥락을 완성한다

플레이어들은 각자 다른 경험과 배경을 가지고 있다. 그냥 두면 각자 다른 과녁을 보고 달리게 된다. 리더는 주기적으로 플레이어들의 좌표를 확인하고 그들이 팀의 공동 목표(본질)와 일치하는지 확인하며 미세 조정하는 영점 맞추기를 지속적으로 해야 본질에 수렴할 수 있다.

❶ 목표 동시 통역과 정렬

회사의 거창한 비전이나 전사 목표는 실무자에게 그저 뜬구름 잡는 소리로 들리기 십상이다. 이 거리를 좁히는 것이 리더의 역할이다. 리더는 추상적인 목표를 플레이어 개인의 구체적인 업무 언어로 번역해 주는 동시 통역사가 되어야 한다. 그때 비로소 비전은 공허한 외침이 아니라 플레이어가 당장 움직여야 할 생생한 본질이 된다. 가시선을 확보하는 법을 알아야 한다. 플레이어의 책상 위에서 벌어지는 일이 회사의 목표와 어떻게 일직선으로 연결되는지 보여 줘야 한다.

"우리 회사의 올해 목표가 '업계 시장 점유율 1위'잖아요? 숫자가 너무 커서 남의 일처럼 느껴질 수 있습니다. 그런데 이걸 마케터의 언어로 제가 번역해 볼게요. 점유율 1위가 되려면 고객이 경쟁사 광고가 아닌 우리 광고를 눌러야 합니다. 여러분들이 지금 머리 싸매고 고민하는 그 광고 카피 한 줄과 썸네일 이미지 하나, 그게 고객의 무관심한 엄지손가락을 멈추게 하고 우리 서비스로 들어오게 만드는 결정타가 되는 것입니다. 여러분은 지금 단순히 SNS에 올릴 게시물 하나를 만드는 게 아닙니다. 고객의 마음을 움직여서 우리 회사로 데려오는 가장 강력한 초대장을 만들고 있는 중요한 일입니다."

❷ 요소(정보, 감정, 목표) 기반의 좋은 질문법

1:1 면담 시간에 "일은 잘 되어 가나요?" 같은 막연한 질문은 그만해야 한다. 업무의 본질을 구성하는 정보, 감정, 목표 3가지 요소를 정밀 타격하여 질문해야 한다.

구체적인 체크리스트 질문법을 다음과 같이 소개하니 꼭 실생활에서 활용하길 권유한다.

- 정보 점검 : "이 일을 수행하는 데 필요한 정보나 리소스는 충분한가요? 혹시 제가 알고 있는데 공유해 주지 못한 맥락은 없나요?"

- 감정 점검 : "솔직하게 이 업무를 하면서 요즘 어떤 기분이 드나요? 부담감인가요 아니면 기대감인가요? 지루하다면 왜 그런가요?"

- 목표 점검 : "지금 하고 있는 일이 우리가 처음에 합의한 그 목표를 향해 가고 있다고 느껴지나요? 혹시 방향을 수정해야 할 필요성은 못 느끼나요?"

❸ 맥락 기반 피드백

피드백은 발가벗기고 비판하거나 혼내는 것이 아니다. 행동과 결과 사이의 인과관계를 명확히 짚어주어 플레이어가 스스로 궤도를 수정하게 돕는 건강한 코칭이다.

이를 위한 실천 원칙으로 행위가 아닌 영향 관점에서 말하기를 소개한다. 단순히 행동을 지적하지 말고 그 행동이 팀의 목표(맥락)에 어떤 영향을 미쳤는지를 설명해야 한다.

- [나쁜 피드백] "보고서에 오타가 왜 이렇게 많나요? 제발 꼼꼼

히 좀 하세요."

- **[맥락 피드백]** *"김 대리 이번 제안서에 오타가 3개 있었어요. 이 제안서는 우리 회사의 첫인상을 결정하는 아주 중요한 문서입니다. 내용은 훌륭한데 오타가 있으면 고객사는 우리의 기술력까지 의심하게 된다는 것을 인식하셔야 합니다. 김대리의 꼼꼼함이 곧 고객이 느끼는 우리 회사의 신뢰도 자체입니다. 앞으로는 오타 검수를 단순 작업이 아니라 우리 회사의 신뢰를 지키는 최후의 방어선이라고 생각해 주세요."*

이 실천 가이드는 리더가 소통의 설계자이자 건축가로서 팀을 이끌 때 필요한 도구를 담고 있다. 이 프로세스를 하나씩 실천할 때 리더의 말은 단순한 언어가 아니라 팀을 움직이는 강력한 신호가 된다.

3. 플레이어의 소통 : 맥락에 접속하고 주도하라

축구 경기장을 떠올려 보자. 경기에서 공을 잡은 선수만 플레이어가 아니다. 공이 없을 때도 빈 공간을 찾아 뛰고 동료의 패스를 받을 위치를 선점하는 모든 선수가 플레이어다.

조직에서도 마찬가지이다. 리더가 맥락을 던져 주길 마냥 기다리는 사람은 인정받지 못하는 구경꾼일 뿐이다. 진짜 플레이어는 리더의 투박한 지시 속에서도 숨은 의도를 찾아내고 동료의 침묵 속에서도 필요한 니즈를 기가 막히게 바로 읽어낸다. 이제부터 맥락에 접

속하고 동기화하며 마침내 주도하는 플레이어의 4가지 핵심 기술에
대해 상세하게 소개하고자 한다. 모쪼록 시키는 일을 뛰어 넘어 흐
름을 읽는 맥락의 항해사로 성장하길 바란다.

리버스 브리핑으로 주파수를 맞춰야 한다

조직에서 가장 슬픈 비효율 또는 비극은 무엇일까? 리더는 동쪽으
로 가라고 했는데 플레이어가 밤을 새워 서쪽으로 전력 질주하는 것
이라고 생각한다, 안타깝게도 열심히 할수록 팀에는 치명적인 손해
가 되는 경우를 현장에서 너무나 많이 목격했다. 그렇기에 달리기
전에 리더와 나의 나침반이 같은 곳을 가리키는지 확인하는 주파수
맞추기가 필요하다.

❶ 듣는 척하지 말고 반드시 되물어라

많은 실무자가 업무 지시를 받을 때 "네, 알겠습니다." 하고 자리로
돌아온다. 그리고 모니터 앞에서 고민한다. '근데 팀장님이 말한 게
정확히 뭐였지? A안이던가? B안이었던가?'

확신 없이 애매하게 시작하는 것은 필연적으로 재작업을 부른다.
회의가 끝나거나 업무 지시를 받은 직후 리버스 브리핑을 해야 한
번에 효율적이면서 효과적으로 업무를 완벽하게 수행할 수 있다. 리
더가 말한 내용을 나의 언어로 요약해서 다시 들려주는 것이 필요한
이유이다.

"팀장님, 작업 시작하려는데 제가 이해한 방향이 맞는지 잠시 1분 동안 재확인 부탁드립니다. 제가 이해하기로 이번 프로젝트의 핵심 본질은 경쟁사보다 빠른 출시이고 가장 우선순위 높은 목표는 다음 주 월요일부터 예약가입을 시작해야 한다는 것입니다.

그래서 저는 퀄리티를 100%로 끌어올리기보다 핵심 기능만 담아 우선 80% 수준으로 빠르게 완성하여 예약가입 시작을 최우선 목표로 추진하려고 합니다. 이 방향이 팀장님 의도와 맞는지 확인 부탁드립니다."

이 짧은 확인 과정에서 리더는 "어? 아니야. 늦더라도 완벽한 퀄리티가 중요해."라고 교정해 줄 수 있다. 만일 리버스 브리핑 없이 그냥 본인 판단대로 추진했다면 아찔한 현실을 맞닥뜨렸을 수 있다. 이 1분의 확인이 1주일의 '삽질'을 막아준다는 것을 기억해야 한다.

❷ 숨은 의도를 파악하라

리더의 말은 종종 불완전할 때가 있다. "이거 좀 잘 챙겨 봐."라는 말 속에는 수만 가지 맥락이 숨어 있음을 우리는 알고 있다. 따라서 텍스트 너머의 서브 텍스트를 읽어내려는 노력이 필요하다.

아래 질문의 3단계를 활용하여 단순히 "언제까지 할까요?"만 묻지 않게 되기를 바란다.

- *배경 확인 : "이 업무가 지금 갑자기 중요해진 배경이 무엇인가*

'하는 일'에 갇히지 말고 '가치 제공'을 증명해야 한다

우리가 주어진 직무 범위에 맞게 일을 하는 것은 당연하고도 매우 기본적인 자세이다. 그러나 직무에 맞게만 딱 해서는 안 된다. 모든 업무가 전후좌우로 연결되어 있는 만큼 업무 완성도를 위해서는 경계에 있는 업무도 깔끔하게 해낼 줄 알아야 한다.

더 나아가 내가 왜 이 일을 해야 하는지 업무의 본질과 가치를 정확하게 정의하고 남들이 생각하지 못했던 사항들까지 통찰력 있게 업무에 반영하는 것이 일 잘하는 사람들의 고유 특성이다.

"나는 시키는 대로 정확히 했습니다.", '나는 내 업무 범위에 맞게 잘 한 거예요.", "나는 내가 맡고 있는 디자인만 했어요."라는 말은 아마추어이자 하수들의 변명일 뿐이다. 프로와 고수는 자신의 일을 본질과 가치로 정확하게 정의하고 반드시 실행해 낸다.

❶ 나는 스테플러인가? 문제 해결사인가?

스스로에게 물어보자. "나는 무엇을 하는 사람인가?"

쉬운 예로 어느 회사가 사업계획 수립 중에 있다고 하자. 사업계획 총괄하는 경영기획팀에서 각 사업본부 수석팀으로부터 사업계획을 취합 받고 있다.

> - 행위 중심 : *"나는 여러 부서의 업무를 취합하는 사람입니다."*
>   → 이 사람은 사업계획 취합만 끝나면 "제 할 일 다했습니다." 라고 말한다. 각 본부의 이슈에 대해서는 "그건 본부 차원의 문제죠."라고 선을 긋는다.
> - 가치 중심 : *"나는 우리 회사의 지속적인 미래 성장에 일조하는 사람입니다."*
>   → 이 사람은 전사 차원의 비전과 각 사업본부의 사업계획이 정렬되도록 목표와 예산 등을 검증하고 치열하게 조율하여 각 사업본부가 이슈 없이 목표를 향해 전력 집중하도록 만든다.

이제 행위 중심이 아니라 가치 중심 관점에서 명함의 직함을 지우고 내가 팀에 제공하는 가치를 한 문장으로 정의하자. 그것이 당신이 일할 때 흔들리지 않는 기준점이 될 것이다.

❷ Why가 맞다면 How는 제안하라

본질을 꿰뚫고 있는 플레이어는 노예처럼 리더에게 끌려 다니지 않는다. 오히려 리더에게 더 좋은 방법을 제안할 줄 알아야 한다. 그게 바로 일 잘하는 고수이고 프로이다.

- 수동적 플레이어 : 속마음은 '이거 비효율적인데.'라고 생각하면서 *"A 방식으로 하라고 하셔서 A로 했습니다."*라고 말한다.
- 능동적 플레이어 : *"팀장님, 원래 A 방식으로 하라고 하셨지만 이번 프로젝트의 본질인 고객 만족 관점에서 생각해보면 B 방식이 시간은 조금 더 걸려도 결과물은 훨씬 더 좋을 것 같습니다. B 방식으로 진행해도 될까요?"*라고 말한다.

솔직히 대다수의 리더는 모든 실무의 디테일을 잘 알지 못한다. 본질을 지키는 선에서 업무의 맥락에 맞게 더 나은 방법을 스스로 찾아내어 일하는 것이야말로 실무자가 리더를 리딩하는 것이며 훌륭하게 일 잘하는 플레이어다.

질문과 대안이 맥락을 흐르게 한다

협업은 내 일을 끝내는 것이 아니라 우리의 일을 함께 완성하는 것이다. 내 옆 동료 혹은 유관 부서의 일이 끝나야 내 일도 비로소 빛을 발한다는 사실을 기억해야 한다.

❶ 짐작은 오해의 씨앗이다. 그냥 직구를 던져라

우리가 경험했던 많은 협업 실패는 "저 사람도 알겠지", "저 사람이 알아서 해주겠지", "내 사정 이해해주겠지"라는 막연한 짐작에서 시작된다.

협업을 시작할 때는 동료의 마음을 어렵게 읽으려 하지 말고 동료의 니즈를 확실하게 물어봐야 한다.

"이 프로젝트를 당신 입장에서 성공적으로 마치기 위해 내가 도와줘야 할 가장 중요한 것은 무엇입니까?"라고 질문하면 기획자는 "개발 가능한 스펙인지 미리 봐주는 것"이라고 말할 수 있고, 디자이너는 "기획안이 중간에 바뀌지 않는 것"이라고 말할 수 있다.

이처럼 질문 하나가 수많은 오해와 중복 업무 그리고 서로를 향한 비판과 원망을 미리 차단한다.

❷ 무조건적 'Yes'는 배신이다

동료의 무리한 부탁에도 불구하고 무조건 "네, 당연히 도와 드려야죠."라고 답할 때가 있는데, 이렇게 무조건적으로 답하면 안 된다. 괜히 답했다가 결국 기한을 못 맞추거나 퀄리티가 떨어지면 팀 전체에 피해가 갈 수도 있기 때문이다. 그것은 배려가 아니라 무책임이다.

동료로부터 무리한 부탁을 받는 경우 현재의 나의 상황에서 불가능하다고 판단되면 있는 그대로 솔직하게 답해줘야 한다. 이때 단순히 거절로 끝내지 말고 대안이 있는 거절 형식으로 거절해야 한다.

- [나쁜 거절] *"지금 바빠서 안 돼요."*
- [좋은 조율] *"지금 당장은 A 프로젝트 마감이 급해서 어렵습니*

이렇게 대안을 제시하는 거절은 동료와의 신뢰를 깨뜨리지 않는다. 오히려 "이 사람은 자신의 일정을 책임감 있게 관리하면서도 어떻게든 나를 진정성 있게 도와주려고 하는구나."라는 믿음을 준다.

맥락의 속도에 맞춰야 한다

투르 드 프랑스에서 홀로 전력 질주하는 것은 용기가 아니라 만용이다. 거센 맞바람을 홀로 감당하는 독주는 결국 영웅적인 패배로 끝날 뿐이다.

선두에 앞장선 선수가 온몸으로 바람을 깨트린 뒤 지친 기색 없이 옆으로 비켜주는 순간, 바로 뒷사람이 속도를 떨어뜨리지 않고 매끄럽게 그 바람을 이어받는 찰나의 순간을 펠로톤에서는 '로테이션'이라 한다. 비즈니스 언어로는 '핸드오버의 디테일'이다. 나의 땀방울이 동료의 가속도가 되도록 매끄럽게 연결해 주는 디테일이 바로 승리의 조건이다. 내 업무가 완료되었다고 끝난 것이 아니다. 내 결과물을 받아 이어서 일할 다음 동료를 생각하며 일을 해야 완성도가 높아진다.

- [하수 사례] "수정 파일 보냈습니다. 확인하세요."

  (받는 사람 입장 : '도대체 뭐가 바뀐 거야? 원본이랑 다 대조해 봐야 하잖

아')

- [고수 사례] *"파일 보냈습니다. 지난 회의 피드백을 반영하여 3페이지 그래프 수치를 수정했고 개발팀 요청에 맞춰 이미지 파일은 별도 폴더에 분리해 두었습니다. 5페이지는 아직 확정이 안 돼서 비워 뒀으니 참고 부탁드립니다."*

갈래길을 운전할 때 전적으로 내비게이션에만 의존하는 것이 아니라, 실제 도로 상황을 대조하면서 목적지를 찾아간다. 이렇듯 우리도 업무에 몰입하면서 나의 할 일이나 목표만 보고 달릴 때가 있다. 그러나 수시로 고개를 들어 전체 지도를 확인하면서 내가 제대로 팀 방향에 맞추어 가고 있는지 검증하며 힘껏 달려야 한다.

일을 하면서 일주일에 한 번 또는 업무의 30%, 50% 지점에서 전체 지도와 방향에 맞는지 스스로 확인하고 검증해야 실수나 오류를 사전에 차단할 수 있다.

"내가 지금 열심히 파고 있는 이 구멍이 팀이 건물을 세우려는 그 위치가 맞는가?

"일하는 사이에 시장 상황이나 팀의 목표가 변하지는 않았는가?"

만약 팀의 목표가 바뀌었다면 과감하게 하던 일을 멈추거나 방향을 수정해서 나의 업무와 치밀하게 동기화해야 한다. 지금까지 한 게 아까워서 계속하는 것이야말로 팀을 망치는 매몰 비용이 되는 함정이다.

플레이어 관점에서 실행해야 할 4가지 기술을 제대로 실천할 때 당신은 더 이상 누군가의 지시를 기다리는 부품이 아니라 팀의 맥락을 읽고 흐름을 만들고 결국 성과를 만들어내는 대체 불가능한 플레이어가 될 것이다.

소통을 말 잘하는 기술이나 상대를 제압하는 화려한 언변으로 오해하고 있는 경우가 많다. 그러나 진정한 소통은 유창하고 화려한 입에서 나오는 것이 아니다.

소통의 본질은 정보의 양이나 화려함이 아니라 상대방이 맥락을 이해하도록 하는 배려가 듬뿍 담겨 있는 말이며, 리더의 말 이면에 숨은 깊은 고민과 의도를 파악하려는 노력이며, 동료의 성공을 위해 나의 맥락과 노하우를 기꺼이 나누는 따뜻한 마음이다.

맥락이란 너와 내가 서로 다른 섬에 갇혀 따로 따로 플레이하지 않도록 연결해 주는 다리이다. 리더가 투명하게 정보를 공유할 때, 플레이어가 주도적으로 리버스 브리핑을 할 때, 그리고 서로가 서로에게 일의 손잡이를 만들어 건넬 때 우리 사이에 놓인 벽은 더 이상 존재하지 않는다.

Part 04

협업

경계를 넘나들 때 협업이 일어난다

<펠로톤 속으로>

우측 평원에서 불어닥치는 바람은 단순한 공기의 흐름이 아니다. 그것은 보이지 않는 거인의 거친 손바닥처럼 내 자전거를 쉴 새 없이 도로 밖으로 밀어내고 핸들바를 쥔 내 손아귀가 한없이 긴장하게 만든다. 우리는 살기 위해 도로를 가로질러 사선으로 길게 늘어섰다. 마치 겨울을 나러 떠나는 기러기 떼처럼 서로의 어깨 뒤 바람이 닿지 않는 유일한 사각지대를 찾아 비스듬히 겹쳐진 채 달린다.

지금 이 순간 나는 대열의 가장 앞에 서 있다.
아무런 가림막 없이 온몸으로 받아내는 바람의 무게는 상상을 초월한다. 마치 끈적한 점성 액체 속을 헤엄치는 것처럼 납덩이 같은 공기의 밀도가 전신을 짓누르며 허파를 쥐어짠다. 허벅지는 불이 붙은 듯 뜨겁게 타오르고 폐 깊숙한 곳에서는 쇠 냄새 섞인 단내가 치고 올라온다. 속도계의 숫자가 떨어지려 한다. 한계다. 내 몫의 고통은 여기까지다.

나는 오른쪽 팔꿈치를 툭, 밖으로 튕긴다. 나의 턴Turn이 끝났다는 신호다.
부드럽게 페달링을 늦추며 바람이 불어오는 방향으로 빠져나온다. 그 찰나 내 뒤바퀴에 바짝 붙어있던 안드레아가 기다렸다는 듯 앞으로 치고 나간다. 마치 파도가 방파제를 때리듯, '콰아앙' 하는 공기의 파열음과 함께 나를 짓누르던 바람의 무게를 순식간에 낚아채 간다. 이제 그가 고통을 감내할 차례다.

속도가 줄어든 내 자전거가 뒤로 흐르는 동안 나는 내 옆을 스쳐 지나가는 동료들의 일그러진 얼굴들을 본다. 방금 전까지 동료를 위해 바람을 막아주던 땀 맺힌 등과 고통으로 잔뜩 찡그린 옆얼굴들이 필름처럼 스쳐 지나간다. 우리는 고정된 자리를 갖지 않는다. 누구나 리더가 되어 바람을 찢어야 하고 누구나 팔로워가 되어 숨을 고른다. 이 미친 바람 속에서 영원한 선두란 존재할 수 없기에 우리는 끊임없이 자리를 바꾼다.

마침내 대열의 가장 끝 꼬리 부분에 도달해 앞 선수의 뒷바퀴를 문다. 거짓말처럼 태풍이 멈춘다. 앞서가는 동료들의 몸이 겹겹이 쌓여 만들어낸 거대한 방벽 뒤에서 나는 비로소 안도의 숨을 내쉰다.
내가 태워 없앤 성냥개비 하나만큼 우리 무리는 앞으로 나아갔고 나는 다시 타오를 차례를 기다리며 조용히 그러나 힘 있게 페달을 돌린다.

**협업은 혼자보다 나은 결과를 위해
책임을 감당하는 것이다**

혼자서 다 할 수 있으면 좋겠지만

회사의 규모가 크든 작든, 스타트업이든 대기업이든 상관없다. 많은 조직이 '협업의 부재'로 고통받고 있다. 여러분의 조직은 어떤가? 옆 부서와 원활하게 소통하며 일하고 있는가? 아니면 "저 팀은 도대체 무슨 생각 을 하는지 모르겠어"라며 답답해하고 있는가? 많은 리더들이 조직 내 소통의 단절과 부서 이기주의Silo Effect를 해결하려고 백방으로 노력한다. 워크숍을 다녀오고, 회식을 하고, 전사적인 단합 대회를 연다. 그 들의 믿음은 단순하다. '사람들이 서로 친해지면 자연스럽게 일도 잘 풀릴 것이다.'

하지만 현장에서 발견한 놀라운 사실이 하나 있다. 협업이 안 된다고 고통을 호소하는 팀들의 85%는 협업을 제대로 시도해본 적이 없었다. 그들이 협업이라고 믿으며 해왔던 노력들은 사실 협업이 아니라 전혀 다른 무언가였기 때문이다.

SCENARIO: 전형적인 '가짜 협업'의 현장

- **상황 1 : 방어적인 벽 쌓기**

  A팀장: *"그 업무는 우리 팀 R&R(역할과 책임)에 명시되어 있지 않습니다. 저희가 할 이유가 없는데요.*

  → 이는 자신의 영역을 지키려는 영토 방어일 뿐, 조직의 목표를 생각하지 않는 태도다.

- **상황 2 : 무책임한 집단화**

  B팀장: *"혼자 결정하기 부담스러우니, 일단 유관부서 다 불러서 회의부터 잡읍시다."*

  → 10명이 모여 3시간 동안 진행한다. 결정은 미뤄지고 책임은 흐려진다. 이건 협업이 아니라 '책임회피'다.

- **상황 3 : 갈등 회피형 침묵**

  C팀원: *"저 팀 의견이 맞지 않긴 한데… 굳이 의견을 내다가 관계가 틀어질까 봐… 제가 맞춰줄게요."*

  → 겉으로는 평화로워 보이지만 속으로는 문제가 쌓인다. 건전한 비판이 없는 곳에 혁신은 없다.

왜 이런 비효율이 반복될까? 우리는 협업에 대해 근본적으로 잘못 이해하고 있기 때문이다. 특히 한국의 조직 문화에서는 협업을 단순히 '인간적인 유대 관계'나 '무조건 함께 하는 것'으로 오해하는 경향이 있다. 이러한 오해는 조직을 느리고 무겁게 만들며, 결국 성과를 갉아먹는 주범이 된다.

1. 비슷하지만 완전히 다르다

협업의 본질을 제대로 이해하려면, 먼저 우리가 혼용해서 쓰고 있는 세 가지 개념을 명확히 정의해야 한다. 바로 협조Cooperation, 협동 Collaboration/Teamwork, 그리고 협업Real Collaboration이다. 이 세 단어는 사전적으로 비슷해 보이지만, 비즈니스 현장에서는 완전히 다른 과정과 결과를 만들어낸다.

쉬운 이해를 위해 우리에게 익숙한 '이삿날'의 풍경을 예로 들어보자. 친구가 이사를 간다고 해서 도와주러 간다면 당신은 어떻게 행동할까?

협조Cooperation : "도와주는 것"

친구가 부엌에서 짐을 싸다가 거실에 있는 당신에게 소리친다. "야, 거기 냉장고 문 좀 잡아줘!" 당신은 스마트폰을 보다가 한 손을 놔서 냉장고 문을 잡아준다. 협조의 핵심은 주도권이 나에게 없다는 것이다. 기본적으로 '내 일'이 아니다. 상대방의 요청이 있을 때만 수동적으로 반응하는 행위다. 조직에서도 이런 일은 흔하다. "김 대리,

지난달 매출 데이터 좀 보내줘”라는 요청에 파일을 첨부해 답장을 보내는 것. 물론 조직이 돌아가려면 협조는 필수적이다. 하지만 이 것만으로는 '1+1=2' 이상의 성과를 낼 수 없다. 그저 현상 유지일 뿐이다.

협동Collaboration/Teamwork **: “함께 힘을 쓰는 것”**

이번에는 상황이 다르다. 친구가 진지한 표정으로 말한다. “자, 우리 셋이서 이 무거운 장롱을 들어서 1층 트럭까지 옮기자!” 셋이서 장롱에 붙어 “하나, 둘, 셋!” 구호를 외치며 함께 힘을 낸다. 땀을 흘리며 계단을 내려간다.

이것이 '협동'이다. 물리적인 힘의 합을 맞추는 과정이다. 모두가 같은 목표를 향해 비슷한 행동을 한다. 회사에서 전사적 캠페인, 사무실 대청소, 또는 단순 반복 업무를 나누어 처리하는 것이 여기에 해당한다. 협동은 훌륭한 팀워크를 보여주지만, 복잡한 문제를 푸는 데는 한계가 있다. 큰 책장을 함께 옮길 수는 있어도, 더 효율적으로 옮기는 방법을 고안해내지는 않는다.

협업Real Collaboration **: “전문성을 연결해 시너지를 내는 것”**

프로들의 이사는 다르다. 그들은 친구들처럼 다 같이 장롱에 매달려 있지 않다. 현장은 놀랍도록 조용하고 일사불란하다.

- 전문가 A: 사다리차를 정밀하게 조작하여 베란다 창문에 위치시킨다. (장비 운용 전문가)

- 전문가 B: 방 안에서 가구에 스크래치가 나지 않도록 빠르게 포장한다. (포장 전문가)

- 전문가 C: 아래에서 짐을 받아 트럭의 적재 효율을 계산하며 실어 나른다. (적재 및 운송 전문가)

이들은 각자 완전히 다른 일을 하고 있다. 서로 대화도 많이 하지 않는다. 하지만 손발이 놀랍도록 맞다. 포장이 끝나는 순간 사다리차가 도착하고, 짐이 내려가는 순간 트럭에 실린다. 친구 셋이 하루 종일 걸려 할 일을 이들은 3시간 만에 끝낸다. 더 안전하고, 더 빠르고, 더 완벽하게 말이다.

협업은 단순히 힘을 합치는 것이 아니라, 각자의 다른 전문성이 톱니바퀴처럼 맞물려 새로운 가치(압도적인 속도와 품질)를 만드는 과정이다.

2. 온전한 협업이 성과를 이끈다.

협업이란 혼자보다 나은 결과를 위해 책임을 감당하는 것이다. 이를 위해 서로 다른 전문성을 연결하는 과정이 필요하다. 정의는 단순해 보이지만, 강한 성과를 내는 팀이 되기 위한 세 가지 핵심 조건을 담고 있다. 이 중 하나라도 빠지면 그것은 온전한 협업이 아니다.

첫째, 혼자보다 나은 결과 Synergy & Opportunity Cost

협업의 첫 번째 조건은 '부가가치'다. A와 B가 함께 일했는데 결과물이 A 혼자 했을 때와 비슷하거나 오히려 속도가 느려졌다면? 그것은 협업이 아니라 조직적 낭비다. 협업에는 반드시 '비용'이 따른다. 커뮤니케이션 비용, 조율하는 시간, 감정적 소모 등이다.

많은 조직이 '협업을 위한 협업'의 함정에 빠진다. 혼자 결정하고 빠르게 실행하면 될 일을, 소통이 필요하다는 명목으로 회의를 소집한다. 이는 협업이 아니라 업무 방해다. 진정한 협업은 1+1=2가 아니라, 최소한 3 이상이 될 것이라는 확신이 있을 때 선택해야 하는 전략적 수단이다. 협업은 그 자체가 목적이 아니라, 더 높은 성과를 달성하기 위한 도구임을 잊지 말아야 한다.

둘째, 책임을 감당 Accountability

이것이 가장 중요한 포인트이자 많은 직장인이 오해하는 부분이다. 흔히 협업을 '책임의 분산'으로 착각한다. "다 같이 회의해서 결정했으니, 잘못돼도 내 책임은 아니야"라는 식의 태도다. 이메일 수신 참조CC에 수십 명을 넣고 안심하는 심리도 비슷하다. 이것은 협업이 아니라 '책임 회피'다.

진짜 협업은 각자가 자신의 영역Role에 대해 최대한 책임을 지는 것에서 출발한다. 축구 경기에서 골키퍼가 골을 먹히면 그건 일차적으로 골키퍼의 책임이다. "우리 다 같이 수비했잖아"라고 변명하지 않는다. 공격수가 골 찬스를 놓치면 그건 공격수의 책임이다. 이 명확한 책임감 위에서 골키퍼는 수비수를 믿고 골문을 지키고, 공격수는 미드필더를 믿고 앞으로 달려 나간다. '내 몫은 내가 반드시 완수한다'는 프로의식이 전제되지 않으면 서로를 신뢰할 수 없고, 신뢰가 없으면 협업은 불가능하다.

셋째, 서로 다른 전문성을 연결 Diversity of Expertise

나와 똑같은 생각을 가진 사람, 나와 같은 배경을 가진 사람과의 협업은 편안하다. 갈등도 없고 대화도 잘 통한다. 하지만 거기에는 혁신이 없다. 진짜 성과는 '다른 것들이 부딪혀 결합할 때'에서 나온다.

개발자의 논리적 사고와 디자이너의 감성적 직관이 부딪힐 때, 영업의 현장감과 마케팅의 냉철한 데이터 분석이 충돌할 때 스파크가 튄다. 그 스파크가 바로 혁신의 불씨다. 따라서 협업이 잘 되는 조직은 겉보기에 조용하고 평화로운 조직이 아니다. 오히려 업무적 논쟁이 활발하고, 서로 다른 관점이 끊임없이 교차하며 활기 있는 조직이다. 다름을 불편해하지 않고, 다름을 에너지로 바꾸는 능력이 협업의 핵심이다.

3. 혼자 할 수 있을 것 같지만 버거운 시대

과거에는 '천재 한 명'이 수천 명을 먹여 살린다는 말이 통했다. 뛰어난 리더 한 명의 직관과 카리스마로 조직을 효율적으로 이끄는 방식이 먹혀들었다. 하지만 지금은 다르다. 왜 현대의 비즈니스 환경에서는 '협업'이 생존의 필수 조건으로 강조될까?

복잡성의 시대, 슈퍼히어로는 없다

비즈니스 문제는 개인이 감당하기에는 너무나 복잡하고 다차원적이다. 하나의 제품을 만들기 위해 필요한 기술은 수십 가지가 넘고, 고객의 니즈는 계속 더 세분화되고 있다. 이제 어떤 천재도 모든 분야를 다 통달할 수는 없다. 소프트웨어 개발은 불과 20년 전만 해도 한 명의 웹마스터가 홈페이지 기획부터 디자인, 코딩, 서버 관리까지 도맡아 했다. 하지만 지금은 프론트엔드, 백엔드, 데이터베이스 엔지니어, 보안 전문가, UX 라이터, UI 디자이너, 클라우드 아키텍트 등 여러 분야의 전문가들이 서로 연결되어야만 하나의 완성된 서비스가 탄생한다.

이제 개인이 아무리 뛰어나도 혼자서는 '완성된 결과물'을 만들 수 없는 구조가 되었다. 내가 가진 퍼즐 조각은 아무리 좋아도 전체 그림의 일부일 뿐이다. 다른 조각을 가진 동료와 연결되지 않으면, 내 조각은 미완성으로 남는다. 즉, 협업은 이제 '하면 좋은 것Nice to have'이 아니라 '생존을 위한 필수 조건Must have'이 되었다.

연결이 만드는 속도가 승부를 가른다

오늘날 시장의 변화는 상상을 초월한다. 경쟁자보다 하루라도 빨리 시장에 진입해야 Time-to-Market 승산이 있다. 이때 조직의 속도를 결정하는 것은 개개인의 작업 속도가 아니라, 부서와 부서 사이의 연결 속도다.

부서 간의 장벽 Silo 이 높은 조직은 의사결정이 끝없이 왕복한다. 영업팀에서 고객 불만을 접수하고 이를 정리해 기획팀에 전달한다. 기획팀은 검토 후 개발팀에 회의를 요청한다. 일정을 잡는 데만 사흘이 걸린다. 개발팀은 기술적으로 어렵다며 다시 기획팀으로 답을 보낸다. 이 과정에서 이미 한 달이 지나고, 고객은 떠난다.

반면 협업이 잘 되는 조직은 이 모든 과정이 동시에 일어난다. 문제가 발생하면 영업, 기획, 개발 담당자가 즉시 사내 협업 채널이나 회의에 모인다. "지금 이런 이슈가 있는데, 해결하려면 뭐가 필요할까요?" 그 자리에서 논의하고 그날 바로 수정에 들어간다. 협업 능력의 차이는 곧 실행 속도의 차이다. 그리고 이 속도의 격차가 시장에서의 성패를 결정한다.

4. 단단한 팀을 만드는 협업의 메커니즘

협업이 성과를 만든다는 것은 명확하다. 더 나아가 협업은 그 자체로 조직을 건강하게 만드는 선순환의 메커니즘을 가지고 있다. 협업이 잘 되는 조직에서 나타나는 세 가지 특징을 살펴보자.

잘 해낼 거라는 강한 믿음, 인지적 신뢰

협업은 신뢰의 결과이자 동시에 신뢰를 강화하는 원인이다. 이사 현장에서 사다리차를 조작하는 전문가는 아래에서 짐을 받는 동료가 정확한 타이밍에 그 자리에 있을 것이라고 전적으로 믿는다. 믿음이 있기에 뒤를 돌아보지 않고 자신의 작업에만 집중할 수 있다. 이것이 '인지적 신뢰Cognitive Trust'다. 동료가 착해서 믿는 것이 아니라, '저 사람은 프로니까 자기 몫을 해낼 것'이라는 능력에 대한 믿음이다.

"내가 이 부분을 이렇게 처리해서 넘기면, 김 대리가 완벽하게 마무리해 줄 거야." 이런 믿음이 쌓이면 불필요한 감시나 보고가 사라진다. "그거 다 됐어?"라고 수시로 확인하는 관리 비용이 줄어든다. 신뢰 자본이 높은 팀은 커뮤니케이션 속도가 놀랍도록 빨라진다. 눈빛만 봐도 통하는 경지에 이른다.

심리적 안전감과 건강한 갈등

협업이 안 되는 팀은 의외로 갈등이 없다. 서로 부딪히기 싫거나, 의견을 냈다가 불이익을 받을까 두려워 입을 다물기 때문이다. 이런 조직에서는 실수가 숨겨지고, 문제가 터지기 직전까지 수면 위로 드러나지 않는다.

반면 협업이 성과로 이어지는 팀은 업무적 갈등을 두려워하지 않는다. 회의 자리에서 "이 방법이 최선일까?", "저는 다른 관점에서 보고 있습니다"라는 반론이 자연스럽게 나온다. 이것이 가능한 이유는 심리적 안전감Psychological Safety이 있기 때문이다. 어떤 의견을 내더라도, 혹은 실수를 인정하더라도 비난받거나 무시당하지 않을 것이라는 믿음이다. 진정한 협업은 이 심리적 안전감을 토양 삼아 자라난다.

집단 지성의 힘, 그리고 성장의 순환

혼자 일하면 내가 아는 것만 알게 된다. 내 경험의 범위 안에 머물게 된다. 하지만 협업을 하면 필연적으로 동료의 지식과 노하우에 노출된다.

마케터는 개발자와 협업하며 기술적 구현 가능성과 논리를 배우고, 개발자는 마케터와 논의를 통해 고객의 관점과 비즈니스 감각을 익힌다. 별도의 교육 없이도, 일하는 과정 자체가 최고의 배움터가 된다. 협업하는 조직은 거대한 학습 공동체다. 서로가 서로의 선생님이 된다. 이렇게 성장한 개인은 다시 조직의 성과를 높이는 데 기여한다. 이것이 협업이 만들어내는 성장의 아름다운 순환이다.

협업 없이는 성과도 없다

결론적으로 현대의 조직에서 성과는 개인 역량의 합Sum이 아니라 곱Product이다. 수식으로 표현하자면 다음과 같다.

성과 = 인재 A × 인재 B × 인재 C × … × 협업(연결)

구성원들이 아무리 뛰어난 능력을 갖추고 있어도 그들을 연결하는 협업의 변수가 '0'이라면, 전체 결과값은 '0'이 된다. 많은 리더들이 "우리 팀원들은 스펙도 좋고 각자 능력은 출중한데, 왜 모이면 성과가 안 날까?"라고 고민한다. 각자가 '협조'나 '협동' 수준에 머물러 있거나, 혹은 각자도생하며 연결 고리가 끊겨 있기 때문이다.

경계가 명확할수록 협업은 강해진다

협업을 잘하기 위해 가장 먼저 해야 할 일은 '명확한 경계'를 긋는 일이다. 흔히 "우리는 한 팀이니까 경계 없이, 네 일 내 일 따지지 말고 다 같이 하자"라고 말한다. 듣기에는 좋지만 이는 현실에서 문제를 만든다. 모두의 책임은 누구의 책임도 아니기 때문이다.

세계 최고의 자전거 대회인 투르 드 프랑스Tour de France를 떠올려 보자. 200명이 넘는 선수들이 3주간 3,500km를 달리는 경기에서, 우승을 만들어내는 팀일수록 역할 구분은 놀라운 만큼 명확하다.

<투르 드 프랑스 팀의 역할 분담>

- 리더Ace: 바람의 저항을 최소화하며 체력을 아껴두다가, 결정적인 순간에 결승선을 통과한다.

- 도메스티크(Domestique, 조력자): 리더 앞에서 바람을 막아주고,

그들은 자신의 역할(경계)이 무엇인지 정확히 안다. 도메스티크는 자신이 우승할 수 없음을 알지만, 리더의 우승을 위해 기꺼이 자신을 바친다. 하지만 경계가 있다고 해서 소통이 끊기는 것은 아니다. 리더의 자전거가 고장 나면, 도메스티크는 주저 없이 자신의 자전거를 내어준다. 리더가 지치면 다른 선수가 앞으로 나와 바람을 막는다.

이것이 우리가 지향해야 할 협업의 완성형이다. **"자신의 전문성과 책임 영역(R&R)은 명확하되, 팀의 공동 목표 달성을 위해서는 언제든 유연하게 그 경계를 넘나들며 도울 준비가 되어 있는 상태."**

협업은 단순히 성격 좋은 사람들이 모여 하하 호호 지내는 것이 아니다. 협업은 치열한 프로들이 생존하고 승리하기 위해 선택한 가장 전략적인 무기다. 불가능해 보이는 목표를 달성하고 싶다면, 이제 질문을 바꿔야 한다. "우리 팀은 사이가 좋은가?"가 아니라, "우리 팀은 성과를 위해 제대로, 치열하게 연결되어 있는가?"라고 물어야 한다.

하지만 현실은 녹록지 않다. 알면서도 안 되는 것이 협업이다. 그렇다면 협업을 가로막는 것은 무엇일까? 대부분의 경우 답은 명확하지 않은 역할과 책임에서 비롯된다. 누가 뭘 하는지 모르니까 협업이 안 된다. 다음 장에서는 이 핵심 장애물을 제거하는 실전적인 방법을 살펴본다. 리더와 플레이어가 각각 해야 할 일이 무엇인지, 그리고 어떻게 명확한 역할과 책임을 만들어 나갈 수 있는지 구체적으로 알아본다.

혼자보다 나은 결과를 위해 책임을 감당한다

펠로톤에는 100명이 넘는 선수들이 시속 50km로 달린다. 충돌도 없고 혼란도 없다. 그 이유는 간단하다. 각자의 역할과 책임이 명확하기 때문이다. 리더는 마지막 스프린트에서 우승을 노린다. 도메스티크는 리더를 보호하고 바람을 막는다. 스프린터는 평지에서 빠른 속도를 낸다. 클라이머는 산길에서 앞서 나간다. 모두가 자기 역할을 명확히 알고 있다. 각자가 자신의 역할에만 집중하고 신뢰할 수 있기 때문에 100명이 넘는 사람이 한 팀으로 움직이면서 완벽하게 협력한다. 이 협력의 기반은 매우 단순하다. 역할과 책임의 명확성이다.

1. 신호등을 세운다

프로젝트를 시작할 때를 보면 처음에는 모두 의욕이 넘친다. 그런데 며칠 지나면 이런 대화가 오간다. "이거 누가 하기로 했죠?" "글쎄요, 저는 몰랐는데요?" "그럼 누가 해요?" 결국 아무도 안 하거나 한 명이 화내면서 혼자 다 한다. 이런 상황을 함께하는 것에 회의적이 되고 다음 프로젝트에서도 그다지 노력하지 않게 된다.

역할이 불분명하면 여러 문제가 동시에 발생한다. 누가 결정을 내려야 하는지 모르니까 모두가 자기 생각만 말하게 되고, 의견이 충돌하면 싸운다. 누가 우선인지 불명확하니까 갈등도 쉽게 심해진다. 두 번째 문제는 책임 회피다. 결과가 나빠도 "제가 담당한 게 아닌데요"라고 말하면 된다. 그러니 책임감을 갖고 열심히 할 이유가 없다. 사람들은 자신에게 책임이 있을 때만 진심을 다한다. 세 번째는 중복 작업과 빈틈이다. 어떤 부분은 모두가 중요하다고 생각해서 두 명이 같은 일을 하고 있고, 어떤 부분은 "누가 하겠지?" 하다가 결국 아무도 안 한다.

사거리에 신호등이 있으면 누가 먼저 가고 누가 기다려야 하는지 명확하다. 그래서 매일 수천 대의 자동차가 충돌 없이 움직인다. 협업도 똑같다. 누가 무엇을 담당하는가, 누가 최종 결정을 내리는가를 명확히 정하면 혼란이 사라진다. 신호등처럼 명확한 규칙이 있으면 감정적인 갈등이 줄어든다. 더 이상 "당신이 이렇게 하니까 문제야"가 아니라 "규칙이 이렇게 정해져 있으니까 이렇게 하는 거야"가

된다. 단순한 규칙일수록 좋고 모두가 이해하고 따르기 쉬워야 한다.

❶ 역할을 명확히 정한다

프로젝트를 시작할 때 가장 먼저 할 일은 역할을 정하는 것이다. 이는 초반에 반드시 해야 하는 과정인데 많은 팀들이 이것을 가볍게 여긴다. "일단 해보고 나중에 정하지 뭐"라고 생각한다. 하지만 이것이 나중에 큰 문제가 된다. 역할은 처음 정할 때와 중간에 정할 때의 효과가 전혀 다르다. 처음부터 정하면 모두가 같은 출발선에 서고 불필요한 재조정이 없다.

신제품 출시 프로젝트를 예로 들면 이런 식으로 정한다

- 프로젝트 리더 : 전체 일정 관리, 최종 결정, 팀 간 조율

- 시장 분석 담당 : 경쟁사 및 시장 동향 파악, 조사 데이터 분석

- 제품 기획 담당 : 분석 정보를 바탕으로 제품 스펙 작성, 인사이트 도출

- 마케팅 담당 : 출시 전략 수립, 고객 커뮤니케이션 계획

- 디자인 담당 : UI/UX 설계, 비주얼 자산 제작

이렇게 정하면 누가 뭘 하는지 명확해진다. 역할이 명확하면 누가 뭘 하는지 분명해진다. 예를 들어 시장 분석 담당이 자신의 책임 범위를 정확히 알면, 경쟁사 분석과 시장 조사에만 집중할 수 있다. 제

품 기획 담당은 받은 분석 정보를 바탕으로 제품 스펙을 작성하고, 마케팅 담당은 그 정보로 출시 전략을 수립한다. 이렇게 각자가 자신의 영역에 집중할 때, 업무의 깊이와 질이 자연스럽게 올라간다.

❷ 책임의 범위를 정한다

역할만으로는 부족하다. 어디까지 책임질 것인가도 정해야 한다. 예를 들어 "시장 분석"이라는 역할이 있다고 해서 모두가 같은 범위를 생각할까? 절대 아니다. 어떤 사람은 "경쟁사 3곳만 보면 되지"라고 생각하고, 다른 사람은 "경쟁사 20곳을 다 봐야지"라고 생각한다. 이런 불일치가 나중에 프로젝트 품질의 차이를 만든다.

Ex) 시장 분석 담당의 책임 범위

포함되는 업무	포함되지 않는 업무	경계 영역 업무
경쟁사 5곳 이상 홈페이지 조사 업계 리포트 및 시장 데이터 분석 고객 심층 인터뷰 수행(최소 10명) 분석 결과를 엑셀로 정리 및 시각화	제품 스펙 작성 마케팅 전략 수립 가격 정책 결정	정보 요약 및 해석 핵심 인사이트 도출 리스크 요인 파악

경계 영역 주의 : "수집한 정보 요약 및 해석"은 누가 할 것인가? 분석 담당인가, 기획 담당인가? 이것을 명확하게 정해야 한다. 애매한 부분이 나중에 "제가 할 일이 아닌데요"라는 갈등을 만든다.

이렇게 경계를 명확히 하면 "이건 제 일이 아닌데요"라는 말이 대폭 줄어든다. 책임 범위가 명확하니까 자신의 역할에만 집중할 수 있다. 또한 다른 팀원이 뭘 하고 있는지도 알 수 있다. 분석 담당이 어디까지 진행했는지 알기 때문에 기획팀은 자신의 준비를 미리 할 수 있다. 이것이 바로 협업의 효율성이다.

❸ 최종 결정권자를 정한다

가장 중요한 것은 누가 최종 결정을 내리는가를 정하는 것이다. 많은 팀들이 이 부분에서 실패한다. 팀원들의 의견이 갈릴 때 투표를 하거나 다수결을 한다. 하지만 이것은 매우 비효율적이다. 투표와 다수결은 의사결정을 더 오래 끌어당기고, 최종 결정이 명확하지 않으면 실행 과정에서도 잡음이 생긴다.

올바른 방법은 담당자가 결정하는 것이다. 예를 들어 출시 가격을 놓고 의견이 갈린다면 마케팅 담당이 결정한다. 왜냐하면 출시 가격은 마케팅의 책임 영역이기 때문이다. 물론 다른 팀원들의 의견을 충분히 들을 수는 있다. 기획팀은 "이 가격대면 충분히 경쟁력이 있어"라고 말할 수 있고, 개발팀은 "이 가격대면 충분한 마진을 확보할 수 있어"라고 말할 수 있다. 하지만 최종 결정은 마케팅 담당이 한다.

이렇게 하면 의사결정 시간이 획기적으로 단축된다. 더 이상 "이건 누가 결정하는 거예요?"라는 질문이 없다. 그리고 담당자는 자신의 결정에 책임을 진다. 만약 가격 결정이 잘못되었다면 마케팅 담당이 그 책임을 지는 것이다. 이것이 바로 책임감 있는 조직의 모습이다.

2. 리더가 먼저 해야 할 일들

리더의 역할은 팀이 잘 협업할 수 있는 환경을 만드는 것이다. 펠로톤의 리더는 혼자 빨리 달리지 않는다. 대신 팀원들이 자신을 돕도록 만들고, 그 도움을 받아 우승한다. 혼자라면 절대 이길 수 없다. 하지만 팀을 제대로 구성하고 협업하게 하면 개인의 능력으로는 불가능한 일을 해낸다. 회사의 리더도 똑같다. 혼자 일을 다 하면 안 된다. 대신 팀원들이 협업할 수 있게 해야 한다. 이것이 진정한 리더십이다.

공동 목표를 명확히 설정하고 공유한다

협업이 실패하는 가장 큰 이유 중 하나는 각자 다른 목표를 향해 달리는 것이다. 회사에서 일해본 사람이라면 이런 경험이 있을 것이다. 마케팅팀은 고객 확보에만 집중하고 제품팀은 제품 완성도에만 집중한다. 그 결과 마케팅팀이 약속한 기능이 제품팀의 로드맵에 없어서 고객과의 갈등이 생긴다. 또는 제품팀이 완성한 기능이 마케팅팀이 고객에게 약속한 것과 다르다. 이런 불일치는 결국 프로젝트 실패로 이어진다.

리더가 해야 할 일은 우리의 공동 목표를 명확히 하는 것이다. 이것은 단순한 구호가 아니다. 실제로 모든 의사결정이 이 목표를 중심으로 이루어져야 한다. 목표가 명확하면 팀원들이 의사결정할 때 기준이 생긴다. "이 선택이 우리 목표에 도움이 될까?"라고 물을 수 있기 때문이다.

<**팀 전체를 모으기**> 프로젝트 시작 전 모든 팀원을 모아 '우리의 공동 목표는?'를 묻는다. 이 회의는 1시간 정도면 충분하지만 매우 중요하다. 회의 전에 각 팀이 기대하는 성과를 미리 적어오게 하면 더 효율적이다. 마케팅팀은 예상 고객 수와 확보 기간을, 제품팀은 개발 일정과 기술적 제약을 준비해온다. 이렇게 사전 준비된 정보를 가지고 회의를 시작하면 각 팀의 입장을 더 구체적으로 이해할 수 있고, 차이점을 빠르게 찾아낼 수 있다.

<**한 문장으로 정의**> 회의에서 나온 여러 의견들을 정리해서 모두가 동의할 수 있는 한 문장의 목표로 만든다. '신규 고객 1,000명 확보 + 평균 거래액 5% 상승으로 분기 매출 목표 달성'처럼 간단할수록 좋다. 이 한 문장은 추상적이지 않아야 한다. 구체적인 수치와 시간을 포함해야 모두가 같은 곳을 볼 수 있다. 정의한 목표는 팀의 공유 공간에 붙여두고, 회의할 때마다 상기시킨다. 모두가 이 한 문장을 자연스럽게 외울 정도가 되어야 한다.

<**상호의존성 강조**> 목표를 정의한 후에는 각 팀이 서로 어떻게 도와야 하는지를 명시한다. 예를 들어 '마케팅이 고객을 가져오면 제품팀이 만족도를 높인다. 개발은 기능 안정성을 보장하고, 운영팀은 신속한 고객 지원으로 이탈을 막는다. 우리는 모두 서로를 의지하고 있다'고 구체적으로 설명한다. 이는 단순한 정보 공유가 아니라, 한 팀의 성공이 다른 팀의 성공에 직결된다는 심리적 연결을 만드는 것이다. 정기적인 회의에서 이 상호의존성을 반복해서 언급하고 실제

로 한 팀이 다른 팀에 도움을 주는 사례를 공유한다.

목표를 설정하고 공유하면 팀원들은 자신의 일이 전체 조직과 어떻게 연결되는지를 명확히 인식하게 된다. 마케팅팀은 단순히 고객 수만 늘리는 것이 아니라, 그 고객들이 제품에 만족해야 한다는 것을 알게 되고, 제품팀은 기술적 완성도도 중요하지만 고객이 실제로 필요로 하는 기능이 무엇인지를 고민하게 된다. 결과적으로 마케팅이 기술팀에 조기에 고객 피드백을 전달하고, 개발이 기술 구현 시 운영의 효율성을 고려하는 식의 상호 배려가 자연스럽게 발생한다. 더 나아가 갈등이 생겼을 때 팀원들은 감정적으로 대응하는 대신 "우리의 공동 목표는 뭐였지?"라고 돌아갈 중심점이 생기기 때문에, 불필요한 논쟁을 줄이고 빠르게 합의점을 찾을 수 있다.

경계를 넘나드는 프로세스 설계한다

프로젝트를 하다 보면 전형적인 병목 현상이 생긴다. A팀이 자료 조사를 끝내야 B팀이 자료 정리를 시작할 수 있다. 그런데 A팀이 계속 미룬다. B팀은 계속 기다린다. A팀을 자꾸 닦달해도 진전이 없다. 이 상황에서 B팀의 리더는 답답해한다. "왜 저 팀은 일을 안 하는 거야?" A팀의 리더는 다르게 생각한다. "왜 자꾸 자료를 달라고 해? 시간이 더 필요한데." 이렇게 되면 팀 간의 신뢰가 깨진다. 갈등이 생기는 이유는 프로세스가 명확하지 않기 때문이다.

리더가 처음부터 명확한 프로세스를 설계하면 이런 갈등이 사라진다. 모두가 "지금은 누가 일할 차례인가"를 알고 있으니까다.

<u>각 단계 명확히 정의</u> 프로젝트의 전체 일정을 구체적인 단계별로 나눈다. '시장 분석 1주차, 제품 기획 2주차, 마케팅 전략 3주차, 내부 검토 4주차' 식으로 단순한 이름이 아니라 정확한 기간을 함께 명시한다. 이때 각 단계가 무엇을 포함하는지도 구체적으로 써둔다. 예를 들어 '시장 분석 1주차 (월~금): 경쟁사 조사, 시장 규모 추정, 고객 니즈 분석'이라고 쓰면, 팀원들이 이 기간 동안 정확히 무엇을 해야 하는지 이해한다. 이 정보는 프로젝트 초기에 모든 팀원이 볼 수 있는 문서나 대시보드에 게시되어야 한다.

<u>담당자 명시</u> 각 단계마다 누가 주도권을 가지는지 명확하게 지정한다. '분석팀 주도, 기획팀 주도'라고 명시하는 것만으로도 많은 갈등을 막을 수 있다. 주도 팀이 명확하면 의사결정의 권한도 명확해진다. 분석팀이 주도라면 분석 방법이나 일정에 대한 최종 판단은 분석팀이 한다. 이것이 주도권 싸움을 방지하는 가장 효과적인 방법이다. 동시에 각 단계마다 지원 팀을 지정할 수도 있다. '분석팀 주도 (지원:기획팀, 마케팅팀)'이라고 하면 기획팀과 마케팅팀도 자신의 역할이 무엇인지 명확히 알 수 있다.

<u>핸드오버 포인트</u> 한 팀에서 다른 팀으로 일을 넘길 때의 정확한 조건을 정의한다. '금요일 오후 5시까지, 파워포인트 형식, 팀 드라이브에 업로드'라고 쓰면 A팀도 알고 B팀도 안다. 이것이 명확하지 않으면 "자료 주세요"라는 말만 반복된다. 인계 시점(핸드오버 포인트)

에는 구체적인 시간, 파일 형식, 저장 위치, 그리고 누가 확인할 것인가까지 포함되어야 한다. 또한 핸드오버 이후 변경이 생길 가능성도 미리 정해두면 좋다. 예를 들어 '최종 핸드오버 후 변경 요청은 리더 승인 필수'라고 하면, 불필요한 수정을 줄일 수 있다.

<u>**<완료 기준>**</u> 각 단계가 언제 "끝났는가"를 명확히 정의한다. 이것이 없으면 언제까지나 "아직 부족해", "조금 더 하자"는 말이 나온다. '경쟁사 5곳 이상, 강점/약점 3개씩, 시장 규모 추정'이라고 구체적으로 쓰면, 팀은 이것들을 다 하면 다음 단계로 넘어가면 된다는 걸 안다. 완료 기준은 정성적인 것도 포함할 수 있다. 예를 들어 '분석 내용이 마케팅팀의 전략 수립에 충분한 정도'처럼 쓸 수도 있다. 하지만 최대한 객관적이고 측정 가능한 기준으로 만드는 것이 좋다.

<u>**<동시 협업 지점>**</u> 모든 프로젝트가 순차적으로 진행되지는 않는다. 일부 단계는 동시에 진행될 수 있다. '분석하면서 기획팀이 제품 개념 검토 가능' 또는 '마케팅팀이 분석 초안을 보면서 고객 인터뷰 준비 시작'처럼, 겹칠 수 있는 부분을 명시한다. 이렇게 하면 전체 프로젝트 기간을 단축할 수 있을 뿐만 아니라, 팀 간 상호작용이 더 일찍 시작되기 때문에 최종 결과물의 품질도 높아진다. 동시 협업 지점을 타임라인으로 시각화하면 모두가 더 쉽게 이해한다.

프로세스를 명확하게 설계하고 공유하면 팀 간의 불필요한 갈등이 대부분 사라진다. 누가 주도인지가 명확해지기 때문에 주도권을 놓고 벌어지는 싸움이 없어진다. 각 단계의 종료 기준이 명확해지면서

"아직 안 됐어", "좀 더 하자"는 식의 불필요한 지연도 제거된다. A팀 리더는 "우리가 정한 기준은 다 했으니까 넘겨도 된다"고 확신을 가질 수 있고, B팀 리더는 "이 정도면 받을 준비가 됐다"고 안심할 수 있다. 더 중요한 것은 팀 간 협업이 보다 매끄럽게 흐른다는 것이다. 명확한 프로세스 속에서 각 팀은 자신의 역할에만 집중할 수 있고, 언제 누가 어떤 형태로 도움을 주거나 받아야 하는지도 자동으로 알게 된다. 결과적으로 프로젝트는 더 빨리 진행되고, 팀원들의 스트레스도 줄어든다.

자원과 권한을 적절히 배분한다

협업이 실패하는 또 다른 큰 이유는 필요한 자원이 공정하게 배분되지 않는 것이다. 어떤 팀은 충분한 인력과 예산을 받고, 어떤 팀은 부족한 상태로 같은 목적과 목표를 달성해야 한다면 불공평함이 생긴다. 더 심각한 것은 결정을 내릴 권한이 명확하지 않을 때다. 팀원들이 작은 결정도 상급자의 승인을 계속 기다리면 협업의 속도가 현저히 떨어진다. "저게 누가 결정하는 거지?" "내가 이걸 정할 수 있나?"라는 의문이 반복되면 팀원들은 주도적으로 움직이기보다 수동적으로 지시를 기다리게 된다.

리더가 할 일은 각 팀이 공동 목표를 달성하는 데 필요한 자원을 공정하게 배분하고, 각 팀원이 자신의 영역에서 충분한 권한을 갖고 판단하고 실행할 수 있게 하는 것이다. 이것이 있을 때 팀은 빠르게 움직이고, 팀원들은 주도적으로 협업에 참여한다.

<자원 배분의 기준 투명하게 공개하기> 협업을 시작할 때 리더는 예산, 인력, 시간 같은 자원을 어떻게 배분할지를 명확히 밝혀야 한다. "마케팅팀에 인력 5명, 제품팀에 인력 3명을 배정하는 이유는 고객 확보 단계에서 더 많은 인력이 필요하기 때문"이라고 구체적으로 설명하는 것이다. 이 기준이 합리적이면 다른 팀도 이해한다. 하지만 기준 없이 배분하거나 "경영진이 그렇게 했어"라고만 하면 팀원들은 자신의 팀이 덜 중요하다고 느낀다. 정기적인 회의에서 자원 배분의 이유를 반복해서 설명하면 팀원들은 이것이 팀 간의 차별이 아니라 전략적 선택이라는 것을 이해한다.

<의사결정 권한의 범위를 명확히 정의하기> 협업 과정에서 수백 가지의 결정이 필요하다. 어떤 기능부터 개발할지, 예산을 어디에 쓸지, 고객 요청에 언제 응할지 같은 것들이다. 이 모든 결정을 리더에게 보고하면 속도가 떨어진다. 따라서 리더는 처음부터 "이 범위의 결정은 팀장이 할 수 있다. 이건 나에게 보고만 하면 된다. 이것은 반드시 함께 결정하자"라고 명시해야 한다. 예를 들어 '고객 지원 예산 300만 원 이하는 운영팀장이 결정, 500만 원 이상은 리더와 함께 결정'처럼 구체적인 기준을 정한다. 또는 '기술 스택stack 선택은 제품팀이 결정하되, 유지보수 비용이 예상보다 20% 이상 높으면 보고'라고 정한다. 이렇게 하면 팀원들은 자신의 영역에서 신속하게 판단하고 실행할 수 있다.

<u>**<병목 제거하기>**</u> 협업 과정에는 많은 병목 지점이 생긴다. 승인 절차가 복잡해서 작은 결정도 일주일이 걸린다던지 예산 신청에 3단계 결재가 필요하다던지 타 부서의 지원을 받으려면 형식적인 요청서를 작성해야 한다는 식이다. 리더는 협업을 시작하기 전에 이런 병목들을 미리 찾아서 제거해야 한다. "이 프로젝트 기간에는 예산 신청을 간소화한다", "타 팀의 지원 요청은 메일 한 통으로 가능하게 한다" 같은 식으로 임시 규칙을 만들 수 있다. 팀원들이 "이거 결정하려면 저 팀의 승인을 받아야 하는데…"라는 말을 하기 전에, 리더가 먼저 그 경로를 단순화해두는 것이다. 이렇게 하면 팀원들은 일 자체에만 집중할 수 있다.

<u>**<자원 재조정의 정기적 검토>**</u> 협업은 계획대로 진행되지 않는 경우가 많다. 초반에 충분하다고 생각한 예산이 예상보다 빨리 소진될 수도 있고, 어떤 팀의 작업이 지연되면 다른 팀의 인력이 필요해질 수도 있다. 따라서 리더는 2주 또는 한 달 주기로 "지금 자원 배분이 여전히 적절한가?"를 점검해야 한다. 팀원들에게 "지금 뭐가 부족해?"라고 정기적으로 묻고 필요하면 자원을 재배분한다. 이렇게 하면 팀원들은 "자원이 없어서 못 했다"는 핑계를 댈 수 없고, 리더도 초반의 배분 실수를 중간에 바로잡을 수 있다.

자원과 권한을 명확히 하면 협업은 크게 달라진다. 팀원들은 자신의 영역에서 주도적으로 판단하고 실행할 수 있기 때문에 속도도 빨라진다. 무엇이 부족한지, 무엇을 기다려야 하는지가 명확하면 불필

요한 회의나 보고 절차가 줄어든다. 더 중요한 것은 팀원들이 "우리 팀은 이 목표를 위해 충분한 자원을 받고 있다"고 느끼면 협업에 대한 심리적 저항이 사라진다는 것이다. 자신이 공정하게 대우받는다고 느낄 때, 팀원들은 자신의 책임을 다하고 다른 팀도 돕는다. 결과적으로 리더가 일일이 통제하지 않아도 협업이 자연스럽게 굴러간다.

3. 플레이어가 지켜야 할 것들

리더만 협업을 잘하면 될까? 아니다. 팀원들도 협업을 위해 할 수 있는 일이 많다. 펠로톤에서 도메스티크가 없으면 리더는 우승할 수 없다. 마찬가지로 팀원들이 협업하지 않으면 리더 혼자서는 아무것도 할 수 없다. 좋은 팀원이 되는 것도 역시 배워야 하는 기술이다.

상대방의 시간을 존중한다

상대방의 시간을 존중하는 것은 협업의 가장 기본이다. 누군가의 시간을 낭비한다는 것은 그 사람에게 매우 불공평한 일이다. 상대의 시간을 존중하는 사람은 자연스럽게 신뢰를 받는다.

<회의 참석 기준> 정말 필요한 사람만 회의에 참석한다. '그냥 참고로 듣는 정도'라면 회의록을 읽으면 된다. 이렇게 하면 모두의 시간이 절약된다. 회의 초대장을 보낼 때 '이 부분에 당신의 의견이 필요합니다'라고 구체적으로 명시하면, 상대도 자신이 왜 필요한지 알

고 참석할 수 있다.

<정보 공유> 자료나 정보를 요청할 때는 최소 2~3일 전에 공유한다. 만약 급한 경우라면 먼저 그 사실을 말하고, 요약본부터 먼저 보낸다. 상대가 전체 내용을 읽을 충분한 시간을 주는 것이 중요하다. 마감일을 정할 때도 상대의 다른 일정을 미리 배려해서 정한다.

<요청 방법> 상대에게 일을 요청할 때 '언제까지 필요한가요?'가 아니라 '이 결정에는 보통 얼마나 걸리세요?'라고 물어본다. 상대의 상황을 먼저 고려하는 마음이 신뢰로 이어진다.

<도움 제시> 상대가 바쁜 것 같으면 '혹시 도와드릴 부분이 있으신가요?'라고 먼저 물어본다. 이런 작은 배려가 상대에게 당신을 신뢰할 수 있는 파트너로 보이게 한다.

동료의 집중 시간을 존중하면, 동료도 자연스럽게 내 시간을 존중해준다. 이러한 작은 배려들이 쌓이면 팀 전체의 생산성이 올라간다. 불필요한 회의와 지연이 줄어들고, 모두가 자신의 일에 더 집중할 수 있는 환경이 만들어진다.

내 일의 경계를 명확히 하되 경계를 넘나들 줄 안다

경계가 명확해야 책임감도 생기고 팀원들도 당신을 의지할 수 있다. 하지만 팀이 위기에 처했을 때는 경계를 넘어 돕는 것이 진정한 협업이다.

<역할 명시> 자신의 역할을 처음부터 명확하게 선언한다. '저는 마

케팅을 담당합니다. 3월 말까지 출시 전략을 완성해서 보고하겠습니다. 그 이후의 제품 개발은 개발팀이 진행합니다'라고 명확하게 말하면 팀원들은 당신에게 무엇을 기대해야 하는지 알 수 있다. 이러한 명확함이 신뢰의 첫 번째 단계다.

<경계 설정> 자신의 책임 범위를 정확히 인식하고 팀원들에게 투명하게 전달한다. '제 업무는 고객 분석입니다. 제품 개발이나 개발 일정 관리는 아닙니다'라고 명시하면, 팀원들도 당신에게 요청할 일과 요청하지 말아야 할 일을 구분할 수 있다. 이는 불필요한 혼란과 기대치 불일치를 방지한다.

<위기 때 돕기> 정상 상황에서는 경계를 지키되 팀이 정말 어려운 상황에 처했을 때는 '원래 제 담당은 아니지만 상황이 급하니까 도와드릴 수 있는 부분은 도와드릴게요'라고 말하며 경계를 넘는다. 이러한 순간이 팀의 신뢰를 다시 쌓고 강화하는 순간이 된다.

<투명한 공유> 자신의 진행 상황을 정기적으로 명확하게 보고한다. '저는 여기까지 진행했고, 남은 부분은 이렇게 할 예정입니다'라고 구체적으로 알리면, 다른 팀원들은 그에 맞춰 자신의 일정을 조정할 수 있다. 이러한 투명성은 팀 전체의 예측 가능성을 높인다.

역할은 명확하지만 팀의 경계는 유연해진다. 각자 자신의 책임을 다하면서도, 필요한 순간에는 서로를 돕는 문화가 만들어진다. 이것이 바로 서로를 신뢰하는 바탕이 되는 협업이다.

빈틈을 메워 팀의 완성도를 높인다

협업에서 완성도는 계획된 역할만으로 만들어지지 않는다. 누군가는 예상치 못한 빈틈을 발견하고, 그것을 채워야 한다. 플레이어는 능동적으로 팀의 빈틈을 찾고 메워야 한다.

<빠진 부분을 감시하고 미리 알려주기> 프로젝트가 진행되면서 빠진 부분이 생긴다. 담당자가 바쁜지, 빠뜨린 건지 먼저 확인하고 '이 부분 진행 상황 어때?'라고 묻는다. 자신이 이전에 같은 일을 해봤다면, '이 부분에서 보통 시간이 걸리니까 미리 준비해둬' 또는 '이 데이터는 이렇게 요청하면 빨리 나온다'는 식으로 미리 알려준다. 팀원이 같은 시행착오를 반복하지 않도록 하는 것이 빈틈을 메우는 시작이다.

<다음 단계를 미리 준비하기> A팀원이 자료를 만들 때 B팀원이 미리 준비할 수 있는 것들을 챙긴다. 자료 형식을 미리 정하거나, 필요한 정보 리스트를 미리 만들어둔다. 또한 결과물이 나온 후 고객이나 상사가 할 질문들을 미리 예상하고, 각 부분에 대한 근거를 문서에 넣어둔다. 이렇게 하면 다음 단계는 바로 시작할 수 있고, 나중의 질문에도 당황하지 않는다.

<일관성을 맞추고 세부사항 챙기기> 여러 팀원의 작업을 조합할 때 톤이 다르거나 형식이 맞지 않는 경우가 있다. '각자 만든 부분이 표현 방식이 다르네. 이렇게 통일할까?', '폰트가 안 맞네'라고 세부사항을 챙긴다. 오타, 숫자 오류, 날짜 실수 같은 작은 실수들도 적극

적으로 지적한다. 전체 결과물의 신뢰도는 이런 작은 실수들에서 깨진다.

<막힌 지점을 파악하고 해결하기> '우리가 이거 고객 입장에서 봤나?', '규정이나 법적 문제는 없나?'같은 질문들을 던진다. 프로젝트 진행 중 '어디가 막혀있는가'를 팀에 알린다. 고객 승인이 안 나거나 특정 팀원이 다른 일로 바쁜 상황을 팀 채널에 공유하면, 다른 팀원들이 '내가 도와줄 수 있는 게 있나?'라고 움직인다. 빈틈을 메운다는 건 다른 사람의 일을 대신 하는 게 아니라, '이 부분이 빠진 것 같은데 확인해줄 수 있을까?'라고 알려주는 방식이다.

협업에서 완성도를 높이는 것은 모든 사람이 자기 몫만 정확히 하는 것이 아니라, 누군가가 팀 전체를 보면서 빠진 부분을 능동적으로 찾고 메우는 것이다. 이런 플레이어가 한 명 있으면 팀의 결과물의 질이 확연히 달라진다.

아이디어를 더해서 최선의 결과 만든다

협업에서 최선의 결과는 한 명의 아이디어에서 나오지 않는다. 서로 다른 관점의 아이디어들이 만나고, 겹쳐지고, 보완될 때 비로소 완성된다. 플레이어는 자신의 아이디어를 제시하고, 다른 사람의 아이디어를 받아들이며, 함께 더 나은 방향을 만들어야 한다.

<아이디어를 구체적으로 제시하기> 막연한 생각은 공유하지 말고, '이 부분을 이렇게 해보면 어떨까?', '우리가 이런 방식으로 접근하

면 고객 입장에서는 이런 이점이 있을 것 같아'라고 구체적으로 말한다. 왜 그런 아이디어를 생각했는지 근거도 함께 제시한다. 구체적인 아이디어는 팀원들이 바로 평가하고 발전시킬 수 있게 한다.

<u>**<다른 아이디어 위에 더하기>**</u> 누군가의 아이디어를 듣고 '좋아. 그런데 여기에 이것도 추가하면 어떨까?', '이 아이디어에 저 방식을 결합하면 더 강할 것 같아'라고 말한다. 좋은 것을 거절하는 게 아니라, 거기서 시작해서 더 나은 것을 만든다. 이 과정을 반복하면 원래 아이디어보다 훨씬 나은 결과가 나온다.

<u>**<다양한 아이디어를 조합하기>**</u> A팀원의 마케팅 아이디어와 B팀원의 기술 아이디어, C팀원의 운영 아이디어가 충돌할 수 있다. 이를 '누가 맞은가'로 판단하지 말고, '이 세 가지를 어떻게 섞으면 더 좋은 결과가 나올까?'라고 생각한다. 각각의 강점을 살려서 '마케팅 타겟은 A팀원 방식으로 가되, 기술 구현은 B팀원 방식을 쓰고, 운영은 C팀원이 제시한 프로세스를 따르자'는 식으로 진행한다. 한 가지 아이디어가 아니라 여러 아이디어의 교집합에서 최선의 방법이 나온다.

협업에서 최선의 결과는 가장 똑똑한 사람의 아이디어가 아니라, 여러 관점의 아이디어들이 만나 서로를 보완할 때 만들어진다. 이 과정에서 중요한 것은 자신의 아이디어를 고집하는 게 아니라, 팀의 아이디어를 함께 진화시키는 것이다.

마무리를 동료의 시작과 연결한다

협업은 '이어달리기'와 같다. 내가 아무리 빨리 달려도 다음 주자에게 배턴을 엉성하게 넘겨주면 팀은 승리할 수 없다. 나의 업무 종료가 동료에게는 업무 시작임을 기억해야 한다. 내 결과물이 동료가 일하기 가장 좋은 상태로 전달될 때, 팀의 속도는 비약적으로 빨라진다.

<u><받는 사람 생각></u> 일을 넘길 때는 항상 받는 사람의 입장을 먼저 고려한다. 작업을 시작하기 전에 '데이터를 엑셀로 주는 게 편해, 아니면 PDF가 편해?'라고 동료에게 먼저 묻는다. 내 방식대로 정리해서 던져주는 것이 아니라, 동료가 바로 활용할 수 있는 형태로 가공해서 전달하는 배려가 필요하다. 이 작은 차이가 동료의 작업 시간을 절반으로 줄여준다.

<u><친절한 사용설명서></u> 결과물만 달랑 보내지 말고, 그 안에 담긴 맥락을 함께 전달한다. '이 숫자는 지난달 기준이고, 저 부분은 아직 확정되지 않아서 빨간색으로 표시했어'라고 구체적인 코멘트를 남긴다. 이렇게 하면 동료가 내용을 파악하기 위해 불필요하게 고민하거나 나에게 다시 되묻는 시간을 아낄 수 있다.

<u><확실한 AS></u> 자료를 넘긴 후에는 반드시 '빠진 내용이나 이해 안 되는 부분 있어?'라고 확인한다. 전송 버튼을 누르는 것이 끝이 아니다. 동료가 그 자료를 문제없이 사용하여 자신의 업무를 시작하는 것을 볼 때 비로소 내 일이 끝난 것이다. 이러한 책임감 있는 태도가

동료에게 큰 신뢰를 준다.

매끄러운 연결은 그 자체로 팀의 경쟁력이 된다. 서로의 업무가 톱니바퀴처럼 딱 맞물려 돌아갈 때, 불필요한 마찰은 사라지고 팀은 최고의 효율을 내게 된다.

이 5가지 플레이어 행동을 관통하는 핵심은 "일의 경계는 명확하되 마음은 경계를 넘나드는 것"이다.

역할은 명확하되 경계는 유연해야 한다. 각자 자신의 책임을 정확히 하되, 팀이 어려울 때는 기꺼이 도와주고 빈틈을 메운다. 상대의 시간을 존중하고 투명하게 소통하면서 아이디어를 구체적으로 제시하고 다른 관점을 받아들인다. 내 일의 마무리가 동료의 시작이 되도록 결과물을 상대에게 가장 좋은 형태로 전달할 때, 팀은 톱니바퀴처럼 매끄럽게 움직인다.

펠로톤에서 도메스티크가 리더에게 자신의 물통을 건네는 순간, 그것은 단순한 헌신 이상의 의미를 가진다. 그는 정해진 역할의 경계를 잠시 넘어서는 동시에 "이 팀은 우리 모두의 팀이다"라는 신뢰를 몸으로 표현한다. 개인의 책임감과 팀 전체에 대한 배려가 만나는 그 지점에서 진짜 협업이 시작된다. 이런 순간이 쌓일수록 팀의 호흡은 더 정교해지고 협업은 말이 아니라 실제 행동이 된다.

펠로톤 선수들이 100km가 넘는 거리를 한 몸처럼 달릴 수 있는 이유도 여기에 있다. 각자의 역할과 책임은 명확하고, 서로를 존중하면서도 필요할 때는 기꺼이 경계를 넘어서 돕는다. 중요한 것은 이 모든 행위가 감정이나 기분에 따라 움직이는 것이 아니라, 모두가 신뢰할 수 있는 명확한 규칙 위에서 이뤄진다는 점이다. 규칙이 분명하니 누구든 그 안에서 안정감 있게 움직일 수 있고, 그 안정감이 서로에 대한 신뢰를 단단하게 만든다. 이런 구조와 문화가 바로 건강한 조직을 지탱하는 기반이 된다.

Part 05

몰입

선택과 집중으로 돌파한다

<펠로톤 속으로>

남은 거리는 500미터. 이제 세상의 채도는 사라지고 오직 결승선의 흰색 배너만이 시야의 중심에 남는다. 터널이다. 내 눈은 주변의 풍경을 지워버리고 오직 저 앞의 소실점만을 향해 질주한다. 수만 관중이 펜스를 두드리며 지르는 함성조차 내 귀에는 들리지 않는다. 오직 내 고막을 찢어발기는 바람의 포효와 가슴을 부술 듯이 두드려 대는 심장 소리만이 이 공간을 채운다.

나는 지금 인간이 낼 수 있는 가장 빠른 속도로 달리고 있다. 아니 달린다는 표현은 부족하다. 나는 타고 있다. 허벅지 근육은 이미 젖산의 바다에 잠겨 비명을 지르다 못해 감각을 잃었다. 살이 타는 냄새가 나는 것 같다. 하지만 멈출 수 없다. 내 등 뒤에 나를 믿고 숨죽인 채 웅크리고 있는 팀의 에이스가 있다.

'더, 더, 더 빠르게.'

나는 그가 밟고 도약할 가장 단단한 발판이 되어야 한다. 내 다리가 부서져라 페달을 짓이겨 속도를 높인다. 시속 70킬로미터. 공기가 벽이 되어 나를 막아서지만 나는 기어이 머리를 처박고 그 벽을 뚫는다. 입안에서 비릿한 피 맛이 맴돈다. 내 폐는 이미 너덜너덜해졌다. 하지만 지금 이 순간 내 영혼은 그 어느 때보다 투명하게 불타오른다. 나의 결승선은 저 앞의 흰 선이 아니다. 바로 여기 200미터 전이다.

300미터, 250미터. 내 역할은 여기까지다. 내 모든 에너지를 남김 없이 쏟아부어 재가 되기 직전 나는 마지막 힘을 짜내어 핸들을 왼쪽으로 꺾는다.

"가!"

내 외마디 비명과 함께, 나는 바람의 길을 연다. 그 순간 내 등 뒤에서 웅크리고 있던 스프린터가 폭발하듯 튀어 나간다. '콰앙-' 하는 공기의 파열음이 내 귓가를 때린다. 힘이 다해 도로 가장자리로 밀려나는 내 흐릿한 시야 속으로 맹수처럼 질주하는 그의 뒷모습이 슬로우 모션처럼 박힌다.

비틀거리는 자전거 위에서 거친 숨을 토해내며 나는 웃는다. 내가 만들어낸 그 완벽한 발사각을 타고 날아오르는 그를 보며 나는 내 생애 가장 뜨거운 희열을 느낀다.

몰입은 더 중요한 것에 에너지를 집중하는 것이다

몰입은 흩어지지 않는 것이다

해가 산의 능선을 넘어 천천히 기울어진다. 악명 높은 알프스 산맥의 콜롬비에 고개Col du Grand Colombier에 거대한 그림자가 드리워진다. 수십 명의 선수가 뒤얽힌 펠로톤이 산 그림자 속으로 조용하고 빠르게 들어선다.

경사가 가팔라질수록 주변의 소음은 하나 둘 꺼진다. 관중의 함성도 멀어지고, 남는 것은 체인이 돌아가는 날카로운 금속음과 거친 호흡 소리뿐이다. 시야는 자연스럽게 좁아진다. 선수들은 더 이상 먼 곳을 보지 않는다. 바로 앞 라이더의 등, 페달이 바닥을 밀어 올리는 감각, 그리고 심장의 리듬에 집중한다. 오르막은 불필요한 모든 상념을 밀어내고, 오직 생존에 필요한 감각만을 남기는 장소다.

관중의 함성도 멀어지고 분명한 리듬이 깨지는 순간, 속도도 균형도 무너진다는 것을 펠로톤의 모두가 알고 있다. 고도가 높아질수록 말과 생각은 줄어들고, 몸의 움직임만 또렷해지는 이 순간. 이것이 바로 '몰입'의 본질이다.

단단한 팀도 이와 같다. 모든 일을 동시에 잘하려 하면 흐트러진다. 중요하고 본질적인 일에 에너지를 모을 때 팀의 윤곽은 선명해진다. 콜롬비에 고개의 고요는 우리에게 말한다. "몰입은 흩어지지 않기로 하는 결단이다." 이러한 결단이 쌓일 때 팀의 속도와 방향은 비로소 흔들리지 않는다.

우리는 흔히 몰입을 '더 많은 힘을 쏟아붓는 것'으로 오해한다. 하지만 펠로톤이 보여주는 몰입은 다르다. 그것은 남겨둘 것과 버릴 것을 정확히 구분하는 냉정한 선택이다. 잡념, 불안, 주변의 소음, 아직 오지 않은 내일에 대한 걱정까지… 몰입은 무언가를 더 붙잡는 상태가 아니라, 필요 없는 것을 비워내어 에너지를 한 점으로 응축하는 것이다.

☐ <u>내가 하고 있는 일이 우리 팀의 목표</u>와 어떻게 연결되는지 설명하기 어렵다.

☐ 근무 시간 중 메신저, 전화, 동료의 대화 신청등으로 <u>집중하기가 힘들다.</u>

☐ <u>"급한 건이에요", "최대한 빨리(ASAP) 부탁해요"</u>라는 말을 하루에 3번 이상 듣는다.

☐ 리더의 지시를 받았을 때 <u>"이게 맞나?"</u>라는 생각이 들거나, <u>다시 물어보아야 하는 경우</u>가 잦다.

☐ 회의 시간에 참여했지만 <u>몰래 다른 일을 하거나, '굳이 내가 없어도 되는데' 라는 생각이 들 때</u>가 있다.

☐ 더 좋은 방법이 떠오르더라도 <u>'어차피 시키는 대로 해야 하는데 뭐'라고 생각하며 입을 닫을 때</u>가 있다.

☐ 하루 종일 정신없이 바빴지만, 퇴근할 때 <u>'오늘 도대체 뭘 한 거지'라는 생각이 들 때</u>가 있다.

▪ 5개 이상
당신의 팀은 '가짜 노동'을 하고 있을 가능성이 높습니다.
모든 팀원이 열심히 일하는 것처럼 보이지만, 에너지가 잘 집중되지 않고 있네요.

▪ 3개~4개
당신의 팀이 가진 에너지가 조금씩 새어나가고 있습니다.
팀의 방향과 속도, 구성원들의 지침 정도를 확인해 보아야 할 때입니다.

▪ 0개~2개
몰입을 잘 하고 있는 단단한 팀이네요!
서로의 몰입을 지켜 주는 에티켓을 더욱 잘 실천해 봅시다.

1. 몰입은 다른 결과를 만들어내는 힘이다

버스가 물에 잠기는 비상 상황을 상상해 보자. 탈출하기 위해 주먹과 발로 수백 번 창문을 내리친다. 하지만 강화유리는 꿈쩍도 하지 않는다. 힘이 빠진 당신은 "여기까지가 내가 할 수 있는 최선이었어"라고 자책하며 포기한다. 그 순간, 누군가 벽에 붙어있는 빨간색 비상 망치를 집어 든다. 그는 온 힘을 다해 치지도 않는다. 그저 뾰족한 망치 끝으로 창문의 모서리를 '툭' 하고 가볍게 가격한다. 깨지지 않을 것 같던 강화유리가 와장창 쏟아져 내린다.

이 비상 망치의 원리는 '압력'이다. 물리학에서 압력은 단위 면적당 수직으로 가해지는 힘이다($P=F/A$). 면적이 넓으면 힘은 분산되어 사라지지만, 면적이 바늘 끝처럼 좁아지면 작은 힘으로도 유리를 깰 수 있다.

비즈니스도 물리 법칙을 따른다. 우리는 흔히 더 많은 에너지를 쓰면 더 좋은 결과가 나온다고 믿는다. 더 오래 야근하고, 더 많은 회의를 하고, 더 많은 프로젝트를 떠안아야 성과가 난다고 착각한다. 하지만 몰입의 세계에서 이 믿음은 틀렸다. 우리는 모든 순간, 모든 일에 집중할 수 없다. 몰입은 거대한 에너지를 난사하는 행위가 아니다. 흩어진 에너지를 한 지점에 모으는 '응축의 기술'이다. 흩어지면 아무리 강해도 흔적을 남기지 못하지만, 모이면 작아도 세상을 깨뜨린다. 이것이 진짜 몰입이다.

A팀 vs B팀 : 바쁨과 몰입의 차이 : A팀은 늘 전쟁터다. 메신저 알림

은 쉴 새 없이 울리고 회의는 꼬리에 꼬리를 문다. 하루 종일 정신없이 뛰어다녔지만 늦은 퇴근길 엘리베이터 거울 속의 김 대리는 스스로에게 묻는다. "도대체 오늘 나는 뭘 한 거지?" 남은 것은 피로감뿐, 성과는 흐릿하다. 반면 B팀은 조용하다. 그들은 아침 10분, 오늘 반드시 깨뜨려야 할 '유리창(핵심 목표)'을 정한다. 오후 2시부터 4시까지는 서로에게 말을 걸지 않는 '집중 시간'을 갖는다. 회의는 주 2회, 꼭 필요한 안건만 다룬다. 이 구조 안에서 중요한 일들은 제때 끝나고 구성원들은 일과 삶의 균형을 찾는다.

같은 8시간, 같은 역량을 가지고도 왜 결과는 다를까? 답은 단순하다. A팀의 에너지는 분산되었고, B팀의 에너지는 집중되었다. 차이는 '몰입의 밀도'다.

몰입에 대한 가장 위험한 오해는 그것을 '모든 것을 갈아 넣는 태도'로 보는 것이다. 밤샘 작업, 휴일 반납, 개인의 삶 포기. 이것은 몰입이 아니라 '올인'이다. 도박판에서나 쓰는 올인은 지속 가능하지 않다. 사람의 에너지는 배터리와 같아서 한계가 있다. 모든 일에 최선을 다하려는 시도는 결국 아무 일에도 최선을 다하지 못하는 결과를 낳는다. 번아웃은 일이 많아서 오는 게 아니라 의미 없는 일에 에너지를 낭비했을 때 찾아오는 '방전' 현상이다. 단기적으로는 성과가 나는 것처럼 보일지 몰라도 장기적으로는 팀도 개인도 무너진다. 진짜 몰입은 나를 태워 없애는 것이 아니라 불필요한 것을 태워 없애는 것이다.

당신의 사무실은 어떤가? 가장 중요한 보고서를 쓰고 있는 순간에도 메신저는 울리고, 전화벨은 따갑게 귀를 때리지 않는가? 단단한 팀은 펠로톤처럼 '침묵의 규칙'을 가지고 있다. 그들은 서로의 몰입을 지키기 위해 결정적인 순간에는 연결을 잠시 끊고 에너지의 누수를 막는다. 단단한 팀의 몰입은 개인의 의지뿐만 아니라 서로의 집중을 지켜주는 '팀의 에티켓'에서 시작된다.

2. 몰입은 '하지 않을 것'을 결정하는 전략이다

모든 자원은 한정적이다. 조직의 인적, 재정적 자원은 물론 개인의 정신적, 신체적, 시간적 자원도 한정적이다. 몰입을 위해 수많은 일 중에 무엇이 더 중요한지, 지금 무엇에 집중해야 하는지 알아야 한다. 그리고 그 일에 능동적으로 전념해야 한다. 이것이 목표지향적인 선택이다. 내가 팀의 목표를 위해 무엇에 집중해야 하는지 아는 것이다. 불필요한 일을 버리고 긴급도와 중요도를 바탕으로 우선순위를 정하는 것이다. 모든 것을 잡으려 하면 어느 것도 제대로 도달하지 못한다. 선택하는 팀은 명확해지고, 집중하고 빠르게 나아간다.

실제로 주 4일 근무를 도입한 아이슬란드 기업들의 사례를 보면 이를 확인할 수 있다. 아이슬란드 정부는 2015년부터 2019년까지 2,500명 이상의 공무원을 대상으로 주당 근무시간을 40시간에서 35-36시간으로 줄이는 대규모 실험을 진행했다. 결과는 놀라웠다. 생산성은 유지되거나 오히려 향상되었고, 직원들의 스트레스는 감소했으며, 일과 삶의 균형이 개선되었다(출처: Autonomy Research, "Going Public: Iceland's Journey to a Shorter Working Week", 2021). 근무 시간이 줄어들자 사람들은 일을 덜 한 것이 아니라, '덜 중요한 일'을 덜어냈다. 불필요한 회의를 없애고 잡담을 줄여 핵심 업무에 집중했다. 결과적으로 생산성은 유지되거나 향상되었다. 시간이 부족해서 몰입하지 못하는 것이 아니다. 버리지 못해서 몰입하지 못하는 것이다.

프로 사이클링 세계에는 '성냥갑 태우기(Burning Matches)'라는 표현이 있다. 선수가 가진 에너지는 한정되어 있어서, 마치 성냥갑 안에 든 성냥개비와 같다는 것이다. 레이스 도중 무리하게 어택을 시도하거나 바람을 정면으로 맞을 때마다 성냥개비는 하나씩 타버린다. 중요한 승부처인 결승선 1km 전, 주머니를 뒤졌을 때 남은 성냥이 없다면? 그 선수는 그대로 낙오한다. 펠로톤의 에이스들이 레이스 내내 팀원 뒤에 숨어 힘을 아끼는 이유는 비겁해서가 아니다. 가장 결정적인 순간, 단 한 번의 폭발적인 몰입을 위해 에너지를 비축하는 냉철한 전략이다.

비즈니스도 이와 다르지 않다. 조직의 자본, 시간, 그리고 구성원의 멘탈 에너지는 모두 한정적이다. 모든 일을 다 잘하려고 하는 것은 성냥개비를 허공에 마구 태워버리는 것과 같다. 몰입은 거창한 정신력이 아니다. 그것은 '무엇을 할지, 하지 않을지'를 결정하는 경제적인 선택이다. 임팩트가 큰 곳에 자원을 집중하고 나머지는 과감히 버릴 때, 비로소 세상을 뚫고 나가는 압력이 생긴다.

[Insight] 더하는 것이 아니라 빼는 것 : 스티브 잡스의 2x2 매트릭스

1997년, 스티브 잡스가 애플에 복귀했을 때 회사는 파산 직전이었다. 당시 애플은 수십 개의 제품 라인업을 가지고 있었고, 직원들은 닥치는 대로 일하느라 정신이 없었다. 잡스는 복귀 후 칠판에 간단한 십자선을 그렸다. "소비자용 vs 전문가용", "데스크탑 vs 노트북". 그는 이 4분면에 들어가지 않는 수백 개의 프로젝트를 모조리 폐기했다. 직원들의 반발은 거셌지만, 잡스 몰입은 이처럼 잔가지를 쳐내는 고통스러운 결단에서 시작된다. 많은 팀이 일을 '더하는' 것에는 익숙하지만, '빼는' 것에는 서툴다. A팀이 늘 바쁜 이유는 일을 못해서가 아니라, 버리지 못해서다. 반면 B팀이 칼퇴근하면서도 성과를 내는 이유는, "지금 하지 않아도 되는 일"을 명확히 정의했기 때문이다. 몰입을 원한다면 물어야 한다. "우리는 지금 성냥을 어디에 태우고 있는가? 혹시 허공에 태우고 있지는 않은가?"

3. 단단한 팀의 몰입을 완성하는 4가지 조건

많은 사람이 몰입을 개인의 '열정'이나 '헝그리 정신'의 문제로 치부한다. 반대로 모든 책임을 '시스템의 부재' 탓으로 돌리기도 한다. 하지만 단단한 팀의 몰입은 어느 한쪽의 노력만으로는 완성되지 않는다. 리더가 판을 깔아주어도 플레이어가 뛰지 않으면 소용없고, 플레이어가 달릴 준비가 되어 있어도 트랙이 울퉁불퉁하면 속도를 낼 수 없다. 진짜 몰입은 '시스템의 설계(리더)'와 '개인의 실행(플레이어)'이 정확하게 맞물리는 지점에서 폭발한다.

그렇다면 리더와 플레이어는 어떤 합의를 해야 할까? 단단한 팀이 되기 위해 반드시 갖춰야 할 4가지 핵심 요건 **명확성, 자율성, 전념,**

<u>피드백</u>이 필요하다. 이것은 조직심리학의 이론이자, 몰입을 위해 팀이 지켜야 할 4가지 약속이다.

명확성 : 무엇에 집중해야 하는지 정확히 안다

명확성은 몰입의 출발점이다. 무엇을 해야 하는지, 왜 해야 하는지, 어디까지 해야 하는지가 분명해야 에너지를 집중할 수 있다. 펠로톤 선수들이 오늘 레이스의 고도표와 결승선 위치를 정확히 알고 달리듯, 팀원들도 우리가 어디로 가는지 알아야 한다. 여기서 명확성이란 단순히 "열심히 하자"는 구호가 아니다. '구분과 경계'를 짓는 일이다. 무엇을 할 지보다 무엇을 하지 않을지를 정하는 것이 더 중요하다. 10개의 일 중에서 8개를 내려놓고 2개에 집중하는 결단이 필요하다. 이것이 목표지향적 선택이다. 이를 위해서는 다음과 같은 세 가지 질문을 살펴보면 좋다.

첫째, "이 일을 안 하면 어떤 문제가 생기는가?" 이 질문으로 우선순위를 정할 수 있다. 안 해도 별 문제가 없는 일은 우선순위가 낮다. 당장 안 하면 큰 문제가 생기는 일이 진짜 중요한, 명확하게 해야 하는 일이다.

둘째, "성공 여부는 어떻게 판단되는가?" 목표는 구체적이어야 한다. "열심히 한다", "최선을 다한다"보다, "이번 분기 고객 이탈률을 5% 이하로 낮춘다", "신규 기능을 3월 말까지 출시한다"처럼 측정 가능하고 명확한 기준이 있어야 한다.

셋째, "이 일이 팀의 목표와 어떻게 연결되는가?" 내가 하는 일이 팀 전체의 방향과 어떻게 맞물리는지 알아야 한다. 연결고리가 보이지 않는 일은 의미를 찾기 어렵고, 의미 없는 일에 몰입할 수 없다.

나는 우리 팀의 목표를 한 문장으로 말할 수 있는가? 나의 동료의 업무 우선순위 Top 3를 즉시 말할 수 있는가? 이 질문들에 즉답할 수 없다면, 아직 명확하지 않은 것이다.

자율성 : 악보는 주되, 연주는 맡긴다

자율성은 몰입의 연료다. 사람은 누구나 자율성을 느낄 때 헌신한다. 반대로 "시키니까 하는 일이야"라고 느끼는 순간, 뇌는 절전 모드로 들어간다. 자율성을 '방임'이나 '제멋대로 하는 것'과 혼동해서는 안 된다. 진짜 자율성은 "무엇을 할지 명확히 하되, 어떻게 할지는 자유로운 상태"다.

자율성이 필요한 이유는 세 가지다.

첫째는 내적 동기이다. 스스로 선택했을 때는 "내가 선택했으니" 최선을 다한다.

둘째는 지속성이다. 감시와 통제로 일하게 만들면 감시가 없을 때는 일이 멈추지만 자율적으로 일하면 리더의 감시 없이도 지속된다.

셋째는 창의성이다. 자율성이 주어질 때 사람들은 더 나은 방법을 탐색하고, 실험하고, 혁신한다.

진짜 자율성은 목표와 방향이 명확한 상태에서 방법이 자유로울 때 나타난다. 재즈 연주를 떠올려보자. 기본 코드 진행(목표)은 정해져 있지만, 그 안에서의 즉흥 연주(방법)는 연주자의 몫이다. 축구 감독이 전략을 짜지만, 그라운드 위에서 패스할지 슛할지를 결정하는 건 선수다. 자율성은 이런 것이다. 무엇을 달성해야 하는지는 분명하지만 어떻게 달성할지는 스스로 선택할 수 있어야 한다.

자율성이 없을 때 마이크로매니징이 발생한다. 리더가 폰트 크기, 줄 간격, 보고서 형식까지 일일이 지시한다. 플레이어는 수동적이 되고 리더는 과부하에 시달리는 악순환이 일어난다. 플레이어가 "어차피 고쳐질 텐데 대충 하자"라고 생각하게 만드는 순간, 몰입은 끝난다. 방향은 합의하되, 핸들은 플레이어에게 넘겨야 한다.

전념 : 흩어진 시간의 조각들을 잇는다

전념은 몰입의 실체다. 이것은 선택한 일에 온전히 에너지를 쏟아붓는 상태, 즉 방해받지 않는 시간을 의미한다. 많은 사람이 동시에 여러 일을 처리하는 멀티태스킹Multi-tasking을 능력이라고 착각한다. 하지만 뇌과학적으로 멀티태스킹은 존재하지 않는다. 우리 뇌는 그저 아주 빠르게 이 일에서 저 일로 주의를 전환하는 태스크 스위칭Task Switching하고 있을 뿐이며, 그 과정에서 엄청난 에너지를 소모한다. 진짜 몰입은 한 번에 하나만 파는 '싱글태스킹Single-tasking'이다.

하지만 현실은 어떤가? 캘리포니아 주립대 글로리아 마크Gloria Mark 교수의 연구에 따르면, 업무 중 알림이나 방해로 인해 집중력이 한 번 깨지면 다시 깊은 몰입 상태로 돌아가는 데 평균 '23분'이 걸린다. 직장인은 평균 11분마다 업무가 중단된다. 스마트폰을 하루 300번 확인한다. 잠시 중단했다가 다시 예열하는 데 23분이 사라진다면 하루에 단 3번만 방해받아도 1시간이 공중 분해된다. 우리가 하루 종일 바쁘게 일하고도 퇴근 무렵 "오늘 도대체 뭘 한 거지?"라는 허탈함을 느끼는 이유는 우리의 하루가 '23분의 조각들'로 찢겨 나갔기 때문이다.

무엇이 우리의 전념을 방해하는가?

첫째는 '외부의 소음'이다. 쉴 새 없이 울리는 메신저 알림, 꼬리에 꼬리를 무는 이메일, 예고 없이 잡히는 회의, 그리고 불쑥 어깨를 두드리는 동료다. 펠로톤이 결정적인 승부처에서 무전기를 끄고 침묵하듯, 우리에게도 외부와의 연결을 잠시 끊는 '단절의 용기'가 필요하다.

둘째는 '내부의 불안'이다. 간신히 외부 방해를 차단하고 모니터 앞에 앉아도, 마음속에서 알림이 울린다. "아차, 저것도 해야 하는데", "지금 내가 하고 있는 이게 정말 중요한 건가?" 이 불안감은 앞서 말한 '명확성(우선순위)'이 없을 때 찾아온다. 무엇이 중요한지 모르니 모든 것이 중요해 보이고 결국 아무것에도 집중하지 못하는 상태가 된다. 여기에 '빨리빨리'를 강요하는 문화까지 더해지면 남는 것은 몰입이 아니라 보여주기식 야근뿐이다.

결국 전념은 개인의 집중력 문제가 아니다. 흩어진 시간의 조각들을 이어 붙일 수 있도록 서로의 시간을 지켜주는 '팀의 에티켓' 문제다.

피드백 : 쉼 없이 정보를 제공한다

피드백은 몰입의 연결고리다. 게임이 중독적인 이유는 내가 몬스터를 때릴 때마다 즉각적으로 체력이 깎이는 게 보이기 때문이다. 비즈니스도 마찬가지다. 내 노력이 어떤 변화를 만들고 있는지 실시간으로 알아야 몰입이 유지된다. 몰입을 위한 피드백은 '평가'가 아니다. 운전자에게 실시간으로 정보를 주는 계기판과 같아야 한다.

진행에 대한 피드백(속도계): 어디까지 했는지에 대한 진척도를 서로 알리고, 서로 아는 것이다. 목표의 70%를 달성했는지, 아직 30%에 머물러 있는지 알아야 속도를 높일지 유지할지 결정할 수 있다.

방향에 대한 피드백(내비게이션): 지금 가는 길이 목표로 가는 길인지 확인하는 것이다. 잘못된 방향으로 전력 질주하는 것만큼 위험한 것은 없다. 수시로 경로를 재탐색하여 방향을 잡아준다.

인정에 대한 피드백(동료의 하이파이브): 노력과 성과를 있는 그대로, 더하지도 덜하지도 않게 인정받는 것이다. 이 인정은 지친 다리에 힘을 불어넣는 연료가 된다.

좋은 피드백은 시의적절하고 구체적으로, 개선 방향을 제시하는 건설적인 방향으로 쌍방향 진행되는 것이다.

명확성, 자율성, 전념, 피드백. 이 네 가지는 따로 작동하지 않는다. 서로 맞물려 돌아가는 톱니바퀴다. 목표가 명확해야 올바른 선택을 할 수 있고, 자율성이 있어야 능동적으로 일하며, 전념할 환경이 있어야 깊이 몰두한다. 그리고 그 결과에 대한 피드백을 받을 때 명확성은 더욱 강화된다. 이 선순환의 고리가 만들어질 때, 팀은 리더의 감시 없이도 스스로 에너지를 태우며 질주한다. 이것이 몰입하는 팀의 엔진이다.

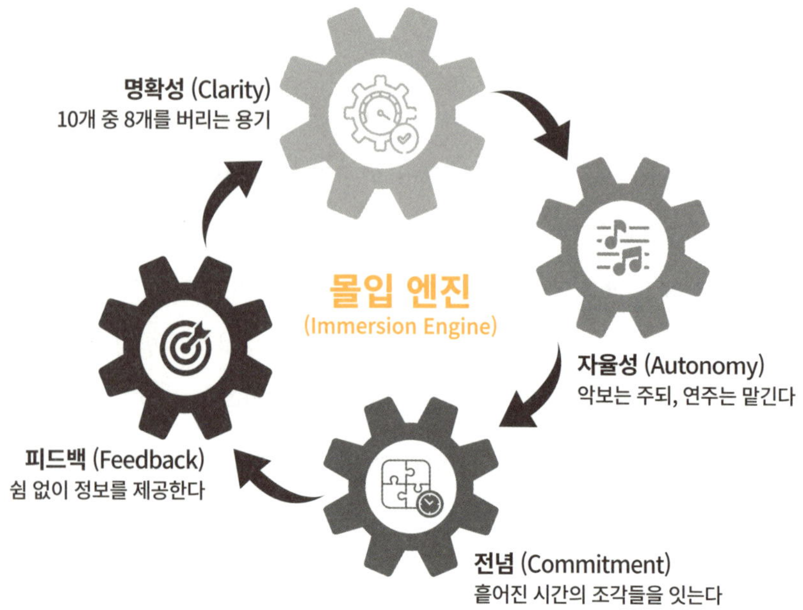

더 중요한 것에 에너지를 집중한다

1. 흩어지면 사라지고, 모이면 돌파한다

몰입은 '정신력'의 문제가 아니라 '물리학'의 문제다. F1 레이싱카가 시속 300km로 돌파할 수 있는 이유는 드라이버의 의지가 강해서가 아니다. 공기 저항을 흩트리는 차체 설계와 매끄러운 트랙이 받쳐주기 때문이다. 반면 울퉁불퉁한 비포장도로에서 트렁크에 짐을 가득 싣고 달린다면, 에너지는 바닥과의 마찰로 흩어지고 속도는 사라진다.

조직도 마찬가지다. 구성원들에게 "집중하라"고 다그치기 전에, 우리 팀의 에너지가 어디로 새어 나가고 있는지, 무엇이 우리의 속도를 갉아먹고 있는지 살펴봐야 한다. 흩어지는 에너지를 한곳으로 모아 돌파력을 만들어낼 3가지 환경적 레버리지를 소개한다.

뺄셈 Subtraction : 가벼워야 빨라진다

투르 드 프랑스에 출전하는 자전거는 무게가 생명이다. 선수들은 단 1g을 줄이기 위해 물통 케이지의 나사까지 티타늄으로 바꾼다. 오르막에서 불필요한 무게는 중력의 저항을 키워 선수의 에너지를 잡아먹는 괴물이 되기 때문이다.

하지만 우리의 사무실을 둘러보자. 팀이라는 자전거에 너무 많은 '모래주머니'가 달려 있지 않은가?

- 습관적으로 참고인CC에 수십 명을 넣는 이메일
- 결론 없이 시간만 채우는 정례 회의
- 누구를 위한 것인지 모를 보여주기식 보고서

이러한 '가짜 노동'들은 팀원들이 진짜 업무에 쏟아야 할 연료를 태워버린다. 몰입을 위한 첫 번째 레버리지는 새로운 일을 더하는 것이 아니라, '불필요한 일을 빼는 것'이다.

가드닝Gardening을 생각해 보라. 정원사가 가지치기를 하는 이유는 나무를 괴롭히기 위해서가 아니다. 죽은 가지와 웃자란 가지를 잘라내야만, 뿌리에서 올라온 영양분이 가장 탐스러운 열매로 집중되기 때문이다. 조직도 '업무 가지치기'가 필요하다. "이 보고서가 정말 우리의 목표 달성에 필요한가?"를 묻고, 아니라면 과감히 잘라내야 한다. 짐을 버려야 가벼워지고, 가벼워야 빨라진다. 이것이 몰입의 물리 법칙이다.

동기화 Synchronization : 함께 멈춰야 함께 달린다

도심에서 운전할 때 연비가 가장 나쁠 때는 언제일까? 바로 '가다 서다'를 반복할 때다. 신호등이 제각각이면 차는 속도를 낼 수 없다. 엑셀을 밟으려 하면 빨간불이 켜지고, 다시 출발하려면 끼어들기가 발생한다. 이런 도로에서는 페라리도 경운기보다 빠를 수 없다.

많은 팀이 이런 '비동기화' 상태로 일한다. A가 집중해서 기획안을 쓰려고 하면 B가 "잠깐 회의하자"고 부르고, 다시 몰입하려 하면 C가 메신저로 말을 건다. 서로가 서로에게 빨간 신호등이 되어 흐름을 끊는다.

몰입을 위한 두 번째 레버리지는 팀의 신호등을 하나로 맞추는 '동기화'다. 이것은 '함께 달리고 함께 멈추는 약속'이다.

- 달리는 시간Green Light: "오전 10시부터 12시까지는 집중 근무"라고 정했다면, 이 시간은 모든 신호등이 초록불이다. 누구도 서로를 멈춰 세워선 안 된다. 회의도, 전화도, 잡담도 금지다. 오직 일이라는 도로 위를 질주해야 한다.
- 멈추는 시간Red Light: 반대로 회의나 소통이 필요한 시간도 통일한다. "질문은 오후 2시에 몰아서 한다"는 식으로 약속하면 그때는 마음 편히 멈춰 서서 대화할 수 있다.

신호등 체계가 잡히면 운전자는 브레이크를 밟을 걱정 없이 엑셀을 밟을 수 있다. 팀원들이 서로 눈치 보지 않고 몰입할 수 있도록 시간의 신호등을 설계하라.

제약 Constraint : 한 점으로 모아야 불이 붙는다

초등학교 과학 시간에 돋보기로 검은 종이를 태워본 적이 있을 것이다. 햇볕은 따뜻하지만 종이를 태우지는 못한다. 하지만 돋보기로 햇빛을 한 점으로 모으면, 종이는 순식간에 연기를 내뿜으며 타오른다. 태양의 에너지가 바뀐 게 아니다. 에너지가 닿는 '면적'을 극도로 제한했기 때문이다.

비즈니스 현장에서 몰입이 일어나지 않는 이유는 우리가 너무 '넓은 면적'을 태우려 하기 때문이다. 책상 위에는 해결해야 할 서류가 산더미처럼 쌓여 있고, 모니터에는 10개의 인터넷 창과 5개의 엑셀 파일이 동시에 켜져 있다. 우리의 뇌는 무의식적으로 이 모든 과제를 번갈아 가며 스캔한다. "이것도 해야 하고, 저것도 해야 하는데..." 에너지는 분산되고, 어떤 종이에도 불이 붙지 않는다.

몰입을 위한 세 번째 레버리지는 의도적인 '제약'을 가하는 것이다. 경주마에게 눈가리개를 씌우는 이유를 생각해 보자. 말의 시야를 가려서 답답하게 하려는 것이 아니다. 옆에서 달리는 다른 말이나 관중석의 움직임에 놀라지 않고, 오직 '결승선'이라는 단 하나의 목표만 보게 하기 위해서다.

조직에도 이런 '업무 눈가리개' 시스템이 필요하다.

- 싱글 모니터링: 듀얼 모니터에 여러 창을 띄우는 것이 효율적인 것 같지만, 몰입의 관점에서는 방해다. 지금 당장 처리해야 할 '단 하나의 업무' 외에는 모든 창을 닫거나, 책상 위를 싹 치우는 물리적 환경을 만든다.

- 마감의 제약: "이번 주까지 해주세요"라는 넉넉한 기한은 몰입을 방해한다. 파킨슨의 법칙Parkinson's Law에 따르면 업무는 할당된 시간만큼 늘어진다. 차라리 "오늘 오전 11시까지 초안을 끝낸다"는 타이트한 시간 제약을 걸 때, 뇌는 잡생각을 버리고 비상 모드로 가동되어 무서운 집중력을 발휘한다.

선택지가 많을수록 집중력은 떨어진다. 몰입은 '할 수 있는 게 많을 때'가 아니라, '이것밖에 할 게 없을 때' 자연스럽게 일어난다. 팀원들의 시야에서 '나중에 해도 되는 일'을 물리적으로 가려주는 것, 그것이 에너지를 발화점으로 이끄는 돋보기 역할을 한다.

[실천 가이드 Action Guide] 몰입을 지속시키는 '우선순위 중심 대화 모델'

몰입은 시작하는 힘보다 끝내는 힘이 더 중요하다. 대부분의 팀은 프로젝트 초기에는 기대와 의지로 가득 차 있다. 하지만 일상의 소용돌이가 몰아치면 지치고 길을 잃는다. 의지가 꺾이는 순간에도 팀을 잡아줄 구조가 필요하다. 그것이 바로 '우선순위 중심 대화 모델'이다.

이 모델은 팀의 에너지를 최우선 목표에 정렬시키는 구조화된 소통 방식이다. 회의실에 들어갈 때마다 다음 세 가지 질문을 나침반으로 삼아야 한다.

- "우리의 최우선 목표는 무엇인가?" (명확성) : 이번 주, 이번 달, 이번 분기에 반드시 달성해야 할 단 하나는 무엇인가?
- "이 일은 우선순위에 어떻게 기여하는가?" (연결성) : 지금 하려는 그 일이 목표 달성을 돕는가, 아니면 방해하는가?
- "무엇을 하지 않을 것인가?" (선택과 포기) : 긴급해 보이지만 중요하지 않은 것, 좋은 일Good이지만 지금은 아닌 것Not now은 무엇인가?

이 질문들을 바탕으로, 팀은 다음의 3단계 루틴을 실천한다.

Step 1: 깃발 꽂기 - 우선순위 설정 (분기/월 1회)

가장 먼저 성공의 지표를 정의한다. "매출 증가" 같은 모호한 말이 아니라, "이번 분기 매출 15% 증가"처럼 측정 가능하고 구체적인 숫자로 정한다. 목표가 여러 개라면 잔인할 정도로 순서를 매긴다. "둘 중 하나를 버려야 한다면 무엇을 남길 것인가?"를 치열하게 논의한다. 그리고 무엇보다 중요한 '하지 않을 일 목록Not-to-do List'을 만든다. "우리는 신규 기능 개발보다 기존 시스템 안정화를 우선한다." 이처럼 명확히 선을 긋고, 이 합의된 내용을 모두가 볼 수 있는 곳에 게시한다. 눈에 보여야 길을 잃지 않는다.

Step 2: 페이스 조절 - 주간 미팅 (Weekly Sync, 30~60분)

주간 미팅은 보고를 위한 자리가 아니라, 영점을 조절하는 자리다. 형식은 간단하지만 효과는 강력하다.

- 리뷰 (10분): 지난주의 우선순위 대비 달성도를 점검한다. 무엇을 했고, 무엇이 방해가 되었는지 확인한다.
- 정렬 (20분): 이번 주의 목표 달성을 위해 '반드시 해야 할 업무 Top 3'를 정한다. 각자 집중할 과제를 1~2개로 좁힌다.
- 제거 (20분): 방해 요소를 제거하는 데 집중한다. 무엇을 없앨지, 무엇을 연기할지, 무엇을 위임할지 결정한다.
- 다짐 Closing: 회의실을 나서기 전 확인한다. "이번 주 딱 한 가지만 달성한다면 그것은 무엇인가?"

Step 3: 호흡 맞추기 - 일일 체크 (Daily Check, 10분 내외)

필요에 따라 매일 아침 가볍게 '스탠드업 미팅'이나 '티타임'을 갖는다. 어제 한 일과 오늘 할 일, 그리고 도움이 필요한 부분을 짧게 공유한다. 이 시간의 목적은 감시가 아니다. 우리 팀이 같은 목표를 향해 '함께 몰입'하고 있다는 감각을 깨우는 것이다. 이 단계들이 반복되면 우선순위는 팀의 언어가 되고, 몰입은 팀의 습관이 된다.

2. 몰입의 설계자로서 리더의 역할

흔히 몰입을 구성원의 태도 문제로 치부한다. "요즘 친구들은 의지가 약해." 하지만 리더가 시스템을 설계하지 않으면 개인의 몰입은 불가능하다. 리더는 구성원을 다그치는 감시자가 아니라, 팀 전체가 목표지향적인 선택과 능동적인 집중을 할 수 있도록 프레임을 만드는 '설계자Architect'가 되어야 한다.

진짜 리더는 팀원을 몰아붙여 에너지를 짜내는 사람이 아니다. 팀원의 앞을 가로막는 장애물을 치워, 그들이 거침없이 질주하게 만드는 사람이다. 이를 위해 리더가 반드시 수행해야 할 3가지 핵심 역할을 제안한다.

덜어내기 : 불필요한 일을 만들지 않는다

리더의 첫 번째 역할은 불필요한 일을 덜어내는 것이다. 그러나 그보다 더 근본적인 출발점이 있다. 바로 애초에 불필요한 일을 만들지 않는 것이다. 많은 리더가 팀의 몰입 부족을 팀원 개인의 태도나 성향 탓으로 돌린다. 하지만 실제로 들여다보면 몰입을 깨뜨리는 결정적인 요인들은 리더의 업무 방식에서 비롯되는 경우가 훨씬 많다.

대표적인 것이 수시 업무 지시다. 중요도도, 우선순위도, 기한도 없이 업무지시를 하는 경우가 많다. "언제까지 하면 될까요?"라는 팀원의 질문에 "가능하면 최대한 빨리 보고해주세요"라는 손쉬운 답변을 하는 경우가 많다. 리더의 무분별한 업무지시로 플레이어의 몰입은 한순간에 무너진다. 더 문제는 리더 본인도 이 일이 왜 필요한지, 팀의 목표와 어떤 관련이 있는지 명확하게 설명하지 못한 채 일을 던진다는 점이다. "일단 해보고 얘기하자", "그냥 해두면 좋잖아"라는 지시는 플레이어에게는 몰입의 최대 적이다. 방향도 기준도 없이 던진 일은 팀원을 흔들고 집중을 분산시키며 불필요한 소모를 만든다.

과거의 경험을 기준으로 '몰입'과 '올인'을 착각하며, "라떼는 밤새워 일했어", "회사는 개인보다 우선이야" 같은 메시지를 주는 리더도 많다. 하지만 이것은 몰입이 아니라 번아웃을 불러일으킨다. 몰입은 삶을 포기하는 태도가 아니라, 에너지를 효과적으로 쓰기 위한 전략적 선택이다. 팀원에게 "더 해라, 더 바빠라"를 요구하는 방식은 몰입이 아니라 탈진을 만든다.

특히 많은 리더가 자신의 불안감과 부족함을 '바쁨'으로 덮으려는 경향이 있다. 팀이 항상 바빠 보이면 일을 잘하는 팀처럼 보이고 상사는 '열심히 한다'고 생각할 것이라는 믿음 때문이다. 그래서 불필요한 회의 하나 더, 보고서 하나 더, 점검 절차 하나 더 추가한다. 팀의 본질적 목적과는 관계없는 일들이다. 심지어 할 일이 일찍 끝났는데도 리더가 "이렇게 일찍 끝나면 괜찮은가?"라는 불안감에 팀을 붙잡아두는 경우도 있다. 팀의 시간을 효율적으로 쓰는 대신 "바빠 보이는 팀"을 유지하는 데 시간을 쓴다. 그 결과 팀은 항상 피곤하고 중요한 일은 미루어지고 본질은 흐려진다.

리더가 정작 해야 할 일은 다르다. 불필요한 일이 아니라 가치 있는 일의 빈 공간을 확보하는 것이다. 일찍 일이 끝났다면 억지로 일을 만드는 대신 팀원과 1on1을 하거나, 더 나은 방법을 논의하거나, 앞으로의 과제를 함께 설계하는 데 시간을 써야 한다. 리더가 어떤 일을 더 해야 할지 모른다면 팀원과 함께 고민을 나누며 방향을 찾아도 된다. 리더에게 가장 위험한 태도는 "나는 무엇을 해야 할지 모르므로, 그냥 바쁘게 지내자"라는 방식이다.

[Leader's Action Tips]

<u>첫 번째는 '3가지 질문'의 생활화다.</u> 새로운 업무를 지시하기 전, 딱 3가지만 자문하라.

1. "이 일을 안 하면 우리 팀이 망하는가?"
2. "이 일은 최우선 목표와 연결되는가?"
3. "더 간단하게(메신저/구두) 해결할 수 없는가?"

이 필터를 통과하지 못한 일은 지시하지 마라. 당신의 침묵이 팀의 몰입을 지킨다.

<u>두 번째는 '업무 지시서'의 활용이다.</u>
말로 대충 던지는 지시는 최악이다. 중요 업무는 반드시 서면(업무 지시서)으로 남겨라. [배경 및 목적 / 최종 결과물 형태 / 기한 / 핵심 참고사항]을 적다 보면, 리더 스스로도 불필요한 업무였음을 깨닫고 철회하게 되는 경우가 많다. 리더가 5분 고민하

보호하기 : 본질에 전념하게 한다

몰입은 개인의 의지로만 유지되지 않는다. 무엇이 중요한지 알고 거기에 집중할 수 있도록 방향과 환경이 갖춰져야 한다. 리더는 플레이어가 본질이 무엇인지 정확히 알도록 도우며 팀의 목표가 무엇인지, 지금 팀이 가장 중요하게 해결해야 할 일이 무엇인지, 이 일이 고객과 조직에 어떤 의미가 있는지를 함께 공감해야 한다. 이런 정렬이 선행되지 않으면 팀원은 방향이 불분명한 상태에서 헤매게 되고 리더는 그 빈틈을 메우기 위해 마이크로매니징을 하게 된다. 본질이 명확해지면 팀원은 스스로 기준을 세우고 능동적으로 일을 선택할 수 있으며 리더는 사소한 부분까지 지시할 필요가 없어진다.

❶ 명확한 업무지시를 해야 한다

많은 리더가 "그냥 말로 하면 되지"라고 생각하며 생각나는 대로 일을 던진다. 하지만 이러한 방식은 팀의 에너지를 가장 빠르게 파괴한다. 불명확한 업무지시로 인해 플레이어는 끊임없이 리더에게 확인해야 한다. 리더는 반복해서 설명해야 한다. 일은 늦어지고, 결과의 질도 떨어진다. 이러한 과정에서 팀내 갈등과 불만, 불신이 생긴다. 명확한 업무지시를 위해 '업무 지시서'를 활용하는 것도 좋은 방법이다. 서면보고가 필요한 주요 업무는 업무 배경 및 목적, 최종 보고 대상, 업무 기한, 필수 포함 내용 등을 리더가 업무지시서 형태로 작성하여 구성원에게 지시하는 것이다. 물론 리더가 업무지시서를 작성하는 것은 불편하고 귀찮은 일이다. 하지만 리더가 5~10분 정도만 고민해서 업무를 지시하게 되면 불필요한 업무는 줄어들게 되고, 업무 커뮤니케이션이 명확해진다. 플레이어가 길을 잃지 않고 몰입할 수 있게 된다.

❷ 플레이어의 일을 대신하지 않는다

리더는 리더의 일을 해야 한다. 리더가 실무 경험에 익숙해질수록 예전에 잘하던 일을 놓지 못하고, 마이크로매니징이나 심지어 직접 플레이어의 일을 수행을 하기도 한다. 당장은 리더가 자신 있는 실무를 팀원을 대신해서 하는 것이 빠르고 결과의 질이 높을 수도 있다. 하지만 이런 구조가 반복되면 팀원은 사고할 이유를 잃고 수동적으로 변하며, 팀의 생산성은 리더 개인에게 과도하게 의존하게 된다. 기회비용 측면에서도 리더가 직접 일을 처리하는 방식은 위험하다. 리더가 할 일은 팀원의 일을 빼앗는 것이 아니라 그들이 스스로 할 수 있게 만들고 성장하도록 돕는 것이다. 방향을 제시하고 본질에 집중할 수 있는 환경을 만들며 판단 기준을 제공하는 것이 리더의 역할이다. 이런 리더 아래에서 팀원은 비로소 본질에 전념하고 능동적으로 움직이며 팀 전체의 몰입 수준도 함께 높아진다. 리더가 플레이어의 일을 대신하면서 몰입을 기대하는 것은 모순이다. 진짜 리더는 직접 뛰는 사람이 아니라, 팀이 제대로 뛰도록 환경을 만드는 사람이다.

❸ 업무를 맡길 때 플레이어의 현재 업무 상황을 파악하고, 배려해야 한다

많은 리더가 업무를 지시하며 급하다고 말하지만 실제로 정말 급하지 않은 경우가 생각보다 많다. 리더 선에서 얼마든지 일정을 조정할 수 있는 경우가 많다. 리더는 '내가 최근에 시킨 일이 없으면 여유가 있겠지'라는 생각을 하기 쉽다. 그러나 개인의 업무를 들여다보면 상사의 업무지시 외에도 일상적으로 루틴하게 해야 하는 업무들이 많다. 리더는 업무를 지시하며 습관적으로 "지금 업무 상황이 어때요? 이 업무를 이때까지 해야 하는데 가능한가요? 제가 지원해줘야 할 부분이 있을까요?"라는 질문을 해야 한다. 이런 소통을 통해 다른 업무 일정이 겹친다면 리더는 팀의 전체적인 상황을 고려하여 업무 우선순위를 정해주거나, 일이 진행될 수 있도록 지원을 해줘야 한다. 리더가 팀원의 업무 상황을 확인하고 집중 시간을 지켜주는 태도는 팀 전체의 몰입 수준을 극적으로 높인다.

❹ 단순한 업무 전달자가 되어서는 안 된다

리더 스스로 생각하여 업무지시를 하는 경우도 있지만, 실제 조직에서는 상사나 타부서의 요청에 의한 업무가 많다. 문제는 많은 리더가 이 외부요청을 그대로 던져놓고 알아서 하라고 하는 경우가 많다. 이것을 어떤 리더는 '위임'이라고 착각하지만, 실제로는 플레이어에게 판단의 근거도, 방향도 주지 않은 채 업무를 떠넘기는 것에 가깝다. 자율성을 보장하는 것도, 신뢰를 주는 것도 아니다. 대부분의 경우 이것은 리더의 업무적 무관심이 만들어낸 결과다. 리더는 상사나 타 부서 등 외부에서 비롯된 모든 업무에 대해 먼저 사고하는 과정을 거쳐야 한다. 이 요청이 우리 팀의 목표 및 우선순위와 어떤 관련이 있는지, 지금 이 순간 처리해야 할 일인지, 어느 범위까지 수행해야 하는지, 팀이 현재 감당할 수 있는지 등을 먼저 점검해야 한다. 그런 다음 그 일을 플레이어가 이해하고 실행할 수 있는 형태로 재해석하고 조정하여 전달해야 한다. 외부의 요구를 팀의 언어로 번역하고 팀의 상황에 맞게 재구성하는 것이 리더의 역할이다. 리더가 이 과정을 거치면 플레이어는 단순히 시킨 일을 수행하는 것이 아니라 맥락이 있는 일·의미를 아는 일·방향이 분명한 일을 수행하게 된다. 몰입은 바로 이런 일에서 나온다. 반대로 리더가 외부 요청을 그대로 전달하면 플레이어는 각자 추측하며 일해야 하고 몰입은 깨진다. 리더의 재해석과 조정은 플레이어의 자율성을 제한하는 것이 아니라, 오히려 자율성과 몰입이 제대로 작동할 수 있는 기반을 마련하는 행위다.

❺ 플레이어의 능동성을 끌어내고, 자율성을 부여해야 한다

리더는 방향(What, Why)을 말하고, 플레이어는 방법How을 선택하도록 해야 한다. 자율성은 심리학적으로도 동기부여와 성과를 결정하는 핵심 요소다. 사람은 스스로 선택했다고 느낄 때 더 깊게 몰입하고, 더 오래 버티고, 더 창의적으로 문제를 해결한다. 그래서 업무를 지시할 때도 "내가 하던 방식 그대로 해라"가 아니라 "네가 생각하는 가장 좋은 방식을 먼저 말해달라"고 요청해야 한다. 팀원이 선택한 방법이 리더의 생각과 다르더라도 전체 방향에 크게 영향을 주지 않는다면 실행할 기회를 줘야 한다. 이런 경험이 팀원을 성장시키는 가장 강력한 학습이다. 물론 플레이어가 선택한 방식이 기대에 미치지 못할 때도 있다. 그러나 바로 그 순간이야말로 리더가 개입해야 하는 핵심 지점이다. 이때 리더가 해야 할 일은 결과만 보고 실망하고 질책하거나, 일을 다시 빼앗아 와서 직접 처리하는 것이 아니다. 오히려 "왜 이런 결과가 나왔는지", "그 과정에서 어떤 판단을 했는지", "어디서 어려움이 발생했는지"를 함께 점검하며 피드백과 코칭을 제공하는 것이 중요하다. 심리학 연구에서도 사람은 스스로 선택하고 시도한 일에서 실패를 경험할 때 가장 깊게 학습한다고 말한다. 실패는 능력 부족의 증거가 아니다. 능동적으로 판단했다는 증거이며 그 판단을 다듬을 수 있는 성장의 재료다.

보여주기 : 스스로 몰입의 기준이 된다

리더가 팀 전체의 몰입을 이끌어내기 위해 명확성, 자율성, 전념, 피드백이라는 시스템을 구축하는 것은 필수적인 일이다. 그러나 이 모든 프레임이 제대로 작동하기 위한 결정적인 전제 조건이 있다. 바로 리더 스스로 몰입하는 것이다.

리더의 자기 몰입은 단순한 개인의 미덕이 아니다. 이는 조직 전체의 에너지를 올바른 곳에 집중시키기 위한 전략적 책임이자 팀원들에게 올바른 '일하는 방식'의 기준을 제시하는 의무이다. 팀원들은 리더의 말이 아니라 리더의 행동 방식을 가장 강력한 메시지로 받아들인다. 몰입의 세계에서 리더는 중력의 중심이다. 리더가 에너지를 분산시키고 바쁜 척하는 순간 팀 전체의 에너지는 흩어지고 본질은 흐려진다. 반대로 리더가 가장 중요한 본질에 집중하는 모습을 보일 때 팀원들 역시 자신이 하는 업무에서 가장 높은 가치의 지점을 찾고 능동적으로 집중할 용기를 얻는다. 리더의 몰입이 곧 팀의 몰입 문화를 만드는 시작점이다.

❶ 리더의 시간은 가장 비싸다. 리더만이 할 수 있는 가치 있는 일에 집중하라

리더의 시간은 팀 전체에서 가장 비싼 자원이다. 리더의 하루가 잡무, 불필요한 이메일, 끝없는 보고와 회의로 채워져 있다면 리더는 전략적인 사고를 할 공간을 완전히 잃게 된다. 몰입은 에너지를 가장 임팩트가 큰 지점에 모으는 기술이다. 리더는 이 기술을 스스로의 시간에 가장 먼저 적용해야 한다. 리더는 자신의 일정 속에 '업무 몰입 시간Deep Work Block'을 의도적으로 확보해야 한다. 매일 1~2시간을 알림과 방해로부터 완전히 격리된 시간으로 설정한다. 이 시간에는 오직 비전 제시, 인재 육성 계획, 조직 구조 개선, 핵심 문제에 대한 통찰 등 리더만이 해결할 수 있는 가장 높은 가치의 일에만 전념해야 한다.

리더가 폰트 크기나 보고서 형식이 아닌 팀의 미래 방향에 몰두해야 팀이 앞으로 나아간다. 이러한 집중 시간을 팀원들에게 공개적으로 공유해야 한다. "오후 2시부터 4시까지는 '업무 몰입 시간'입니다. 긴급하지 않은 요청은 이메일로 남겨주세요"라고 명시하는 행위는 리더가 자신의 시간을 존중한다는 것을 보여줄 뿐 아니라, 팀원들에게도 자신의 집중 시간을 확보하도록 허용하고 장려하는 문화를 만드는 시작점이 된다. 리더의 모범이 곧 팀의 규칙이 되는 것이다.

❷ 모르는 것을 인정하고 질문하는 '용기'가 필요하다

오너가 아닌 이상 대부분의 리더는 본인의 상사로부터 업무지시를 받는 팔로워이자 때로는 플레이어가 된다. 직책이나 직급이 올라갈수록 본인의 부족함을 드러내는 것을 어려워한다. 모르는 것을 질문하기를 꺼려한다. 질문하는 것을 본인의 부족함을 드러내는 것으로 생각하기 때문이다. 리더라고 모든 것을 알 수 없다. 모르는 것을 인정하고 질문을 하는 것에는 '용기'가 필요하다. 보통 리더급이 상사로부터 받는 업무는 추상적인 경우가 많다. 질문하지 않는 리더일수록 '눈치'에 의존해 상황을 해석하고 일을 진행하다가, 일의 본질을 놓쳐서 엉뚱한 방향으로 나아가는 경우가 많다. 게다가 리더급이 받는 업무는 대부분 중요 업무이기 때문에 문서 보고가 대부분이다. 이런 잘못된 업무 방향으로 팀의 며칠을 통째로 빼앗는 것을 쉽게 볼 수 있다.

많은 리더들이 플레이어에게 "모르면 좀 물어보고 하라"는 말을 한다. 이 말은 리더 본인에게도 해당된다는 것을 명심해야 한다. 리더의 질문은 약함의 표시가 아니라 몰입을 위한 용기 있는 행동이다. 리더가 먼저 묻기 시작하면 방향은 더 명확해지고, 불필요한 업무는 줄어들고, 팀의 에너지는 본질에 집중된다. 결국 리더의 용기 있는 질문 한 번이 팀 전체의 몰입을 지켜주는 가장 실용적이고 성숙한 방법이다.

❸ 목표지향적 선택의 모범, '노No'의 리더십을 실천해야 한다

몰입은 무엇을 할지 선택하는 것만큼이나 무엇을 하지 않을지 결정하는 데서 더 큰 힘을 발휘한다. 리더는 팀의 최우선 목표에 집중하기 위해 과감하게 '노No'라고 말하는 용기를 보여줘야 한다. 리더의 선택은 곧 팀의 방향이고 리더의 포기는 팀의 에너지를 한곳으로 모으는 행위이다. 모든 요청과 업무를 팀의 핵심 목표라는 필터로 거르는 최전방 방어선이 되어야 한다. 상사나 타 부서의 요청이 팀의 핵심 목표와 명확하게 연관되지 않는다면, 단순한 거절이 아닌 목표 기반으로 단호히 거절해야 한다. 이러한 거절이 협업과 상충된다고 느낄 수 있지만 협업은 무조건 타부서의 요청에 OK를 하는 것이 아니다. 자기가 속한 조직의 본업을 수준 높게 완성하는 것이 우선이다. 그것을 바탕으로 타 부서와 협업하는 것이다.

리더는 팀 내 관행이나 비효율적인 보고 절차, 불필요한 정례 회의 등 '관성적 낭비'를 스스로 앞장서서 제거해야 한다. 리더가 자신의 에너지를 집중하기 위해 불필요한 업무를 없애는 모습을 보일 때, 팀원들은 비로소 시간과 에너지의 경제적 가치를 깨닫고 본질에 집중한다. 리더가 불필요한 일을 만들지 않고, 제거하는 데 집중하는 것 자체가 리더의 몰입이다.

❹ 리더 스스로 지속 가능한 회복 시스템을 만들어야 한다

리더의 몰입은 단기적 질주가 아닌 장기적인 '지속 가능한 몰입'이어야 한다. 리더는 자신의 신체적, 정신적 회복을 시스템적으로 관리하여 몰입을 유지하는 힘을 증명해야 한다. 많은 리더들이 과도하게 조직에 얽매여 일과시간 이후에도 오랫동안 일하고 과도한 스트레스로 자신의 건강을 지키지 못하는 경우가 많다. 리더는 몰입을 통해 효율적으로 일하고 나머지 시간에 자신의 건강을 지키고 자기개발을 위해 노력해야 한다. 리더 스스로 정해진 시간에 퇴근하고, 자신의 휴가(연차)를 적극적으로 사용하는 모습을 팀원들에게 보여줘야 한다. 리더가 밤샘 근무나 주말 근무를 당연시하는 순간 팀원들은 '몰입'을 '삶을 포기하는 헌신'으로 오해하게 된다. 리더가 자신의 삶과 업무 사이의 건강한 경계를 지킬 때 팀원들은 정해진 시간 안에 최고의 성과를 내고 나머지 시간을 회복에 쓰는 '전략적 몰입'을 실천할 수 있다는 확신을 얻는다. 또한, 리더는 완벽주의를 경계해야 한다. 모든 것을 완벽하게 하려다 에너지를 소진하기보다, '충분히 좋음'의 기준을 설정하고 빠르게 실행하여 성과를 만들어내는 데 집중해야 한다. 리더가 자신의 한계를 인정하고 팀원들의 전문성에 자율적으로 위임할 때 팀원들은 신뢰를 바탕으로 능동적인 몰입을 할 수 있는 심리적 안정감을 얻게 된다. 리더가 모든 것을 통제하려 들면 팀원의 몰입은 깨진다.

리더의 자기 몰입이야말로 팀의 모든 시스템을 관통하는 핵심이다. 리더가 스스로에게 목표지향적 선택과 능동적인 집중을 적용할 때 비로소 팀 전체가 흩어지지 않고 하나의 목표를 향해 나아가는 강력한 집중력을 갖게 된다. 리더가 몰입하면 팀은 전진하고, 리더가 분산되면 팀은 표류한다.

[Leader's Action Tips]

첫 번째는 '딥 워크Deep Work 시간 공개'다. 캘린더에 매일 1~2시간을 [집중 업무 시간]으로 블로킹하고 팀원에게 공표하라. "오후 2시부터 4시까지는 저도 메신저를 끄고 전략 구상에 집중하겠습니다." 리더의 이 선언은 팀원들에게도 "너희도 방해받지 않고 일할 권리가 있다"는 강력한 시그널이 된다.

두 번째는 '모른다'고 말하는 용기다. 상사의 지시가 모호할 때, 아는 척하며 팀원들을 고생시키지 마라. "죄송하지만 이 지시의 구체적인 의도와 목표가 무엇입니까?"라고 상사에게 되물

3. 그라운드의 플레이어로서 실천 행동

좋은 자전거(시스템)와 훌륭한 감독(리더)이 있어도, 결국 페달을 밟
는 것은 선수(플레이어)다. 펠로톤의 속도는 가장 앞에서 바람을 맞는
선수 한 명의 속도가 아니라, 뒤따르는 모든 선수의 페달링이 합쳐
질 때 결정된다. 팀의 목표를 달성하기 위해 실제로 움직여야 할 플
레이어들이 수동적이면 몰입은 불가능하다. 몰입은 플레이어 스스
로 만드는 것이기 때문이다.

많은 직장인이 몰입을 '회사를 위한 희생'이나 '월급 이상의 헌신'
으로 오해한다. "나는 받은 만큼만 일한다"는 냉소적인 태도를 '쿨
함'으로 포장하기도 한다. 하지만 스스로에게 물어보자. 하루 8시간,
인생의 가장 빛나는 시간을 대충 흘려보내는 것이 정말 나를 위한
일일까? 몰입은 회사를 위한 것이 아니다. 나의 시간을 밀도 있게 쓰
고, 남은 에너지를 온전히 내 삶에 쓰기 위한 '나를 위한 전략'이다.

몰입은 무조건 회사를 위해 희생하라는 의미가 아니다. 오히려 그
반대다. 몰입해야 자기 시간을 효율적으로 쓸 수 있다. 몰입해야 정
해진 시간 안에 성과를 내고 퇴근 후 자기 삶을 즐길 수 있다. 몰입
은 나를 위한 것이다. 끌려다니는 부품이 아니라, 스스로 동력을 만

드는 엔진이 되기 위해 플레이어가 지켜야 할 3가지 행동 원칙을 제안한다.

조율하기 : 능동적으로 확인하고 제안한다

리더가 "이것 좀 해줘"라고 말한다. 플레이어는 "네"라고 대답한다. 기존에 하던 일이 밀릴 것 같은데 리더는 이를 고려하는 것 같지 않다. "뭐가 우선순위야?"라는 질문과 함께 혼란이 찾아오고 어떤 일도 완성되지 못하며 플레이어는 번아웃에 빠져버린다.

번아웃을 방지하기 위해 새로운 업무가 들어오면 가장 먼저 묻고 제안한다. "이것을 하려면 현재 하고 있는 A와 B 중 하나를 미뤄야 할 것 같습니다. 어떤 것을 우선해야 할까요?" 상황이 애매할 때도 확인한다. "이번 주 우선순위가 X였는데 Y도 함께 진행해야 할까요? 아니면 X에 집중하는 게 맞을까요?" 상황이 변했다면 "당초 A가 우선순위였는데 고객 이슈가 발생했습니다. B를 먼저 처리하는 게 나을 것 같은데 어떻게 생각하세요?" 라고 질문한다. 이것이 무분별한 요청이라고 판단되면 명확히 선을 그을 줄도 알아야 한다. "중요한 일이지만 지금 제 우선순위는 [팀 목표와 연결된 일]입니다. 이것을 마친 후에 가능할까요?" 이것은 무책임하거나 되바라진 행동이 아니다. 명확하게 우선순위를 지키며 몰입하는 것이다.

연결하기 : 자율성을 발휘하되 정렬한다

자율성을 알아서 하는 것, 리더에게 굳이 말하지 않아도 되는 것으로 오해할 수 있다. 그러나 이것은 자율성이 아니라 단절이다. 진짜 자율성은 방법은 스스로 선택하되 방향은 계속 확인하는 것이다. 혼자 무작정 달리는 것이 아니라 같은 방향으로 뛰고 있다는 것을 확인하되 자신만의 페이스와 호흡을 유지하는 것이다. '단절'이 아니라 '자율'을 실천하기 위해 다음과 같은 표현들을 사용해 볼 수 있다.

	단절	리더가 결정해 주세요.
실험과 제안이 필요할 때	자율	A, B, C방법을 생각해봤는데, B가 가장 효과적일 것 같습니다. 왜냐하면 [이유]. 어떻게 생각하세요?
방향을 확인할 때	단절	(소통하지 않는다)
	자율	지난주부터 X를 진행하고 있습니다. 현재 상황을 공유드립니다. 방향이 맞는지 확인 부탁드립니다. Y방식으로 진행하려고 하는데, 제가 이해한 게 맞나요?
혼자만의 능력으로 해결하기 어려운 문제에서	단절	(며칠 동안 혼자 씨름한 후) 잘 안 되네요.
	자율	X 부분에서 막혔습니다. A,B를 시도했는데 안 됩니다. C를 시도해볼까요? 다른 아이디어가 있으신가요?

자율적인 플레이어는 리더를 감시자가 아니라 '가용 자원'으로 활용한다. 자신의 위치를 투명하게 알리고, 필요할 때마다 신호를 보내 방향을 보정한다.

많은 조직에서 우선순위는 자주 바뀐다. 고객 이슈가 터지고, 경영진이 새로운 요청을 하고, 시장이 변한다. 이것은 피할 수 없는 현실이다. 그렇다면 플레이어는 무기력하게 따라가기만 해야 하는가? 아니다. 방향성을 맞추기 위해 할 수 있는 것이 있다.

먼저 변화를 명시적으로 확인한다. 이번 주 우선순위의 변경 사항을 체크하고 미뤄진 일이 있다면 재시작 시점도 확인해 둔다. 이에 따른 영향도를 파악할 수 있다면 이것도 즉시 공유한다. 새로운 일을 시작한다면 기존의 일이 얼마나 지연될지, 다른 일에 미치는 영향은 어떨지 객관적인 근거와 함께 알린다. 이 과정에서 불가능은 불가능하다고 솔직하게 말하고 해결책도 함께 논의한다. 이는 팀의 우선순위와 방향을 모두 함께 다시 검토하고 정렬하는 소중한 근거 자료가 된다.

존중하기 : 상대의 집중을 잘게 쪼개지 않는다

펠로톤에서 가장 큰 실례는 앞사람의 바퀴를 건드려 넘어뜨리는 것이다. 비즈니스 세계에서도 마찬가지다. 나의 사소한 행동이 동료의 '몰입'이라는 바퀴를 건드려 넘어뜨릴 수 있다. 특히 "이거 잠깐이면 되는데"라며 불쑥 말을 거는 행동은 폭력에 가깝다. 당신에게는 10초의 질문이지만, 동료에게는 20분의 집중력을 앗아가는 테러다. 동료의 몰입을 지켜주는 것은 배려가 아니라 '의무'다.

동료의 몰입을 방해하지 않는 것도 플레이어의 의무다. 몰입은 개인의 집중력만으로 유지되지 않는다. 팀 안에서 오가는 작은 행동들이 흐름을 깨뜨리기도, 지켜내기도 한다. 특히 같은 팀 내 선후배 관계에서는 이런 방해가 더 자주 발생한다. 선배는 "이 정도는 잠깐이면 돼"라고 생각하며 후배에게 말을 건다. 보고서에 몰두한 후배에게 다가가 "이거 파일 어디 있지?", "이거 네가 좀 봐줘"라고 자연스럽게 부탁한다. 선배에게는 10초의 질문이지만 후배에게는 흐트러진 몰입을 회복하기 위한 20분 이상의 시간이 필요하다. 후배는 예의를 지키기 위해 대답하지만 그 순간 집중은 완전히 깨진다.

메신저에서도 동료의 몰입을 수시로 방해하는 일들이 발생한다. 급하지 않은 질문을 떠올릴 때마다 단문 메시지를 연달아 보내는 습관, 사소한 요청을 즉시 확인받으려는 태도는 상대의 집중을 잘게 쪼갠다. 동료의 "가능하면 지금 바로 확인해 주실 수 있나요?"라는 말 한마디는 동료의 하루 일정 전체를 다시 조정해야 하는 부담으로 다가온다. 이러한 행동은 악의가 아니라 습관이지만 팀의 몰입을 파괴하는 데는 충분하다.

몰입을 지키는 플레이어는 '타이밍'을 존중한다. 말을 걸기 전 "지금 이야기해도 될까?"라고 먼저 묻는다. 급하지 않은 요청은 메모해 두었다가 한 번에 전달한다. 동료가 집중 모드이거나 무언가에 집중하고 있다면 굳이 방해하지 않는다. 회의에서는 잡담과 쓸데없는 우회를 줄이고 목적·결론·다음 행동 중심으로 발언한다. 자신의 요청이 동료의 집중에 어떤 영향을 줄지 먼저 점검해야 한다. "지금 괜찮아요?", "지금 급한 중요한 일이 있나요?"라고 묻는 태도는 동료의 몰입을 존중하는 성숙함이다.

결국 좋은 플레이어는 자신의 편의를 위해 동료의 시간을 빼앗지 않는 사람이다. "이 말을 꼭 지금 해야 할까?", "이 방식이 상대의 몰입을 깨지 않을까?"라는 질문을 한 번 더 스스로에게 던진다. 이 작은 습관들이 모여 팀 전체의 에너지를 지키는 보이지 않는 방어막이 된다.

[돌아보기] 동료의 몰입을 지키기 위한 다섯 가지 체크 리스트

1) 동료의 타이밍에 대해 질문한다

동료의 책상으로 다가갈 때 '지금 이야기해도 괜찮으신가요?', '방해해서 죄송해요, 5분 내로 이야기하고 싶은 것이 있는데 언제 가능할까요?'라고 묻는다. 동료가 몰입하고 있어 대화를 나중에 해야 한다면, 이 질문으로 시작된 대화는 10초 안에 마무리해서 동료의 몰입이 깨지지 않도록 한다.

2) 요청은 모아서 보낸다

'파일 어디 있어?', '이메일 봐줘', '이거 좀 볼래?'라고 하나씩 질문하지 말고, '오늘 체크해 주기를 바라는 사항 3가지"로 정리하여 한 번에 전달하자. 그리고 요청하기 전, 그 일은 정말 급한 것인지, 아니면 그저 나의 불안에 의해 빠르게 되면 좋은 것인지 생각해 보자.

3) 메신저는 챗봇이 아니다

조직 생활을 하며 메신저에 빠르고 성실히 '답장'하는 것은 기본적인 비즈니스 매너이지만, '즉답'을 해야 할 의무는 없다. 정말로 빠르게 답변을 원하는 것이라면 전화 등 다른 소통의 방법이 있는지 고민해 보자.

4) 집중 모드 존중하기

상대가 헤드폰을 쓰고 있거나, 메신저에 '방해 금지' 모드를 설
정해 두었거나, 상사의 경우 집무실의 문이 닫혀 있다면 잠시
물러나 보자. '집중의 시간'이 팀 내에서 정의 또는 공유되었다
면 그 시간에는 나도 내 일에만 몰입하자.

5) 불필요한 발언을 자제한다

회의를 시작할 때 분위기를 풀어 보겠다고 잡담이나 농담을 필
요 이상으로 던지고 있지는 않은가? 지나치게 불필요한 발언들
은 회의의 흐름과 목적을 잊게 한다. 또한 여러 과제를 다루며
부득이하게 불필요한 말들이 많이 오갔던 회의라면, 회의가 마
무리될 때 꼭 필요한 내용을 정리해서 간단히 브리핑하자.

밀도 있는 몰입을 위하여

몰입은 밤을 새워 일하는 비장함도, 개인의 영웅적인 정신력도 아
니다. 그것은 돋보기가 빛을 모아 종이를 태우듯, 흩어진 에너지를
한 점으로 응축시키는 '물리학의 현상'이다.

'진짜 몰입하는' 플레이어들에게 공통적으로 확인할 수 있는 세 가
지 마인드셋이 있다.

첫째는 투명성이다. 진행 상황, 어려움, 우려사항을 숨기지 않고 공
유한다. "괜찮습니다"가 아니라 "이런 상황입니다"라고 말한다.

<u>**둘째는 주도성이다.**</u> 지시를 막연히 기다리지 않고 근거를 들어 제안한다. "어떻게 할까요?"가 아니라 "이렇게 하면 어떨까요?"라고 말한다.

<u>**셋째는 현실성이다.**</u> 무리한 약속을 하지 않는다. "할 수 있다"와 "할 수 없다"를 명확히 구분한다.

스스로에게 질문해보자.

- 이번 주 나의 우선순위 Top 3를 명확히 말할 수 있는가?
- 새로운 업무가 들어올 때 우선순위를 확인하는가?
- 방향이 맞는지 정기적으로 확인하는가?
- 막혔을 때 빠르게 도움을 요청하는가?
- 불가능한 것을 불가능하다고 말할 수 있는가?

이 질문들에 '예'라고 답할 수 있다면 당신은 능동적으로 몰입하고 있는 것이다.

우리가 확인한 몰입의 본질은 '더하는 것'이 아니라 '빼는 것'이었다. 투르 드 프랑스의 펠로톤이 무게를 줄여 산을 오르듯, 팀은 불필요한 일을 덜어냄으로써 비로소 속도를 얻는다. 망치가 닿는 면적이 좁을수록 유리가 쉽게 깨지듯, 팀의 목표가 하나로 좁혀질수록 돌파력은 강해진다.

이 밀도 높은 에너지는 세 가지 축이 맞물릴 때 완성된다. 시스템이 불필요한 마찰력을 제거하여 매끄러운 도로를 만들고, 리더가 소음과 방해를 막아주는 단단한 방패가 되며, 플레이어가 서로의 리듬을 지켜주는 정교한 엔진이 될 때, 팀은 개인의 합을 넘어선 시너지를 낸다.

이 세 가지가 정렬된 '단단한 팀'의 사무실은 역설적이게도 고요하다. 소란스러운 바쁨 대신 깊은 침묵이 흐르고, 산만한 대화 대신 명확한 신호가 오간다. 겉으로 보기엔 평온해 보이지만, 그 안에는 목표를 향해 질주하는 뜨거운 에너지가 응축되어 있다.

흩어지면 그저 사라지는 빛일 뿐이지만, 모이면 무엇이든 태우는 불꽃이 된다. 몰입은 복잡한 세상에서 단순해지기를 선택한 팀만이 가질 수 있는, 가장 조용하고 강력한 돌파의 힘이다.

Part 06

성장

되새기면
더 단단해 진다

<펠로톤 속으로>

파리의 샹젤리제 거리는 아름답지만 자전거 위에서는 잔인하다. 수만 개의 불규칙한 돌멩이들이 타이어를 씹어 삼킬 듯 덜덜거리고 그 파괴적인 진동은 카본 프레임을 타고 올라와 내 척추 마디마디를 쇠망치로 두들긴다. 하지만 고통스럽지 않다. 개선문을 휘감아 도는 붉은 노을이 시야를 가득 채우고 3주 동안 나를 괴롭혔던 그 지독한 바람 대신 달콤한 샴페인 향기가 섞인 공기가 폐부로 밀려들어 온다.

"삐익-"

길고 길었던 3,500킬로미터의 마침표를 찍는 휘슬 소리가 들린다. 속도를 줄이며 클릿을 뺀다. '탁'. 첫 출발 때 들었던 그 날카로운 금속음과 똑같은 소리지만 그 울림은 전혀 다르다. 자전거에서 내려서는 순간 다리가 젤리처럼 휘청인다. 중력이 새삼스럽게 느껴진다. 나는 비틀거리지 않으려 핸들을 꽉 움켜쥔다.

내 몸이 낯설다. 무릎과 어깨에는 덕지덕지 붙은 살색 테이핑이 훈장처럼 감겨 있고 턱 밑에는 헬멧 끈에 쓸려 굳은살이 박인 흉터가 선명하다. 종아리는 흙먼지와 체인 오일로 검게 그을려 있다. 니스Nice의 출발선에 서 있던 그 말끔하고 겁먹은 청년은 알프스의 태양과 피레네의 바람에 풍화되어 사라졌다. 거울 속에는 오직 생존을 위해 근육의 결 하나하나가 뒤틀리고 단단해진 짐승 한 마리만이 거칠게 숨을 몰아쉬고 있다.

옆에서는 이번 대회의 영 저지(신인상)를 차지한 동료가 환호하며 시상대로 향한다. 그 빛나는 흰색 저지가 부럽지 않다면 거짓말일 것이다. 하지만 나는 안다. 찢어질 듯한 근육통과 타는 목마름 포기하고 싶었던 수만 번의 페달링이 내 몸속에 차곡차곡 쌓여 결코 무너지지 않는 옹벽이 되었음을. 고통은 휘발되어 사라졌지만 그 고통을 견뎌낸 감각은 내 뼈와 근육에 문신처럼 새겨졌다.

누군가 건네준 샴페인을 한 모금 들이켠다. 톡 쏘는 탄산과 함께 알싸한 단맛이 혀끝을 감돈다. 비로소 살아있음이 실감 난다.

나는 떨리는 다리에 힘을 주어 아스팔트를 꾹 밟아본다. 지금 내 두 다리는 중력을 이기지 못해 후들거리지만, 나는 느낀다. 이 근육 속에 언제든 다시 폭발할 준비를 마친 새로운 엔진이 탑재되었음을. 나의 레이스는 이제야 비로소 시작이다.

성장은 경험을 미래 가치로 만드는 것이다

더 나은 내일을 만드는 팀이 성장한다

1. 성장은 경험을 미래 가치로 바꾸는 연금술이다

3주간 3,500km를 달리는 지옥의 레이스, 투르 드 프랑스를 흔히 우리네 인생에 비유한다. 하지만 그 비유에는 결정적 차이가 있다. 인생은 단막극이지만 투르 드 프랑스는 내년에도, 내후년에도 다시 열리는 시즌제 드라마라는 점이다. 올해의 레이스가 끝났다고 해서 모든 것이 사라지는 건 아니다. 위대한 팀의 시계는 샹젤리제 거리에서 샴페인을 터뜨리는 순간 멈추지 않는다. 그들은 축배를 드는 그 순간에도 마음속으로 복기한다. '알프스의 가파른 업힐에서 왜 우리의 속도는 경쟁 팀보다 2km/h 느렸는가?' '피레네의 거친 맞바람을 뚫을 때 대형은 왜 미세하게 흐트러졌는가?' '보급품을 건네주는 뮤제트 백의 전달 타이밍은 왜 0.5초 늦었는가?' 그들에게 올해의 고통은 내년의 우승을 위한 가장 비싼 데이터다.

운동 생리학에는 '초과 보상Super compensation'이라는 개념이 있다. 강도 높은 훈련으로 찢어진 근육이 회복되는 과정에서 우리 몸은 이전보다 더 강한 부하를 견딜 수 있도록 근섬유를 더 크고 단단하게 재구축한다. 조직도 마찬가지다. 경험을 땀과 함께 허공으로 증발시키는 팀은 매년 똑같은 고통을 반복하지만 경험을 조직의 근육 속에 저장하는 팀은 매년 더 적은 힘으로 더 빨리 달린다. 여기서 우리는 뼈아픈 질문을 던져야 한다. "당신의 팀은 10년 치 노하우가 축적된 거침없는 항로 위에 서 있는가? 아니면 1년 차의 서툰 페달링을 10년째 반복하고 있는가?" 성장은 단순히 시간이 흐른다고 얻어지지 않는다. 성장은 흘러간 땀방울을 미래를 위한 연료로 바꾸는 연금술이다.

이기지 못한 경험, 자산이 되거나 사라지거나

2023년 4월 26일, 미국 밀워키. 플레이오프 1라운드 탈락이라는 충격적인 결과 직후, 기자회견장에는 무거운 침묵이 감돌았다. 그 자리에는 불과 2년 전 팀을 50년 만에 우승으로 이끌었던 슈퍼스타, 야니스 아데토쿤보가 앉아 있었다. 한 기자가 날카로운 질문을 던졌다.

"야니스, 이번 시즌을 실패한 시즌이라고 생각하십니까?"

야니스는 손으로 머리를 감싸 쥐며 깊은 한숨을 내쉬었다. 그리고 기자를 똑바로 바라보며 되물었다. "당신은 직장에서 매년 승진하나요?" "아뇨." "그럼 승진 못 한 해는 실패인가요?" "아니죠." 야니스의 목소리가 차분하지만 단호해졌다. "그렇다. 당신은 가족을 부양하고 집을 사고 부모님을 돌보기 위해 매일 일한다. 승진 못 한 해가 실패가 아니듯 우리도 마찬가지다. 그건 실패가 아니라 성공을 향해가는 과정이다." 그가 말을 이었다. "마이클 조던은 15년을 뛰면서 6번 우승했다. 그러면 우승하지 못한 9년은 실패인가? 스포츠에 실패란 없다. 좋은 날이 있고 나쁜 날이 있을 뿐이다. 어떤 날은 이기고 어떤 날은 진다. 우리는 내년에 돌아와서 더 나아지려고 노력할 것이다. 더 좋은 습관을 만들고 더 잘 플레이하려고 할 것이다. 우리 팀은 1971년부터 2021년까지 50년 동안 우승하지 못했다. 그게 50년간의 실패였나? 아니다. 그건 성공을 향한 50개의 계단이었다."

약 3분간 이어진 이 답변은 전 세계로 퍼져나갔다. 그는 단순히 질 때도 있다며 패배를 합리화하거나 위로하지 않았다. 지는 것마저도 성장의 과정이라는 새로운 프레임을 제시했다. 야니스의 이 인터뷰는 NBA 역사에 있어서 가장 많이 회자될 명장면 중 하나가 되었다고 평가된다. 사람들은 그의 우승 트로피보다 이 패배 후 인터뷰를 더 깊이 기억한다. 왜 일까? 누구나 지는 순간을 경험하기 때문이다. 목표에 미치지 못하는 순간, 예상과 다른 결과를 마주하는 순간, 팀이 흔들리는 순간. 그때 우리는 선택의 기로에 선다. 실패라는 낙인으로 남길 것인가, 성장의 계단으로 밟고 올라설 것인가. 야니스의 밀워키 벅스가 50년 만에 우승할 수 있었던 이유는 매년 겪는 경험을 실패가 아닌 성장의 계단으로 차곡차곡 쌓아왔기 때문이다. 그들에게는 패배의 계단을 한 칸 한 칸 겸손하고 침착하게 오르려는 태도가 있었다. 이제 우리도 "우리 팀은 도대체 왜 이러지?"라는 자조 섞인 한탄을 멈춰야 한다. 대신 야니스처럼 물어야 한다. "다음 월요일, 우리는 무엇부터 다시 시작할까?"

고생한 경험, 자산이 되거나 사라지거나

세계 최대의 헤지펀드 브리지워터에는 외부인의 시선으로는 이해하기 힘든 기이한 원칙이 있다. 이곳에서는 업무 중 실수를 저지르는 것은 용서받지만 그 실수를 기록하지 않고 숨기는 것은 즉각적인 해고 사유가 된다.

보통의 조직을 떠올려보자. 누군가 실수를 하면 본능적으로 덮으려 한다. 인사 고과에 불이익을 받을까 두렵기 때문이다. 그렇게 은폐된 실수는 지하에서 곰팡이처럼 자라나다가 결국 감당할 수 없는 거대한 사고가 되어 터져 나온다. 하지만 브리지워터의 창업자 레이 달리오는 정반대의 시스템을 설계했다. 바로 '이슈 로그Issue Log'다. 이 회사의 모든 직원은 사소한 실수라도 발생하는 즉시 이슈 로그라는 사내 시스템에 기록해야 한다. "클라이언트와의 미팅 시간을 착각함", "데이터 입력 과정에서 오타 발생" 같은 내용들이 실시간으로 전 직원에게 공개된다. 중요한 것은 이것이 반성문이 아니라는 점이다. 이것은 재발 방지를 위한 데이터 입력이다.

레이 달리오는 '고통Pain + 성찰Reflection = 발전Progress'이라는 공식을 믿는다. 실수는 고통스럽다. 하지만 그 고통을 기록하고 성찰하지 않으면 발전은 없다. 브리지워터에서 누군가의 실수는 개인의 부끄러운 과거로 남지 않는다. 로그에 기록되는 순간 그것은 동료들이 같은 함정에 빠지지 않게 돕는 공공의 매뉴얼로 변환된다. 이슈 로그가 쌓일수록 브리지워터의 시스템은 점점 더 정교해진다. 수만 건의 실수 데이터가 모여 가장 안전하고 완벽한 투자 알고리즘을 만드는 재료가 된다. 그들이 세계 최고의 수익률을 내는 비결은 천재적인 예측력이 아니라 실수를 투명하게 기록하여 자산으로 만든 습관에 있다. 성장하는 팀은 실수를 숨기지 않는다. 오히려 실수를 가장 잘 보이는 곳에 전시한다. 브리지워터의 이슈 로그처럼 실수가 투명하게 기록될 때 비로소 실패는 비용이 아니라 조직을 단단하게 만드는 자산이 된다.

조직에서 가장 비싼 비용은 무엇일까? 높은 연봉의 임원 인건비도, 매달 나가는 클라우드 서버 비용도 아니다. 그것은 바로 똑같은 실수를 반복하는 비용이다. 한 번 겪은 시행착오를 학습하지 못해 두 번, 세 번 수업료를 지불하는 것만큼 뼈아픈 낭비는 없다. 성장은 이 매몰 비용을 미래의 기회비용으로 전환하는 과정이다.

많은 리더가 힘든 프로젝트를 끝내고 나면 습관처럼 말한다. "우리 팀은 이번 프로젝트로 한 뼘 더 성장했다." 하지만 냉정하게 되물어 봐야 한다. 무엇이 성장했는가? 그저 팀원들이 밤을 새우며 고생했 다는 사실을 성장이라는 이름으로 포장하고 있는 건 아닌가? 냉혹 하게 들릴지 모르지만 고생은 추억이 될지언정 자산이 되지는 않는 다. 학습되지 않은 고생, 기록되지 않은 야근은 그저 소모된 에너지 일 뿐이다. 진정한 성장은 감상적인 영역이 아니다. 철저히 실용적 인 개념이어야 한다. 성장이란 과거의 경험이라는 자산을 인풋Input 하여 미래의 가치라는 아웃풋Output으로 전환하는 고효율 투자 행위 다. 오늘 겪은 시행착오 덕분에 내일 똑같은 문제를 1시간 더 빨리 해결할 수 있다면 그것이 바로 성장이고 투자 수익이다. 시행착오를 재투자하지 않는다면 그저 시간이 흘러 노화될 뿐이다.

2. 양적인 성장을 자산으로 전환한다

많은 조직이 습관처럼 성장을 외친다. 보통은 한정된 자원으로 더 많은 일을 또는 더 빠르게 처리하는 양과 속도의 문제로 성장을 정 의한다. "작년보다 매출이 20% 늘었다"는 식의 양적 지표가 1차적 인 성장의 척도가 된다. 하지만 팀의 관점에서는 다르다. 숫자는 결 과일 뿐 그 숫자를 만들어내는 역량 자체가 커지지 않았다면 진짜 성장이라 할 수 없다. 단단한 팀을 만들기 위한 진정한 의미의 성장 은 조직과 구성원이 겪은 **과거의 경험을 성찰하고 정제하여 지속적**

인 미래 가치를 창출하는 자산Asset으로 전환하는 과정이다. 자산은 시간이 흐르면서 마치 이자가 붙은 원금처럼 팀의 역량을 점점 키워 나간다. 이를 위해 우리는 다음 세 가지 차원에서 경험을 자산으로 바꿔야 한다.

첫째, 해결 과정을 공식으로 만든다

프로젝트를 진행하다 보면 우리는 수많은 일회성 문제와 마주한다. 갑작스러운 고객의 클레임, 예기치 못한 버그, 협력사의 부도 같은 것들이다. 보통의 팀은 이를 수습하는 데 급급하다. 불을 끄고 나면 "휴, 다행이다"라며 안도의 한숨을 쉬고 기억에서 지워버린다. 여기서 멈춘다면 명백한 경험의 낭비다. 성장하는 팀은 수습에서 멈추지 않는다. 그 해결 과정을 공식으로 만든다. 'A라는 문제가 발생했을 때 B와 C의 순서로 조치하니 해결되더라'라는 것을 매뉴얼화한다. 수학자가 복잡한 난제를 풀고 난 뒤 깔끔한 공식을 남기듯 팀은 문제 해결의 과정을 정교한 솔루션으로 구조화해야 한다. 그래야 다음번에 누군가 같은 문제에 봉착했을 때 맨땅에 헤딩하지 않고 그 풀이법을 도구로 꺼내 쓸 수 있다.

둘째, 시스템화로 혁신의 룸을 만든다

반복되는 업무는 팀의 기초체력이다. 매일 하는 업무 보고, 매주 하는 주간 회의, 매달 하는 비용 정산. 이 루틴한 업무들이 담당자의 컨

디션에 따라 들쭉날쭉하다면 그 팀은 성장한 것이 아니다. 성장은 이 반복의 패턴을 찾아내어 시스템으로 정착시키는 것이다. 엑셀 수작업으로 3시간 걸리던 일을 매크로를 도입해 3분으로 줄이는 것, 구두로 전하던 업무 지시를 협업 툴의 템플릿으로 고정하는 것. 이 모든 것이 프로세스 최적화다. 이렇게 절약된 시간과 에너지(리소스의 선제적 확보)는 팀이 더 창의적이고 본질적인 전략을 고민하는 데 재투자된다. 루틴을 시스템에 맡길 때, 팀은 비로소 혁신을 고민할 여유를 얻는다.

셋째, 실패 경험을 데이터로 만든다

2009년 1월, 뉴욕 허드슨강에 여객기가 불시착했다. 기장 체슬리 설렌버거의 기적적인 판단으로 탑승객 155명 전원이 생존했다. 영화 <설리: 허드슨강의 기적>은 영웅담이 아닌 사고 이후의 치열한 청문 과정을 다룬다. 사고 조사관들은 컴퓨터 시뮬레이션 데이터를 근거로 기장을 압박한다. 데이터에 따르면 왼쪽 엔진은 살아있었고 충분히 회항할 수 있었다는 것이다. 데이터만 보면 기장의 판단은 틀린 것이었다. 하지만 설리 기장은 항변한다. "당신들의 데이터에는 긴박했던 당시의 인적 요소Human Factor가 빠져 있다."

결국 진실을 밝혀낸 것은 블랙박스다. 그 안에는 기장의 떨리는 목소리, 부기장과의 긴박한 대화, 관제탑과의 교신 내용이 고스란히 담겨 있었다. 결과만으로는 알 수 없는 왜 그런 결정을 내렸는지에 대한 맥락이 보존되어 있었다. 이 정황이 확인된 후에야 그의 경험은 실수가 아닌 위기 대처의 모범 사례로 등기된다.

대부분의 팀은 서버에 '최종_결과보고서.ppt'라는 결과값만 남긴다. 하지만 1년 뒤 후임자가 그 파일을 열어보면 무엇을 했는지는 알 수 있어도 당시 상황이 어땠길래 그랬는지는 알 길이 없다. 성장하는 팀은 결과보고서가 아니라 프로젝트의 블랙박스를 남긴다. 그들은 결과가 아닌 맥락을 저장함으로써 팀의 역사를 쓴다.

이미 흘러간 과거는 바꿀 수 없다. 하지만 과거의 의미는 바꿀 수 있다. 실패한 프로젝트는 당시에는 재무적 손실일 뿐이지만 그 실패의 원인을 철저히 분석하여 데이터베이스화하면 미래의 수십억짜리 실수를 막아주는 가장 확실한 보험이 된다. 항공 업계는 사고가 발생하면 비행기 잔해 조각 하나까지 수거해 원인을 규명하고 이를 전 세계가 공유하는 매뉴얼로 만든다. 그들에게 과거의 사고는 단순한 비극이 아니라 미래의 안전을 담보하는 자산이다. 자문해보라. 우리 팀의 지난달은 단순히 지나간 시간인가, 아니면 내일의 실행 속도를 높여줄 데이터인가?

3. 개인의 경험을 팀 자산으로 전환한다

"김 부장이 없으면 일이 안 돌아가요." 많은 조직에서 이 말은 김 부장에 대한 최고의 찬사로 통한다. 하지만 냉정히 말해 이것은 칭찬이 아니라 심각한 위기 신호다. 특정 개인에게 의존하는 승리는 그 개인이 지치거나 떠나는 순간 즉시 패배로 뒤바뀌기 때문이다. 진정한 성장은 슈퍼 히어로 한 명의 하드캐리로 얻어낸 승리를 팀 내에서 누가 뛰어도 이길 수 있는 시스템의 승리로 바꾸는 과정이다. 펠로톤에서 에이스가 바람을 막아줄 때 뒤따르던 선수들이 힘을 비축하듯 잘 갖춰진 시스템은 평범한 구성원도 에이스의 성과를 낼 수 있게 돕는 가장 강력한 바람막이가 되어야 한다.

형식적 학습의 덫, 교육은 늘었는데 왜 실력은 제자리인가

기업 교육 담당자들이 미스터리에 빠져 있다. 예산을 늘려 유명 강사를 불렀다. 최신 플랫폼을 깔았다. 그런데 고객 클레임은 그대로고 팀장의 불통은 여전하다. 신입사원들은 입문 교육이 현업과 동떨어져 있다고 말한다. 도대체 뭐가 문제인가? 문제는 교육 자체에 있다. 강의실에서 배운 것이 현장에 돌아가는 순간 증발한다. 어제 들은 이론은 오늘의 돌발 상황 앞에서 무력하다. 팬데믹 이후 재택과 하이브리드 근무가 확산되면서 어깨너머로 배우던 도제식 학습마저 사라졌다. 교육은 했지만 개인의 머릿속에서 멈췄다.

교육이 끝이 아니다. 진짜 성장은 현장에서 일어난다. 에이스가 문제를 해결하는 순간, 선배가 후배에게 요령을 알려주는 순간, 실패한 프로젝트를 복기하는 순간. 그런데 이 경험들이 개인의 머릿속에 갇혀 있으면 그 사람이 떠날 때 함께 사라진다. 조직의 시스템으로 옮겨져야 비로소 자산이 된다. 이벤트성 교육에 기대는 것을 멈춰야 한다. 대신 개인의 경험과 직관이 조직 전체로 퍼져 나가는 파이프라인을 깔아야 한다. 경험을 자산으로 바꾸는 방법은 세 가지다.

첫째, 에이스의 손맛을 이식하라

맥도날드의 창업 실화를 다룬 영화 〈파운더〉에는 성장의 비밀을 보여주는 상징적인 장면이 등장한다. 맥도날드 형제는 햄버거를 빨리 만들기 위해 효율적인 주방을 설계하고 싶었다. 그들은 주방 기구를 들이기 전 동네 테니스 코트로 나간다. 바닥에 분필로 주방 도면을 1:1 사이즈로 그린다. 그리고 직원들을 데려와 허공에 대고 햄버거를 굽고 감자튀김을 튀기고 동선을 이동하는 가상 시뮬레이션을 시킨다. "거기서 부딪히잖아! 감자튀김 기계를 오른쪽으로 옮겨!" "패티 굽는 사람은 딱 두 발자국만 움직여야 해!" 그들은 장장 6시간 동안 테니스 코트 위에서 춤을 추듯 동선을 수정한다. 직원들의 머릿속에 있던 "대충 이렇게 하면 되겠지"라는 개인적인 감각이 스피디 시스템이라는 정교한 프로세스로 시각화되는 순간이다. 이 과정 덕분에 맥도날드는 전 세계 어디서나 누가 햄버거를 굽든 30초 안에 똑같은 맛을 내는 거대한 제국으로 성장한다.

많은 조직에서 업무 노하우는 "김 부장의 감"이나 "박 대리의 센스"라는 이름으로 개인에게 묶여 있다. 하지만 성장하는 팀은 영화 속 맥도날드 형제처럼 개인의 직관을 눈에 보이는 시스템으로 끄집어낸다. 테니스 코트 위에 그려진 분필 자국처럼 업무의 과정을 눈에 보이게 그리는 것. 그것이 개인의 경험을 팀의 자산으로 바꾸는 결정적 순간이다.

어느 팀에나 에이스가 있다. 그들은 마치 요리 장인처럼 손맛으로 일한다. "이 타이밍에 고객에게 연락하면 될 것 같은데?" "이 코드는 구조를 이렇게 잡아야 나중에 편해." 문제는 이 귀중한 감각이 그들의 머릿속에만 머문다는 것이다. 그가 퇴사하는 순간 팀의 역량은 그가 입사하기 전으로 곤두박질친다. 이것은 조직의 성장이 아니라 개인의 성장에 불과하다. 성장하는 팀은 에이스의 암묵적인 노하우를 해부한다. 그가 고객을 설득할 때 쓰는 결정적 단어는 무엇인지, 기획안을 쓸 때 목차를 잡는 논리 구조는 무엇인지를 분석한다. 그리고 이것을 팀의 표준 프로세스로 이식한다.

맥킨지나 골드만삭스 같은 프로페셔널 조직이 강한 이유는 천재가 많아서가 아니다. 신입 사원이 들어와도 선배들의 노하우가 집약된 플레이북을 통해 에이스의 방식대로 일할 수 있게 만들기 때문이다. 팀 성과의 바닥을 에이스의 무릎 높이까지 끌어올리는 것, 그것이 진정한 성장이다.

둘째, 공유된 지식에만 이자가 붙는다

지식 관리의 중요성을 이야기할 때 NASA와 도요타의 사례는 극명한 대조를 이룬다. 과거 NASA에서는 심각한 위기감이 감돌았다. 아폴로 프로젝트를 성공으로 이끌었던 전설적인 엔지니어들이 대거 은퇴하기 시작한 것이다. NASA는 달에 사람을 보낸 그 귀중한 노하우가 사라질까 두려워 대대적인 지식 포획 프로젝트를 가동했다. 수백 시간의 인터뷰를 녹취하고 수천 페이지에 달하는 매뉴얼을 만들었다. 하지만 몇 년 뒤 새로운 로켓 프로젝트가 시작됐을 때 젊은 엔지니어들은 수십 년 전 선배들이 겪었던 똑같은 엔진 결함 문제를 반복했다. 프로젝트 매니저는 좌절하며 외쳤다. "우리는 모든 걸 기록했습니다! 서버에 문서가 가득하다고요." 문제는 기록의 부재가 아니었다. 젊은 엔지니어들의 대답이 정곡을 찔렀다. "문서가 너무 많아서 어디에 답이 있는지 찾을 수가 없습니다. 그 두꺼운 문서를 읽을 엄두가 나지 않습니다." NASA는 지식을 기록한 게 아니라 데이터의 무덤을 만든 셈이었다.

반면 도요타는 다른 방식을 택했다. 그들은 'A3 사이즈 문제 해결 보고서'라는 극도로 제한된 형식을 고집했다. A3 용지 딱 한 장. 그 안에 문제의 배경, 원인, 해결책, 결과를 모두 담아야 한다. 지면이 제한되니 군더더기는 빠지고 핵심만 남는다. 더 중요한 건 그다음이다. 그들은 이 보고서를 파일철에 넣지 않고 공장 벽에 붙였다. 누구나 오가며 볼 수 있게 했다. 신입 사원이 들어와도 벽을 훑어보면 5분 만에 파악할 수 있다. "아, 이 라인에서는 3년 전에 유압 밸브 문제가 있었고 이렇게 해결했구나."

도요타의 지식은 서버 속에 잠자지 않고 현장에서 살아 숨 쉰다. 이것이 죽은 문서와 산 지식의 차이다.

아인슈타인은 복리야말로 세계 8대 불가사의라고 했다. 자본에만 복리가 적용되는 것이 아니다. 지식도 복리로 불어난다. 하지만 조건이 있다. 공유될 때만 복리가 작동한다.

폐쇄적인 팀에서 지식은 권력이다. "나만 알고 있어야 대체 불가능한 사람이 된다"고 믿는 직원들은 정보를 웅덩이처럼 고이게 만든다. 고인 물은 썩고 지식은 낡은 것이 된다. 반면 성장하는 팀에서 지식은 혈액이다. A가 겪은 시행착오가 B에게 공유되어 B는 같은 실수를 피하고 그 시간을 아껴 C에게 새로운 아이디어를 제안한다. 이렇게 돌고 도는 지식은 복리로 쌓인다. 5년 후 두 팀의 격차는 따라잡기 불가능한 수준이 된다. 지식을 움켜쥔 팀은 그 자리에 머물고, 지식을 흘려보낸 팀은 저만치 앞서 있다.

셋째, 우리 팀의 버스 지수는 얼마일까?

소프트웨어 엔지니어링에는 버스 지수Bus Factor라는 개념이 있다. 팀의 핵심 개발자가 갑자기 버스에 치여 병원에 입원했을 때 프로젝트가 중단되지 않고 진행될 수 있는지를 나타내는 지표다. 당신의 팀은 어떤가? 팀장이 휴가를 가면 의사결정이 올스톱되거나 실무자한 명이 아프면 고객 응대가 마비되지는 않는가? 사람은 떠나도 시스템은 남아야 한다. 이것이 100년 기업의 비밀이다. 맥도날드의 햄버거 맛이 전 세계 어디서나 알바생이 누구든 동일한 이유는 패티 굽는 시간과 소금 뿌리는 타이밍이 개인의 감각이 아닌 시스템으로 구축되어 있기 때문이다.

"내가 없어도 팀이 잘 돌아가게 만드는 것." 이것이야말로 리더와 구성원이 추구해야 할 최고의 직업윤리다. 내가 자리를 비워도 나의 경험이 시스템 안에서 살아 숨 쉬며 동료들을 돕고 있다면 당신은 팀 안에서 영원히 일하고 있는 것과 같다. 시스템이 된 경험만이 영속한다.

CH 2.

경험을 미래 가치로 만든다

경험을 자산으로 만들기 위해서는 단순히 "우리 배운 것을 기록합시다"라는 도덕적 호소나 구호만으로는 부족하다. 인간의 의지는 나약하고 현업의 파도는 거세다. 바쁜 일정에 쫓기다 보면 기록과 성찰은 언제나 우선순위가 쉽게 뒤바뀐다.

팀을 더욱 단단하게 만들려면 리더는 플레이어들이 의지가 약해도 심지어 너무 바빠서 정신이 없어도 알아서 굴러가는 시스템을 설계해야 한다. 물이 위에서 아래로 흐르듯 경험이 자연스럽게 자산으로 축적되는 구조를 만들어야 한다.

1. Experience Pipeline를 설계한다

첫째, 피드백이 흐르게 한다

프로젝트가 끝나는 날의 풍경을 떠올려 보자. 팀원들은 지친 몸을 이끌고 완료 보고서를 작성한다. 그 안에는 치열했던 고민, 예기치 못한 사고, 그리고 그것을 해결했던 노하우들이 빼곡히 적힌다. 보고서가 승인되고 서버에 업로드되는 순간 팀원들은 안도의 한숨을 내쉬며 폴더를 닫는다. 그리고 비극은 여기서 시작된다. 그 파일은 다시는 열리지 않는다. 많은 조직에서 완료 보고서는 지식의 저장소가 아니라 데이터의 무덤으로 향한다. 아무리 화려한 인사이트가 담겨 있어도 파일 서버 깊숙한 곳에 유폐된 데이터는 죽은 데이터다. 죽은 데이터가 테라바이트 단위로 쌓인 서버는 용량만 차지할 뿐 팀의 지능을 단 1%도 높이지 못한다. 수만 권의 책을 도서관에 꽂아두고 자물쇠를 채워 아무도 읽지 못하게 하는 것과 같다.

단단한 팀은 이 흐름을 바꾼다. 그들은 데이터를 저장하는 것에 만족하지 않고 순환시키는 데 집착한다. 이것이 바로 피드백 루프 Feedback Loop다. 진정한 피드백 루프란 과거 프로젝트의 출력이 새로운 프로젝트의 입력으로 강제 투입되는 구조를 의미한다. 단순히 "지난번 문서를 참고하세요"라고 권유하는 수준이어서는 안 된다. 시스템적으로 연결되어야 한다.

예를 들어 지난 A 프로젝트 종료 시점에 "서버 트래픽 예측 실패로 오픈 당일 2시간 접속 장애 발생"이라는 뼈아픈 교훈이 도출되었다고 가정하자. 피드백 루프가 작동하는 팀에서는 이 교훈이 새로운 B 프로젝트의 기획 단계에 필수 입력값으로 들어와야 한다. B 프로젝트 기획서에는 반드시 [리스크 관리: 지난 트래픽 장애 원인 분석에 따른 3단계 대응 시나리오]가 포함되어야만 결재가 넘어가는 식이다. 물이 고이면 썩듯이 피드백도 흐르지 않으면 썩는다. 과거가 현재를 수정하고 그 수정된 현재가 다시 미래의 데이터로 쌓일 때 조직의 경험은 댐에 갇힌 물이 아니라 대지를 적시는 수로가 된다.

둘째, 지식이 담장을 넘게 한다

우리 조직의 피드백은 어디까지 흐르고 있는가? 대부분의 조직에서 피드백은 팀의 경계선을 넘지 못한다. 영업팀이 고객에게 깨지며 얻은 뼈아픈 교훈은 영업팀 회의실에서 끝난다. 개발팀이 밤새워 찾아낸 효율적인 코딩 방식은 개발팀 슬랙 채널에서 떠들썩하다가 조용히 묻힌다. 바로 옆 부서인데 마치 다른 회사처럼 단절되어 있다. 부서 간 벽이 높으면 지식은 고립된다. 영업팀의 실패가 제품팀의 개선으로 이어지지 않는다. 마케팅팀의 성공 방정식이 인사팀의 채용 브랜딩에 응용되지 못한다. 옆 부서가 이미 해결한 문제를 우리 부서가 처음부터 다시 푼다. 이 비효율이 조직 전체에서 동시다발적으로 벌어지고 있다.

단단한 팀은 피드백을 팀 내부에 가두지 않는다. 그들은 지식을 조직 전체로 흘려보낸다. 한 맥락에서 배운 원리를 전혀 다른 상황에 적용한다. 성공을 복제하고 변주한다. 흥미로운 사실이 있다. 혁신은 비슷한 것끼리 모여서 일어나지 않는다. 전혀 다른 것이 충돌할 때 터진다. 다이슨의 창업자 제임스 다이슨은 어느 날 제재소를 방문했다. 거기서 공기 회전으로 톱밥을 분리하는 거대한 산업용 사이클론 장치를 봤다. 목재 공장의 집진기였다. 그는 이 원리를 가정용 청소기에 적용했다. 결과는? 먼지 봉투 없는 청소기라는 혁신이 탄생했다. 제재소와 청소기. 아무도 연결하지 않았던 두 세계를 연결한 것이다.

조직 내부에서도 이런 충돌이 일어나야 한다. 개발팀의 애자일 회고 방식이 경영지원팀의 업무 개선에 적용되어야 한다. CS팀이 수집한 고객 불만 키워드가 마케팅팀의 카피라이팅에 그대로 들어가야 한다. 부서가 다르다고 배움이 멈춰서는 안 된다. 고립된 성공은 부분 최적화에 불과하다. 피드백이 팀의 담장을 넘어 흐를 때 조직 전체의 지능이 높아진다.

셋째, 미래지향적인 복기Review를 한다

"경험이 깡패다"라는 말이 있다. 하지만 비즈니스 세계에서 이 말은 반만 맞다. 경험이 많다고 해서 자동으로 실력이 늘지는 않기 때문이다. 성찰 없는 10년의 경험은 1년의 미숙함을 10번 반복한 숙련된 무능일 뿐이다. 경험이 실력이 되지 못하는 가장 큰 이유는 제대로 된 복기가 없기 때문이다. 많은 팀이 프로젝트가 끝나면 "고생했다"며 회식으로 스트레스를 풀고 기억을 털어버린다. 성공의 경험은 운과 섞여버리고 실패의 경험은 감정에 묻혀버린다.

피드백이 흐르게 하려면 먼저 경험을 정제해야 한다. 복기는 행동과 결과 사이의 인과관계를 규명하여 우연의 거품을 걷어내고 진짜 실력만을 증류해 내는 과정이다. 우리가 의도한 계획과 실제 벌어진 사실 사이에는 필연적으로 차이가 발생한다. 그 차이를 운이나 개인의 실수로 돌리지 않고 시스템과 프로세스의 관점에서 원인을 찾아낼 때 비로소 경험은 순도 높은 지식으로 변환된다.

왜 많은 팀에서 복기가 제대로 이루어지지 않을까? 복기를 문책으로 오해하기 때문이다. "누가 사고 쳤어?" "누가 책임질 거야?" 범인을 색출하는 분위기가 조성되면 구성원들은 본능적으로 방어기제를 작동시킨다. 정보를 숨기고 실수를 축소하고 남 탓을 할 핑계를 찾는다. 진실은 은폐되고 피드백의 흐름은 막혀버린다.

성장하는 팀의 복기는 미래지향적이다. 과거의 잘잘못을 따져 처벌하기 위함이 아니라 미래의 행동을 수정하기 위해 데이터를 모으는 과정이다. 실수가 숨겨지지 않고 테이블 위로 올라와야 피드백이 흐를 수 있다. 그러기 위해서는 문제를 드러내는 것이 숨기는 것보다 안전하다는 확신을 주어야 한다.

넷째, 사람을 떠나 시스템에 새긴다

"그 거래처는 김 부장이 직접 가야 해. 다른 사람이 가면 안 통해.

거긴 김 부장이 5년 동안 혼자 해온 거야. 김 부장 없으면 이 프로젝트 못 돌아가."

"그 엑셀 파일은 박 대리만 만질 수 있어. 건드리면 다 깨져. 박 대리 휴가야? 그럼 다음 주까지 기다려야겠네. 박 대리가 갑자기 그만두면? 솔직히 답이 없지."

종종 사무실에서 들리는 대화 아닌가? 피드백이 흐르지 못하고 멈추는 가장 큰 병목 구간은 어디일까? 바로 사람이다. 많은 조직에서 업무의 핵심 노하우는 특정 개인의 머릿속에만 존재한다. 이런 암묵지는 휘발성이 강하다. 그 사람이 휴가를 가거나 퇴사하는 순간 조직의 지능은 즉시 마비된다. 지식이 흐르는 것이 아니라 사람이라는 그릇에 고여 있는 상태다. 고인 물은 결국 썩거나 증발한다.

성장하는 팀은 지식을 사람에게서 분리해낸다. 개인의 머릿속에 있는 추상적인 지혜를 누구나 열람하고 이해할 수 있는 형식지로 변환한다. 구전으로만 내려오던 부족의 지혜를 문자로 기록하여 역사책이나 법전으로 만드는 것과 같다. 스타벅스의 라떼 맛이 전 세계 어디서나 균일한 이유는 뭘까? 넷플릭스의 고밀도 문화가 급격한 채용 속에서도 희석되지 않는 이유는? 개인의 역량을 플레이북이나 매뉴얼이라는 형태로 표준화했기 때문이다. "우리 팀은 이렇게 일한다"는 약속이 위키, 체크리스트, 툴킷으로 정의되어 있을 때 지식은 특정 슈퍼 히어로의 소유물이 아닌 팀의 공공재가 된다. 기록된 것만이 공유될 수 있고 공유된 것만이 개선될 수 있다.

2. 경험의 가치 설계자 The Architect로서 리더의 역할

리더는 단순히 팀의 성과를 관리하는 관리자를 넘어 팀의 경험을 자산으로 설계하는 아키텍트가 되어야 한다. 팀원들이 앞만 보고 달릴 때 잠시 멈춰 지도를 보게 하고 그들이 흘린 땀방울이 피드백이라는 수로를 타고 흐르도록 만들어야 한다. 이를 위해 리더가 반드시 실천해야 할 행동이 있다.

첫째, 피드백이 흐를 시간을 확보해 준다

속도전에 중독되어 있다. 하나의 프로젝트가 끝나기 무섭게 "자, 고생했어! 바로 다음 거 해야지!"라며 새로운 목표를 향해 돌진한다. 마치 브레이크가 고장 난 폭주 기관차 같다. 이런 상황에서 피드백은 사치스러운 잡담 취급을 받는다.

리더의 첫 번째 의무는 이 관성에 제동을 거는 것이다. 리더는 프로젝트 종료 직후 혹은 분기 마감 시점에 의도적으로 잠시 멈춤을 선언해야 한다. 물리적인 시간을 확보하지 않으면 피드백은 결코 흐르지 않는다. 멈춰 선 리더는 지시하는 대신 질문해야 한다. "우리의 지난 3개월은 어땠습니까? 서로가 어떤 피드백을 주고받아야 이 경험이 1년 뒤 후배들에게 가이드가 될 수 있을까요?" 팀원들은 달리는 동안에는 풍경을 보지 못한다. 리더가 멈춰 세우고 질문을 던질 때 비로소 그들은 타성에 젖은 달리기를 멈추고 서로를 바라보며 경험을 해석하기 시작한다. 리더가 확보해 준 침묵과 여백의 시간, 바로 그곳이 피드백이 흐르는 유일한 통로다. 성장은 달리는 중이 아니라 멈춰 서서 숨을 고를 때 일어난다.

그렇다면 리더는 어떻게 멈춤의 시간을 만들 수 있을까?

첫 번째는 공식 폐막식 Official Closing**의 선포다.** 많은 팀이 프로젝트의 시작은 성대하게 하면서 끝은 흐지부지 넘긴다. 리더는 프로젝트 종료일을 보고서 제출일이 아니라 팀 회고일로 못 박아야 한다. 업무 시간 중 최소 2시간을 불가침 영역으로 블로킹하고 이 시간에는 회의나 외근을 금지시킨다. 공식적인 폐막식 없이는 새로운 시작도 없다.

두 번째는 피트 스톱 Pit Stop**규칙의 적용이다.** F1 레이싱이나 사이클 경기에서 선수가 멈추는 것은 포기가 아니라 정비를 위해서다. 리더는 팀원들에게 명확히 선언해야 한다. "우리가 지금 멈추는 것은 쉬기 위함이 아니라 타이어를 갈아 끼우고 다음 바퀴를 더 빨리 돌기 위함이다." 멈춤에 대한 죄책감을 없애주는 것, 그것이 리더가 해야 할 심리적 방어막이다.

둘째, 회고가 자산으로 남았는지를 평가한다

왜 많은 팀원이 회고나 문서화를 귀찮은 부가 업무로 여길까? 이유는 간단하다. 리더가 결과물인 매출이나 납기 준수 여부만 평가하기 때문이다. 리더는 성공의 정의를 재설계해야 한다.

이제부터는 성공적인 결과뿐만 아니라 그 과정에 대한 회고가 얼마나 충실히 기록되었는지를 평가의 핵심 척도로 삼아야 한다. 심지어 프로젝트가 처참하게 실패했더라도 그 실패의 원인을 냉철한 피드백으로 남겨 실패 분석 보고서를 작성했다면, 운 좋게 성공하고 아무런 기록도 남기지 않은 프로젝트보다 더 높게 평가해야 한다. 리더가 "우리 팀에서는 실패는 용서받을 수 있어도 회고를 남기지 않아 배움을 증발시키는 것은 용서받을 수 없다"는 강력한 시그널을 보낼 때 팀원들은 비로소 기록하기 시작한다. 기록을 칭찬하지 말고 회고가 자산화된 상태를 승인하라.

그렇다면 리더는 어떻게 피드백을 자산으로 만들 수 있을까?

첫 번째는 게이트 키퍼Gatekeeper의 역할 수행이다. 리더는 결재 버튼을 누르기 전 문지기가 되어야 한다. 완료 보고서의 맨 마지막 장에 배운 점Lesson Learned과 다음 행동Next Action이 구체적으로 적혀 있지 않다면 성과가 아무리 좋아도 반려할 수 있음을 미리 선포해 두는 방식이다. "숫자는 좋지만 자산이 없으므로 승인할 수 없다"는 피드백을 한 번만 주면 팀원들은 그다음부터 무섭게 기록하기 시작한다.

두 번째는 드래프팅Drafting 전략의 활용이다. 사이클 펠로톤에서 앞 선수가 바람을 막아주어 뒤 선수의 체력을 아껴주는 것을 드래프팅이라 한다. 팀원들이 실패 기록을 두려워한다면 리더가 먼저 바람을 막아야 한다. 리더 자신의 과거 실패 사례 혹은 이번 프로젝트에서 리더가 잘못 판단했던 부분을 가장 먼저 실패 이력서로 써서 공개하

라. "나도 이렇게 틀렸다. 그러니 너희도 숨기지 말고 적어라." 리더의 솔직함이 팀원들의 두려움을 상쇄시키는 가장 강력한 바람막이다.

셋째, 과거의 피드백을 소환하여 연결한다

많은 리더가 새로운 업무를 지시할 때 "이번에도 잘해봅시다", "열심히 해봐" 같은 추상적인 격려만 던진다. 이것은 리더의 직무 유기다. 리더는 조직의 기억을 끊임없이 현재로 불러내어 재사용하도록 강제하는 기억 관리자가 되어야 한다.

새로운 과업을 시작하는 킥오프Kick-off 미팅에서 리더는 반드시 과거의 피드백 데이터를 소환해야 한다. "지난번 A 프로젝트 회고 때 디자인팀과의 소통 지연이 문제라는 피드백이 있었죠? 이번 B 프로젝트의 타임라인에는 그 피드백을 반영해서 커뮤니케이션 기간을 어떻게 조정했죠?" 리더가 이렇게 구체적으로 과거의 피드백을 언급하며 묻는 순간 팀원은 깨닫는다. "아, 우리 팀에서는 피드백이 그냥 사라지는 게 아니구나. 내가 지난번에 말한 피드백이 이번 일에 반영되는구나." 이 질문 하나가 팀원들로 하여금 과거의 문서함을 뒤지게 만들고 죽어있던 피드백을 현재의 업무와 연결하게 만든다. 과거와 현재를 피드백으로 연결해 주는 것, 그것이 리더가 해야 할 최고의 코칭이다.

그렇다면 리더는 어떻게 과거의 피드백을 현재로 불러올 수 있을까?

첫 번째는 참조Reference의 의무화 선언이다. 새로운 기획서를 가져온 팀원에게 묻지 말고 기획서 양식 자체를 바꿔라. 기획서 첫 페이지에 [참조한 과거 프로젝트 / 반영한 피드백] 항목을 신설하고 이 칸이 비어 있으면 기획 회의를 시작하지 않는 원칙을 세워라. "맨땅에 헤딩하지 마라. 우리에게는 이미 지도가 있다"는 사실을 시스템으로 인지시키는 것이다. 제도나 시스템을 문화로 정착시키기 위해서는 다소 무리해 보이더라도 시행 초기에 강력한 조치를 취하는 것이 효과적이다.

두 번째는 보급 가방Musette Bag의 전달이다. 투르 드 프랑스에서 코치들은 선수들이 달리는 도중에 식량이 든 보급 가방을 건넨다. 리더는 신규 프로젝트를 맡은 팀원에게 단순히 "잘해봐"라고 말하는 대신 과거 유사 프로젝트의 회고 문서 링크나 관련 담당자의 연락처를 정리해서 지식의 보급 가방으로 건네야 한다. "이게 자네가 이번 레이스를 완주하는 데 필요한 연료가 될 걸세." 이 작은 행동이 팀원을 고립된 개인이 아닌 역사가 있는 팀의 일원으로 느끼게 한다.

3. 경험을 내 것으로 만드는 플레이어의 실천 행동

성장이란 흘러간 땀방울(경험)을 미래의 연료(자산)로 바꾸는 연금술이다. 리더가 피드백이 흐르는 수로를 팠다 해도 그 위에서 물을 길어 올리고 전기를 만들어내는 것은 결국 플레이어의 몫이다. 시스템이 아무리 좋아도 그 안에서 뛰는 선수가 움직이지 않으면 팀은 성장하지 않는다. 구성원은 시키는 일만 기계적으로 처리하는 수행자Doer가 아니라 경험을 피드백하여 실력으로 만드는 학습하는 프로Professional로 스스로를 재정의해야 한다.

성장의 페달을 밟는 플레이어는 어떻게 일하는가? 플레이어의 성장은 세 가지 차원에서 일어난다. 먼저 자기 자신의 실력을 키우는 차원이다. 그냥 열심히 하는 것이 아니라 실패와 불편함을 직시하며 배움을 축적해야 한다. 다음은 팀 전체의 속도를 높이는 차원이다. 혼자 앞서가는 대신 동료들이 더 빨리 달릴 수 있도록 길을 열어주어야 한다. 마지막은 동료 개인의 성장에 기여하는 차원이다. 나 혼자 높이 오르는 것이 아니라 동료가 올라설 수 있는 디딤돌이 되어야 한다. 각 차원에서 두 가지씩 현장에서 즉시 실천할 수 있는 6가지 핵심 행동을 제안한다.

1st Gear. 솔로라이딩_나를 위한 성장

: 그냥 열심히 하지 않는다. 불편함을 견디며 나만의 오답 노트를 만든다.

성장은 누가 대신해줄 수 없다. 아무리 좋은 팀에 속해 있어도 내가 페달을 밟지 않으면 나는 제자리다. 펠로톤에서 팀의 도움을 받아 체력을 아끼는 것과 아예 페달을 밟지 않는 것은 다르다. 결국 결승선을 통과하는 것은 내 두 다리다. 성장의 출발점은 언제나 나 자신이다. 어제와 똑같이 일하면서 내일 다른 결과를 기대하는 것은 망상이다. 스스로를 밀어붙이고 그 과정에서 무엇이 달라졌는지 직시하는 사람만이 어제보다 강한 선수가 된다.

❶ 핵심 행동 1. 익숙함을 버리고 불편함을 즐긴다

성장은 편안한 상태Comfort Zone에서는 절대 일어나지 않는다. 헬스장에서 가벼운 무게만 들면 근육이 생기지 않듯 업무에서도 익숙한 방식만 고집하면 실력은 제자리걸음이다. 근육이 찢어지는 고통 후에 초과 보상Super compensation으로 단단해지듯 업무에서 느껴지는 막막함과 불편함은 곧 성장의 신호다.

많은 직장인이 "하던 대로 하면 편한데 왜 굳이?"라고 반문한다. 하지만 10년 경력과 1년 경력을 10번 반복한 것의 차이는 바로 이 지점에서 갈린다. 엑셀 수작업이 편하다고 해서 AI 자동화를 배우지 않는다면 1년 뒤 당신은 여전히 야근하고 있을 것이다. 애덤 그랜트가 말했듯 익숙한 방식을 버리고 낯선 시도를 할 때 느껴지는 불편함을 기꺼이 감수해야 한다. "이거 좀 어려운데? 머리가 아픈데?"라는 생각이 든다면 기뻐하라. 지금 당신의 뇌와 역량은 확장되고 있는 중이다. 그 불편함이 당신을 아마추어에서 프로로 만든다.

그렇다면 어떻게 불편함을 일상에 들일 수 있을까?

첫 번째는 10%의 룰(10% Rule)을 적용하는 것이다. 하던 업무를 100% 다 바꾸라는 것이 아니다. 매일 반복하는 루틴 업무 중 딱 10%만 새로운 방식을 시도해 본다. 예를 들어 늘 쓰던 메일 양식을 바꿔보거나 회의록을 새로운 툴로 정리해 보는 것이다. 펠로톤 선수들이 평지 훈련 중에 일부러 언덕 코스를 섞는 것처럼 익숙함 속에 의도적인 불편함을 한 스푼 섞는 것이 성장의 시작이다.

두 번째는 타임 어택 Time Attack **게임을 하는 것이다.** 평소 1시간 걸리던 업무에 스스로 40분의 제한 시간을 걸어본다. 시간이 줄어들면 뇌는 불편함을 느끼고 기존의 비효율적인 방식을 버리고 더 빠른 길Shortcut을 찾기 위해 필사적으로 움직인다. 이 압박감이 당신의 업무 근육을 펌핑시킨다.

❷ 핵심 행동 2. 야근 5시간 대신, 회고 5분으로 승부한다

"오늘도 열심히 일했어." 많은 이들이 퇴근길에 이렇게 자위한다. 하지만 냉정해져야 한다. 무작정 야근하며 몸을 혹사하는 것은 성장이 아니라 소진Burnout이다. 진짜 성장은 일한 시간이 아니라 성찰한 시간에 비례한다.

바쁘다는 핑계로 앞만 보고 달리면 구멍 난 독에 물 붓기다. 똑같은 실수를 반복하며 야근하는 것은 회사의 전기세를 낭비하는 일일 뿐이다. 퇴근하기 전 딱 5분만 나 자신에게 피드백을 던져보자. "오늘 내가 한 일 중 다음에 더 잘할 수 있는 것은 무엇이지?" "오늘 회의에서 내 설득이 실패한 이유는 무엇일까?" 이 짧은 셀프 피드백이 쌓이면 나만의 공략집이 된다. 10년 차 선배가 신입보다 일 처리가 빠른 이유는 손이 빨라서가 아니다. 수많은 회고를 통해 안 되는 길을 미리 알고 피하기 때문이다. 몸으로 때우지 마라. 회고로 때워라. 그것이 나를 지키고 몸값을 올리는 가장 확실한 투자다.

그렇다면 어떻게 회고를 습관으로 만들 수 있을까?

첫 번째는 TIL Today I Learned **태깅이다.** 거창한 일기를 쓸 필요 없다. 퇴근 직전 다이어리나 업무 툴 한구석에 #TIL이라는 태그를 달고 딱 한 줄만 적는다. "A업체 담당자는 오전에 연락하는 게 좋다", "PPT 장표는 3장을 넘기면 지루해한다." 이 한 줄의 데이터가 모여 당신만의 빅데이터가 된다.

두 번째는 캘린더 블로킹 Calendar Blocking**이다.** 회고는 시간이 남을 때 하는 게 아니라 시간을 내서 하는 것이다. 일정표에 나와의 회고 미팅을 고정 일정으로 박아두라. 사이클 선수가 주행 후 반드시 데이터를 분석하듯 이 시간만큼은 그 누구의 방해도 받지 않고 온전히 나의 한 주를 복기한다.

2nd Gear. 팀플레이_팀을 위한 우선순위

: 나 혼자 빨리 가지 않는다. 팀을 위해 기꺼이 바람막이가 된다.

팀이 이겨야 나도 이긴다. 이것은 도덕 교과서의 공자님 말씀이 아니다. 냉혹한 비즈니스 현장의 생존 법칙이다. 펠로톤에서 혼자 뛰어나간 선수는 공기 저항을 온몸으로 맞다 결국 뒤처지지만 팀 대형 속에서 달린 선수는 체력을 아껴 결승선을 통과한다. 많은 이들이 내 성장을 위해 팀의 잡무를 피하려 한다. 하지만 명심하라. 망해가는 팀의 에이스가 되는 것보다 승리하는 팀의 일원이 되는 것이 당신의 커리어에 훨씬 강력한 타이틀을 남긴다. 개인의 편의보다 팀의 승리를 우선순위에 두는 것, 그것이 가장 똑똑한 이기주의다.

❸ 핵심 행동 3. 팀의 바람막이를 자처한다

업무를 하다 보면 필연적으로 회색 지대Gray Zone가 발생한다. 기획팀 일인지 개발팀 일인지 모호한 업무, 탕비실 정리처럼 누군가는 해야 하지만 아무도 R&R에 적혀 있지 않은 일들이다. 이때 "그건 제 일이 아닌데요"라고 선을 긋는 사람은 영원히 1인분짜리 선수다. 진짜 프로는 팀의 속도가 떨어질 것 같으면 기꺼이 그 회색 지대로 뛰어든다. 펠로톤의 선두 선수가 맞바람을 막아주어 뒷사람의 체력을 아껴주듯 "이건 제가 처리하고 넘어가겠습니다"라고 말하며 궂은일을 자처하라. 일시적 희생이 팀 전체의 병목을 뚫어주고 결국 팀이 목표를 달성했을 때 당신은 대체 불가능한 선수로 인정받게 된다. 팀을 위한 헌신이 쌓여 당신의 평판이 된다.

그렇다면 어떻게 팀의 바람막이가 될 수 있을까?

첫 번째는 땅에 떨어진 공 줍기다. 회의 중 "이거 누가 알아볼까요?"라는 질문에 정적이 흐를 때가 있다. 서로 눈치만 보는 그 3초의 침묵이 팀의 에너지를 갉아먹는다. 이때 가장 먼저 손을 들어라. "제가 간단히 확인해서 공유하겠습니다." 모호한 일을 내 것으로 가져와 해결하는 그 순간 당신은 팀의 주도권을 쥔 리더십을 발휘하는 것이다.

두 번째는 골키퍼 선언이다. 팀이 외부의 공격을 받을 때 "그건 김 대리 잘못인데요"라고 내부에 총질하지 마라. "제가 확인하고 팀 차원에서 답변드리겠습니다"라고 방어하라. 외부의 비바람을 막아주는 당신의 단단한 태도가 팀원들에게 심리적 안전감을 선물한다.

❹ 핵심 행동 4. 튀어나가지 않는다, 맞춰 달린다

능력 있는 팀원들이 흔히 저지르는 실수가 있다. 답답하다는 이유로 팀의 합의를 무시하고 혼자 앞서나가는 것이다. "팀장님 컨펌 기다리다 늦을 것 같아서 제가 먼저 처리했습니다." 이것은 실행력이 아니라 돌출 행동이다. 펠로톤에서 대형을 무너뜨리는 독단적 질주는 팀 전체의 낙차 사고를 유발한다. 아무리 당신의 방법이 효율적이라도 팀의 프로세스와 약속을 따르라. 만약 팀의 방식이 비효율적이라면 혼자 튀어나가는 대신 팀을 멈춰 세우고 다 같이 방향을 틀도록 설득해야 한다. 나 혼자 빨리 가는 것보다 우리 다 같이 도착하는 것이 훨씬 어렵고 가치 있는 일이다. 나의 속도를 팀의 속도에 동기화시키는 것, 그것이 팀 플레이어의 기본 자질이다.

그렇다면 어떻게 나의 속도를 팀에 맞출 수 있을까?

첫 번째는 불일치하고 헌신하기다. 아마존의 원칙이기도 하다. 의사결정 과정에서는 치열하게 반대하라. 하지만 일단 팀이 A안으로 가기로 결정했다면 설령 내 의견이 B안이었더라도 A안이 성공하도록 내 모든 역량을 쏟아부어야 한다. 회의실 문을 나서는 순간 "나는 반대했어"라는 핑계는 버리고 팀의 결정에 100% 헌신하는 태도가 필요하다.

두 번째는 수신호를 보내는 것이다. 펠로톤에서 앞서가는 선수는 도로에 구멍이 있으면 즉시 수신호를 보내 뒤따르는 동료들이 피할 수 있게 해준다. 업무에서도 마찬가지다. 내가 겪은 시행착오를 메신저의 전체 채널에 [실패 공유]라는 말머리를 달아 올려라. 당신의 수신호 하나가 팀원 전체의 낙차 사고를 막는다.

세 번째는 오버 커뮤니케이션이다. 팀워크가 깨지는 원인의 90%는 "다 알 줄 알았다"는 착각에서 온다. 펠로톤 선수들이 주행 내내 끊임없이 소리를 지르며 신호를 주고받듯 나의 상태를 과할 정도로 공유하라. "지금 A작업 80% 진행됐고 30분 뒤 B작업 넘어갑니다." 나의 위치를 알리는 이 신호들이 동료들이 안심하고 달릴 수 있게 만드는 내비게이션이 된다.

3rd Gear. 어시스트_동료를 위한 기여

: 나 혼자 크지 않는다. 동료의 발판이 되어 함께 오른다.

펠로톤에서 진짜 강한 팀은 에이스 한 명이 아니라 서로를 끌어주는 선수들로 이루어진다. 혼자 빛나는 선수는 많다. 하지만 동료를 빛나게 만드는 선수는 드물다. 조직도 마찬가지다. 동료가 성장하면 팀이 강해지고 팀이 강해지면 내 성과도 올라간다. 동료를 경쟁자로 보는 순간 당신은 혼자가 된다. 동료를 함께 달리는 팀원으로 볼 때 당신은 대체 불가능한 존재가 된다.

❺ 핵심 행동 5. 정답 대신 발판을 놓는다

건물을 지을 때 인부들이 높은 곳으로 올라갈 수 있도록 돕는 임시 구조물을 비계Scaffolding라고 한다. 당신은 동료의 성장을 돕는 발판이 되어야 한다. 동료가 문제에 부딪혀 도움을 요청할 때 단순히 내 일을 뽐내듯 정답만 던져주거나 반대로 "그건 내 알 바 아니다"라며 외면하는 것은 하수다.

고수는 질문을 던진다. "이 문제의 핵심이 뭐라고 생각하세요?" "어떤 시도를 먼저 해보셨나요?" 그가 스스로 생각하고 답을 찾을 수 있도록 생각의 발판을 놓아주는 것이다. 그리고 그가 두려움 없이 시도할 수 있도록 "내가 뒤에 있으니 걱정 말고 해봐"라고 지지해 준다. 동료가 당신이라는 발판을 딛고 자신의 한계를 뛰어넘을 때 당신의 리더십 근육도 함께 자란다. 타인을 성장시키는 경험이야말로 훗날 리더가 되었을 때 가장 큰 무기가 된다.

그렇다면 어떻게 동료의 발판이 될 수 있을까?

첫 번째는 정답에 딸린 지도Source를 공유한다. 동료가 막혔을 때 "이리 줘 봐, 내가 해줄게"라며 일을 가져가거나 정답만 바로 알려 주기보다는 내가 참고했던 매뉴얼의 링크, 과거 유사했던 프로젝트의 폴더 경로, 혹은 도움이 될 만한 검색 키워드를 같이 건네줘라.

"나도 예전에 비슷한 문제를 겪었는데 이 문서를 보고 해결했어"라고 말하며 소스를 공유하는 것이다. 이것은 동료를 가르치는 것이 아니라 동료가 스스로 길을 찾을 수 있도록 내비게이션을 켜주는 존중의 태도다.

두 번째는 리드 아웃 Lead-out **역할을 자처한다.** 사이클 경기에서 결승선 직전까지 전력을 다해 팀의 에이스를 끌어주고 빠지는 선수를 리드 아웃 맨이라 한다. 동료가 성과를 낼 수 있도록 결정적인 자료를 찾아주거나 초반의 난관을 함께 해결해 주어라. 동료가 스포트라이트를 받도록 돕는 것, 그것이 진짜 실력자의 여유다.

❻ 핵심 행동 6. 팀의 온도를 1도 올린다

조직에는 두 종류의 사람이 있다. 만나면 기운이 빠지는 사람De-energizer과 잠깐 이야기만 나눠도 "다시 해볼 힘이 난다"는 느낌을 주는 사람Energizer. 번영하는 팀에는 반드시 서로의 활력을 북돋우는 에너지의 전이가 일어난다.

일 잘하는 프로는 태도도 프로다. 그들은 습관적인 냉소나 불평으로 팀의 분위기를 흐리지 않는다. 대신 업무적인 도움뿐만 아니라 정서적인 활력을 나눈다. 동료의 작은 성취를 진심으로 축하해주고 실수를 한 동료에게는 비난 대신 "그럴 수 있어, 여기서 뭘 배웠는지 찾아보자"며 관점을 바꿔준다. 당신이 팀에 존재하는 것만으로도 팀의 온도가 1도 올라가는가? 함께 일하고 싶은 동료가 되는 것, 그것이 당신이 팀에 할 수 있는 가장 위대한 기여다.

그렇다면 어떻게 팀의 에너지를 높이는 사람이 될 수 있을까?

첫 번째는 구체적인 칭찬을 건넨다. 막연히 "수고했어"라고 하지 마라. "아까 회의 때 그 데이터로 반박한 논리가 정말 좋았어"라고 구체적으로 짚어줘라. 구체적인 피드백은 동료의 자존감을 배터리처럼 충전시킨다.

두 번째는 3-Ping Rule을 지킨다. 같은 주제로 메신저가 3번 이상 오가는데 결론이 안 나거나 감정이 상하는 기류가 보이면 무조건 멈추고 전화를 걸거나 찾아간다. 텍스트로 1시간 걸릴 논쟁이 만나서 이야기하면 5분 만에 풀리는 마법을 경험할 것이다.

세 번째는 도메스티크 Domestique**의 물통을 건네는 것이다.** 펠로톤의 도움선수인 도메스티크는 팀원을 위해 물통을 나른다. 동료가 힘들어할 때 업무와 상관없는 커피 한 잔, 초콜릿 하나를 건네며 "잠깐 쉬었다 해요"라고 말해줘라. 그 사소한 챙김이 지친 동료를 다시 페달 밟게 만든다.

다음 펠로톤을 위하여

많은 조직이 성장이라고 쓰고 성과를 말한다. 숫자가 커지면 성장했다고 박수치고 숫자가 작아지면 실패했다고 고개를 숙인다. 단단한 팀에게 성장이란 다른 개념이다. 과거의 경험이라는 원석을 갈고 닦아 미래의 가치라는 보석으로 바꾸는 연금술이다.

투르 드 프랑스의 펠로톤은 결승선을 통과했다고 해서 레이스를 잊지 않는다. 알프스에서 찢어질 듯했던 근육통, 피레네의 비바람 속에서 흐트러졌던 대형, 0.1초 차이로 놓친 보급품의 아쉬움. 이 모든 고통의 순간들을 데이터로 수집하고 근육 속에 저장한다. 그리하여 내년의 펠로톤은 올해보다 더 적은 힘으로 더 빠르게 달린다. 이것이 바로 성장이다. 성장은 어떤 천재 리더가 마법의 지팡이를 휘둘러서 일어나지 않는다. 매일 쏟아지는 업무 경험들을 그냥 하수구로 흘려보내지 않는 끈기에서 온다. 리더가 피드백이 흐르는 수로를 설계하고 구성원이 그 위에서 서로의 경험을 바람막이 삼아 함께 달릴 때 팀은 비로소 단단해진다.

단단한 팀은 결코 실패하지 않는 팀이 아니다. 같은 이유로 두 번 실패하지 않는 팀이다. 어제 흘린 땀을 오늘의 기록으로 남기고 오늘 겪은 실패를 내일의 전략으로 바꾼다. 시간이 흐를수록 노화되는 것이 아니라 더 정교해지고 더 강인해진다. 이제 다시 페달을 밟을 시간이다. 당신의 팀은 성장하고 있는가?

Part 07

괜찮은 팀을 넘어
단단한 팀으로

윌리엄 골딩의 『파리대왕』Lord of the Flies을 팀 이야기로 해석해 보고자 한다. 비행기 사고로 남태평양의 무인도에 표류하게 된 아이들은 흩어지지 않는다. 모두가 살아남기 위해 각자의 몫을 한다. 겉으로 보면 이들은 이미 괜찮은 팀이다. 최소한 실패할 이유는 없어 보였다. 이 팀이 무너지는 데에는 특별한 사건이 필요하지 않았다. 폭력은 결과였지 원인이 아니었다. 구조를 요청하기 위한 봉화 불이 꺼졌다는 사실보다 더 중요한 것은 언제부터 아무도 불을 바라보지 않게 되었는가였다. 대부분의 팀도 비슷하다. 잘 굴러가고 있을 때 가장 많은 것을 놓친다. 역할도 분명하고 성과도 나오니 굳이 묻지 않는다. 지금의 방식이 여전히 맞는지 이 강점이 계속 팀을 앞으로 밀고 있는지에 대해서는 생각하지 않는다. 괜찮아 보이는 팀이 스스로를 점검하지 않으면, 단단해졌다고 믿는 바로 그 순간부터 흔들릴 수 있다.

단단한 팀이 되려면 기준을 다시 세울 필요가 있다. 각 요소들이 정말 궁극의 수준에 와 있는지를 물어야 한다. CH1에서는 요소별 핵심 척도를 제시하며, 그 기준에 리트머스를 대어보게 한다. 겉으로 괜찮아 보이는 상태가 아니라, 실제로 통과할 수 있는 수준인지를 점검하는 과정이다. 팀은 그 상태를 한 번 만들어내는 것으로 완성되지 않는다. 중요한 것은 어떻게 유지하느냐다. 단단한 팀은 한 번 잘해서 만들어지지 않는다. 지속적으로 점검하고 다듬으며, 필요할 때는 과감히 새로워질 수 있을 때만 유지된다. CH2에서는 이를 가능하게 하는 두 가지 엔진을 제시한다. 잘 돌아가는 팀 위에 장착해야 할 연마와 혁신의 이야기다. 괜찮은 팀을 넘어 단단한 팀으로 간다는 것은 더 잘하겠다는 선언이 아니다. 잘되고 있을 때 멈춰 서서 다시 불을 바라보겠다는 선택에 가깝다. 이 파트는 그 선택을 요구한다. 그리고 지금, 그 선택을 할 준비가 되었는지를 묻는 마지막 문턱이다.

『파리대왕』을 처음 접하는 이들을 위한 줄거리 소개

어느날 비행기 사고로 어른 없이 소년들만 섬에 남고, 랠프가 대장으로 선출되며 소라를 불어 회의를 소집한다. 소년들은 랠프를 리더로 선출하고 소라로 발언권을 정해 질서를 세우며, 구조 신호용 불을 피우려 한다. 잭은 사냥과 힘을 중시하며 무리를 갈라 폭력과 야만적 지배 체계를 만들고, 얼굴에 페인트를 칠한 채 춤과 축제로 공포를 부추긴다. '짐승'의 공포가 퍼지고, 시몬은 그것이 죽은 낙하산병의 시체임을 깨닫지만 잭 무리에게 살해된다. 잭 무리는 피기의 안경을 훔쳐 불을 장악하고, 랠프와의 다툼 끝에 피기가 바위에 맞아 죽게 된다. 잭 무리는 산에 불을 지르며 랠프를 사냥하고, 랠프는 해군 장교의 도착으로 구조된다. 이미 야만인 처럼 변한 소년들은 해군이 오자 문명 세계를 떠올리며 부끄러워하고 오열한다.

『파리대왕』은 비행기 추락으로 무인도에 고립된 소년들이 구조를 위해 규칙을 만들다 점차 분열과 폭력으로 파국에 이르는 이야기이다. '소라(소라껍데기)'와 '불(봉화)'이 문명의 상징이지만, 사냥과 공포가 이를 무너뜨리며 '괴물'의 실체가 내면의 악으로 드러나게 된다.

단단한 팀을 가려내는 리트머스

척도 1. 신뢰 : 믿기 때문에 우리는 서로를 검증할 수 있는가?

'파리대왕'에서 아이들이 가장 먼저 공유한 것은 규칙이 아니라 신뢰였다. 랠프가 조개껍질을 불었을 때 아이들은 그의 말을 따르기로 결정한다. 누가 시켜서가 아니다. 지금은 누군가를 믿는 편이 살아남는 데 유리하다고 느꼈기 때문이다. 리더를 뽑고, 회의를 열고, 역할을 나누는 과정은 그 신뢰 위에서 빠르게 진행된다. 이 신뢰는 팀을 안정시킨다. 서로의 의도를 의심하지 않아도 되고, 굳이 모든 선택을 설명하지 않아도 된다. 불을 맡은 아이가 책임을 다하고 있을 것이라 믿고, 사냥에 나선 아이들이 최선을 다하고 있을 것이라 전제한다. 이 단계의 신뢰는 분명 팀을 앞으로 밀어주는 힘이다. 여기까지 온 팀은 이미 괜찮은 팀이다.

균열은 신뢰가 충분하다고 느껴지는 순간부터 시작된다. 불이 꺼진 날, 잭은 일부러 불을 방치하지 않았다. 그는 사냥에 몰입하고 있었고 그 판단에는 나름의 이유가 있었다. 랠프 역시 그것을 안다. 그래서 더 이상 묻지 않는다. 의도를 믿는 신뢰가 행동을 검증하지 않는 신뢰로 바뀌는 순간이다. 이때 신뢰는 리트머스가 된다. 믿기 때문에 다시 묻는가, 아니면 믿는다는 이유로 묻지 않게 되는가. 단단한 팀은 상대가 감당할 수 있다고 믿기 때문에 언제라도 질문을 던질 수 있는 신뢰 관계를 전제로 한다. 단단한 팀의 신뢰는 침묵이 아니라 검증을 허용하는 상태다. 아이들의 팀은 그 선을 넘지 못했다. 관계를 해치지 않기 위해 말을 아끼는 선택이 반복되고 비판은 불필요한 마찰처럼 밀려난다. 신뢰는 여전히 존재하지만, 방향이 바뀐다. 팀을 앞으로 움직이던 힘에서 현 상태를 고정시키는 힘으로 변한다. 불을 지키던 손이 하나둘 놓이기 시작한 이유는 불신이 아니라, 맹목적 신뢰였다.

신뢰는 완성된 믿음의 증거이지만, 동시에 가장 위험한 아킬레스건이 될 수도 있다. 신뢰가 충분히 쌓였다고 느껴지는 지점에서도 질문으로 점검해야 한다. 맹목적 신뢰는 팀을 보호하지 않으며 가장 중요한 '질문'을 막는다. 믿기 때문에 다시 묻는가, 아니면 믿는다는 이유로 침묵하는가. 질문에 망설임이 생기게 된다면 신뢰는 이미 팀의 가장 약한 지점에 닿아 있는 것일 수도 있다.

척도 2. 소통 : 맥락은 공유하되 이해와 해석은 능동적인가?

'파리대왕'에서의 소통은 규칙과 제도를 만드는 것에서부터 시작된다. 아이들은 해변의 바위 주변에 원을 만들고 앉는다. 조개껍질을 쥔 아이만 말할 수 있다는 규칙이 정해진다. 랠프는 이 규칙을 문명의 증거처럼 제시한다. 소리를 지르지 않고, 차례를 기다리고, 말을 끊지 않는 방식. 이 구조 덕분에 초반의 회의는 놀라울 만큼 차분하다. 초기의 소통에는 차이가 있다. 피기는 불과 구조 신호의 중요성을 강조하고, 다른 아이들은 물과 쉼터를 이야기한다. 잭은 사냥을 말한다. 관점은 다르지만 맥락은 공유된다. 모두가 살아남아야 한다는 전제가 분명하기 때문이다. 이 단계의 소통은 건강하다. 각자의 해석이 드러나고 그 차이를 통과해 결정이 만들어진다. 그러나, 시간이 흐르면서 차차 회의 분위기는 달라진다. 조개껍질은 여전히 발언권의 상징으로 남아 있지만 그것을 쥔 손은 점점 줄어든다. 랠프의 설명은 길어지고, 잭의 발언은 단호해진다. 무엇을 왜 해야 하는지에 대한 맥락은 충분히 공유되지만 문제는 그 다음이다. 아이들은 더 이상 자신의 해석을 덧붙이지 않는다. 설명을 이해하는 것으로 역할을 다했다고 느낀다.

소통의 아킬레스건은 이 지점에서 드러난다. 소통이 독점되고 맥락이 기호화되면 효율은 높아지지만 사고가 멈춘다. 누군가가 대신 정리해주고, 대신 판단해주고, 대신 방향을 제시한다. 질문은 이해 부족의 표시처럼 느껴지고, 다른 해석은 흐름을 방해하는 말이 된다. 회의는 계속되지만 생각은 확장되지 않는다. 어느 순간부터 조개껍질은 말할 권리를 상징하지 않는다. 이미 정해진 방향에 동의했음을 확인하는 도구에 가깝다. 소통은 매끄럽고 전달은 정확하다. 다만 그 안에서 새로운 관점은 거의 나오지 않는다. 아이들은 그저 말을 듣고 고개를 끄덕이며 회의는 끝난다. 결정은 빠르지만, 판단은 한쪽으로 기운다.

단단한 팀의 소통은 여기서 갈린다. 맥락이 공유된 뒤, 생각이 다시 흩어지는가. 설명이 끝난 뒤, 각자의 해석이 다시 올라오는가. 소통은 이해를 만드는 과정이 아니라 사고를 확장하는 과정이어야 한다. 아이들의 팀은 그 선을 넘지 못했다. 말하는 구조는 남았지만 생각하는 구조는 사라진다. 파리대왕의 소통은 사고를 돕지 못하고, 오히려 다른 사고를 대신한다. 조개껍질은 문명의 상징으로 남지만, 그 안에서 팀의 판단은 점점 얇아졌다.

척도 3. 협업 : 일은 나뉘어도 책임은 하나로 이어지는가?

'파리대왕'에서 협업은 가장 먼저 질서를 갖추게 된 영역이다. 해변과 숲이 나뉘고, 역할도 분명해진다. 잭은 사냥을 이끌고, 랠프는 불과 회의를 책임진다. 누가 무엇을 하는지는 명확하고, 서로의 영역은 존중된다. 이 분리는 효율을 만든다. 각자는 자기 몫에 집중할 수 있고 팀은 빠르게 안정된다. 초기의 협업은 이상적이다. 사냥은 식량을 가져오고, 불은 구조 신호를 만든다. 두 일은 서로 다르지만 목적은 하나다. 살아남는 것. 이때 아이들은 협업이 잘되고 있다고 느낀다. 실제로 각자의 역할은 성실하게 수행되고 눈에 띄는 실패도 없다.

균열은 역할이 만나는 틈새에서 생긴다. 사냥이 길어질수록 숲의 시간은 늘어나고, 해변의 일은 조용해진다. 잭은 자신의 역할을 완벽히 수행하고 있다. 그는 고기를 가져오고, 팀을 이끌고, 성과를 만든다. 그래서 불이 꺼졌다는 사실은 자신의 책임처럼 느껴지지 않는다. 불을 맡은 쪽의 문제라고 생각한다. 이 순간 협업은 분업으로 축소된다. 각자의 일은 완벽하지만, 그 일이 서로 어떻게 이어지는지는 더 이상 중요하지 않다. 사냥은 성공했지만, 그 성공이 구조 신호와 연결되는지는 점검되지 않는다. 누구도 일을 소홀히 하지 않았지만, 아무도 전체를 끝까지 책임지지 않는다.

협업의 아킬레스건은 바로 여기다. 역할이 분명해질수록, 사람들의 책임은 분산된다. 문제는 언제나 경계 너머에서 발생한다. 내 일은 잘 끝났고, 문제는 다른 쪽에서 생겼다는 말이 자연스럽게 나온다. 협업은 유지되지만, 공동의 전체 최적화 능력은 사라진다.

단단한 팀의 협업은 다르다. 역할은 나뉘어도, 문제 앞에서는 경계가 흐려진다. 내 일의 끝이 곧 동료의 시작이라는 감각이 살아 있다. 위기 상황에서는 역할보다 목적이 먼저 작동하고, 책임은 다시 하나로 모인다. 아이들의 팀은 그 지점에 이르지 못했다. 분업은 유지됐지만 연결은 복구되지 않았다. 각자의 완벽함이 모여도 전체를 지키지 못한다. 협업은 효율로 남고, 팀은 그 틈에서 조용히 갈라진다.

척도 4. 몰입 : 속도를 내면서도 멈춰야 할 타이밍을 아는가?

'파리대왕'에서 몰입은 숲에서 시작된다. 해변보다 숲은 빠르고, 즉각적인 보상을 준다. 잭과 사냥꾼들은 점점 더 깊숙이 들어간다. 발자국을 쫓고, 숨을 죽이고, 돼지를 몰아붙이는 동안 아이들의 세계는 단순해진다. 지금 중요한 것은 단 하나다. 잡느냐, 놓치느냐. 이 순간의 몰입은 강렬하고, 성취는 분명하다. 사냥에 성공할수록 아이들은 확신을 얻는다. 우리는 제대로 하고 있다. 몸은 지쳐도 표정은 살아 있고, 결과는 눈앞에 있다. 불을 지키는 일은 그에 비해 느리고 조용하다. 연기는 바로 성과로 돌아오지 않는다. 숲에서의 몰입과 성취로 인해, 해변에서 불을 지키는 책임은 자연스럽게 우선순위에서 밀려나게 된다. 누구도 불을 무시하자고 말하지 않는다. 다만 지금은 사냥이 더 중요하다고 느낄 뿐이다.

이때 몰입은 팀의 기준을 바꾼다. 무엇이 중요한지가 아니라, 무엇이 더 흥분되는지가 판단을 이끈다. 숲에서의 속도에 익숙해질수록 멈추는 감각은 둔해진다. 잠깐 돌아가 불을 확인하자는 말은 흐름을 깨는 소리처럼 들린다. 실행이 계속되는 한 판단은 나중으로 미뤄진다.

몰입의 아킬레스건은 바로 이 지점이다. 아이들은 누구보다 진지하고, 누구보다 집중하고 있다. 하지만 그 몰입은 팀 전체를 향해 있지 않다. 사냥의 성공이 곧 팀의 성공처럼 느껴질 뿐 불이 꺼졌다는 사실은 뒤늦게서야 문제로 떠오른다.

단단한 팀의 몰입은 다르다. 속도는 높지만, 기준은 사라지지 않는다. 실행 중에 판단이 멈추지 않고, 성과 뒤에는 반드시 멈춤이 있다. 몰입은 방향을 더 또렷하게 만드는 도구여야 한다. 아이들의 팀은 그 선을 넘지 못했다. 숲에서는 점점 더 능숙해지지만, 해변은 점점 방치되고 있었다. 몰입은 강해졌지만 팀은 단단해지지 않는다. 속도는 남았지만 중요한 판단은 뒤처지게 되었다.

척도 5. 성장 : 이 팀의 경험은 다음을 더 나아지게 바꾸는가?

'파리대왕'에서 아이들은 많은 일을 겪는다. 비행기 추락 이후부터 구조되기까지, 그들은 분명 이전보다 더 많은 경험을 한다. 돼지를 잡는 법을 익히고, 불을 피우는 방법을 알고, 서로의 성향도 파악한다. 겉으로 보면 이들은 성장 중이다. 시간이 흐르면서 아이들은 점점 능숙해진다. 하지만 이 경험은 다음을 더 쉽게 만들지 않는다. 불이 꺼졌던 날의 원인은 정리되지 않고 그 이후에도 같은 상황은 반복된다. 누구도 왜 그 일이 벌어졌는지를 공동의 자산으로 남기지 않았다. 랠프는 다음 회의에서 다시 불의 중요성을 말하고 아이들은 다시 고개를 끄덕인다. 그러나 그 고개 끄덕임은 이전과 다르지 않다. 같은 말이 반복될 뿐 다음 선택은 여전히 어렵다. 판단은 업데이트되지 않는다.

잭의 사냥은 점점 더 정교해진다. 기술은 쌓인다. 그러나 그 기술은 개인의 숙련으로만 남는다. 사냥에서 얻은 배움은 팀의 방식으로 전환되지 않고 다음 번 선택을 더 낫게 만드는 기준으로 정리되지 않는다. 잘한 것은 기억 속에서 미화되고 실패한 것은 그날의 해프닝으로 흘려보내진다. 경험은 늘어나지만 축적은 일어나지 않는다. 이 팀에는 플레이북이 없다. 무엇을 반복해야 하고 무엇을 바꿔야 하는지에 대한 합의된 기준이 없다. 그래서 같은 문제가 다른 모습으로 계속 나타난다. 불은 다시 꺼지고 회의는 다시 열리며 모두는 또다시 처음인 것처럼 반응한다. 시간이 흘렀지만 다음은 여전히 어렵다. 팀의 지능은 자라지 않는다.

성장의 아킬레스건은 바로 여기다. 경험이 있었느냐가 아니라, 그 경험이 다음을 바꿨느냐이다. 단단한 팀은 시간을 통과하며 달라져야 한다. 이전의 선택이 다음 선택을 더 쉽게 만들고 같은 상황에서 더 나은 판단을 가능하게 해야 한다. 사람이 바뀌어도 판단은 이어진다. 그러나 이 아이들의 팀에서는 사람이 빠지면 경험도 함께 사라졌다. 성장은 있었지만 다음을 더 나아지게 만드는 자산으로 전환되지 않았다. 그래서 이들의 몰락은 갑작스럽지 않다. 충분히 많은 일을 겪고도 다음이 달라지지 않은 팀의 필연이다. 성장은 결과가 아니라 흔적이어야 한다. 다음을 바꾸지 못한 경험은 아무 일도 일어나지 않은 것과 다르지 않다.

아이들의 실패가 비극으로 완성되는 지점은 피기의 죽음과 함께 소라가 산산조각 나는 순간이다. 소라는 단순한 도구가 아니라 팀이 합의한 최소한의 시스템이자 대화의 프로토콜이었다. 성장을 통해 시스템을 업데이트하지 못한 팀은 위기 앞에서 시스템을 스스로 파괴한다. 단단한 팀은 문제가 생겼을 때 매뉴얼을 고치지만 무너지는 팀은 매뉴얼 자체를 부정한다. 소라가 깨졌다는 것은 이제 서로를 설득할 언어가 사라졌음을 의미하며 이는 팀이 더 이상 '팀'으로서 존재할 수 없는 최종적인 선언이다. 결국, 다음을 바꾸지 못한 경험은 팀을 지키던 마지막 방어선인 시스템마저 무용지물로 만든다.

팀의 미래를 비추는 잔혹한 거울 '파리대왕'

'파리대왕'의 핵심은 아이들이 악해졌다는 데 있지 않다. 소설이 집요하게 추적하는 것은 팀이 무너지는 과정 자체다. 질서가 사라져서 무너지는 게 아니었다. 질서가 형식만 남긴 채 의미를 잃어갈 때 무너진다. 신뢰와 규칙, 소통과 협업이 여전히 작동한다고 믿는 동안 그 기능이 조용히 변질되면서 무너진다.

그래서 이 이야기는 생존 소설이면서 동시에 조직과 팀의 이야기다. 잘 굴러가던 시스템이 어느 순간 통제력을 잃는 이유가 무엇인지 묻는다. 괜찮아 보이던 상태가 왜 가장 위험한 순간이 되는지를 끝까지 밀어붙여 보인다. 이 책이 지금까지 읽히는 이유도 거기에 있다. 이 이야기는 아이들의 과거가 아니라 우리가 속한 팀의 미래를 비추는 우화이기 때문이다. '파리대왕'의 아이들이 놓친 것은 단순히 꺼진 불씨만이 아니다. 그들은 잘되고 있을 때 스스로를 돌아보는 감각을 놓쳤다. 괜찮은 팀을 넘어 단단한 팀으로 가기 위해서는 단순히 열심히 달리는 것 이상의 '엔진'이 필요하다.

단단한 팀을 만드는 두 개의 엔진

1. 단단한 팀의 두 개의 엔진

스탠퍼드 경영대학원의 한 연구팀이 실리콘밸리 스타트업 200곳을 5년간 추적했다. 같은 해에 창업했고 비슷한 투자를 받았으며 유사한 시장에서 경쟁했다. 5년 후, 놀라운 일이 벌어졌다. 어떤 팀은 시장을 선도하고 있었고 어떤 팀은 여전히 제품 출시를 준비 중이었으며 어떤 팀은 이미 문을 닫았다. 연구팀은 실패한 팀의 CEO를 인터뷰했다. "우리가 뭘 잘못했을까요?" 그는 답했다. "솔직히 모르겠어요. 우리도 열심히 했는데." 차이는 열심히가 아니었다. 선도하는 팀은 두 개의 엔진을 동시에 돌리고 있었다. 하나는 지금 하는 일을 극한까지 끌어올리는 엔진이었고, 다른 하나는 아직 모르는 것을 찾아 나서는 엔진이었다. 첫 번째 엔진만 가동하는 팀은 완벽해지지만 경직됐다. 두 번째 엔진만 돌리는 팀은 역동적이지만 완성도가 떨어졌다. 하지만 두 엔진을 동시에 돌리는 팀은 달랐다. 그들은 단단하면서도 유연했고, 정교하면서도 민첩했다. 연구자들은 **이 두 엔진에 우리는 '연마'와 '진화'라는 이름을 붙였다.**

'연마'는 내부를 향한다. 지금 우리가 하는 일을 어떻게 더 잘할 수 있는가? 어제보다 오늘, 오늘보다 내일 더 정교하게 만들 수 있는가? 이 엔진이 작동하는 팀은 같은 일을 3개월 전보다 훨씬 더 잘한다. 실수가 반복되지 않는다. 피드백이 즉시 행동으로 전환된다. 개선이 누적된다. 반대로 이 엔진이 고장 난 팀은 같은 실수를 반복한다. 배운 것이 증발한다. 회의에서는 "다음엔 더 잘하자"고 말하지만, 3개월 후 거의 같은 자리에 있다.

'진화'는 외부를 향한다. 시장이 어떻게 변하고 있는가? 고객이 무엇을 새롭게 원하는가? 우리가 아직 시도하지 않은 것은 무엇인가? 이 엔진이 작동하는 팀은 변화를 남들보다 먼저 감지한다. 새로운 시도가 한 달에 2-3개씩 생긴다. 실험이 일상이다. 반대로 이 엔진이 고장 난 팀은 시장 변화에 둔감하다. "원래 하던 대로"가 입버릇이다. 어느 순간 뒤처져 있다는 걸 깨닫는다.

흥미로운 건 이 두 엔진의 조합이 네 가지 팀 유형을 만든다는 사실이다. 그리고 여기서 오해가 시작된다. 많은 사람들이 선도 팀만 좋은 팀이라고 생각한다. 하지만 그렇지 않다. 상황에 따라, 시기에 따라, 팀의 목표에 따라 필요한 엔진의 조합은 달라진다. 중요한 건 우리 팀이 지금 어디에 있고, 어디로 가야 하는지 아는 것이다. 당신 팀은 어디에 있는가? 고객 불만이 하나 들어왔다고 상상해보자.

'**정체 팀**'은 다음 주 회의 안건으로 올린다. 회의는 많은데 결정은 느리고 같은 문제가 반복되며 새로운 시도는 거의 없다. 이들은 연마도 약하고 진화도 약하다. 하지만 이들을 비난할 순 없다. 누구나 이 자리에서 시작한다. 중요한 건 여기 머물지 않는 것이다.

'**장인 팀**'은 고객 응대 매뉴얼을 더 정교하게 만들자고 말한다. 기존 업무는 완벽하다. 품질이 높고 실수가 적으며 전문성이 뛰어나다. 이들은 연마 엔진이 강하다. 그리고 이건 나쁜 게 아니다. 어떤 산업, 어떤 시기에는 장인의 태도가 필수다. 의료팀, 제조팀, 금융팀처럼 실수가 치명적인 곳에서는 연마가 생존이다. 문제는 시장이 급변할 때도 매뉴얼만 붙잡고 있을 때다.

'**혁신 팀**'은 아예 새로운 고객 소통 채널을 만들어볼까 고민한다. 아이디어가 넘치고 실험을 두려워하지 않으며 새로운 것에 빠르게 반응한다. 이들은 진화 엔진이 강하다. 스타트업 초기, 신사업 론칭, 위기 돌파 시에는 이런 팀이 필요하다. 완벽함보다 속도가, 매뉴얼보다 직관이 중요할 때가 있다. 문제는 10개를 시작해서 2개도 끝내지 못할 때다.

'**선도 팀**'은 48시간 내에 작은 개선 하나를 실행하면서 다음 스프린트 때 근본 원인을 실험한다. 내부는 정교하고 외부는 민첩하다.

기존 일은 계속 개선되면서도 새로운 실험을 멈추지 않는다. 이들은 두 엔진을 모두 돌린다. 대부분의 팀이 지향하는 곳이다. 하지만 여기 도달하는 건 쉽지 않다. 두 엔진은 서로 충돌하기 쉽다. "완벽하게 해야 해" vs "일단 해봐야 알지"의 긴장. 이 긴장을 견디고 균형 잡는 팀만이 선도 팀이 된다.

그렇다면 질문은 이것이다. 당신 팀은 지금 어떤 팀인가? 그리고 3개월 후에는 어떤 팀이어야 하는가? 정체 팀이라면 두 엔진 중 하나라도 먼저 점화해야 한다. 장인 팀이라면 완벽함의 안전지대에서 벗어나 작은 실험 하나를 시작할 때다. 혁신 팀이라면 아이디어를 완성으로 바꾸는 피드백 루틴이 필요하다. 선도 팀이라면 그 균형을 유지하면서 상황에 따라 엔진의 출력을 조절하는 게 과제다. 다음 장에서는 두 엔진을 구성하는 네 가지 요소와, 그것을 실제로 작동시키는 여덟 가지 구체적인 방법을 다룬다.

2. 단단한 팀의 4가지 핵심 부품

자동차 엔진을 본 적이 있는가? 겉으로 보면 하나의 덩어리지만, 열어보면 수백 개의 부품이 정교하게 맞물려 돌아간다. 피스톤, 크랭크샤프트, 밸브, 점화 플러그. 이 중 하나라도 빠지면 엔진은 작동하지 않는다. 단단한 팀의 엔진도 마찬가지다. 연마와 진화라는 두 엔진이 있다는 건 알았다. 하지만 그것만으로는 아무 일도 일어나지 않는다. 엔진에는 핵심 부품이 필요하다.

연마 엔진의 첫 번째 부품은 '감정적 단단함'이다. 이상하게 들릴 수 있다. 엔진과 감정이 무슨 상관인가? 하지만 생각해보라. 누군가 당신에게 "이 부분은 잘못됐어요"라고 말했을 때 당신의 첫 반응은 무엇인가? 방어하고 싶어진다. "그건 내 탓이 아니라..." 혹은 "상황을 모르시는데..." 이건 자연스러운 반응이다. 문제는 이 반응이 피드백을 막는다는 것이다. 팀이 감정적으로 단단하지 않으면 피드백은 공격으로 받아들여지고 불편한 대화는 회피되며 갈등은 숨겨진다. 그리고 연마 엔진은 그 자리에서 멈춘다. 감정적 단단함이 있는 팀은 다르다. 그들은 "이 부분은 잘못됐어요"라는 말을 듣고 "구체적으로 어떤 부분이죠? 어떻게 바꾸면 좋을까요?"라고 묻는다. 논쟁 후에 관계가 멀어지지 않고 오히려 가까워진다. 불편한 진실을 말하는 사람이 배신자가 아니라 팀의 자산이 된다. 이것은 타고나는 게 아니다. 연습하고 훈련하고 의도적으로 만들어가는 능력이다.

연마 엔진의 두 번째 부품은 '기술적 정교함'이다. 피드백을 받아들이는 것만으로는 충분하지 않다. 실제로 무언가 바뀌어야 한다. 여기서 많은 팀이 멈춘다. 회의실에서는 좋은 피드백이 오간다. 고개를 끄덕이고 "좋은 지적이네요"라고 말하고 열심히 메모한다. 그리고 일주일 후, 아무것도 바뀌지 않았다. 피드백은 공중에 증발했고, 팀은 여전히 같은 방식으로 일한다. 기술적 정교함은 피드백을 행동으로, 행동을 개선으로, 개선을 누적으로 바꾸는 능력이다. 어제 한 일을 오늘 조금 더 잘하고 지난 프로젝트에서 배운 것을 다음 프로젝트에 적용하며 3개월이 지나면 눈에 띄게 품질이 올라가 있는 루틴. 이것이 없으면 팀은 같은 자리를 맴돈다.

진화 엔진도 두 개의 부품으로 움직인다. 첫 번째는 '민첩한 대응'이다. 당신은 시장의 변화를 얼마나 빨리 감지하는가? 고객이 쓰는 단어가 3주 전과 달라졌을 때, 경쟁사가 새로운 기능을 출시했을 때, 업계에서 새로운 트렌드가 조용히 퍼지고 있을 때, 당신 팀은 그것을 며칠 만에 알아차리는가? 아니면 몇 달이 지나서야 "아, 그동안 시장이 이렇게 바뀌었구나"라고 깨닫는가? 민첩한 팀과 둔감한 팀의 차이는 IQ가 아니다. 레이더의 차이다. 민첩한 팀은 변화를 포착하는 안테나가 여러 개 있다. 누군가는 고객 언어를 듣고 누군가는 경쟁사를 관찰하며 누군가는 내부 신호를 감지한다. 그리고 이 신호들이 즉시 공유되고 48시간 안에 팀의 행동이 조정된다. 반면 둔감한 팀은 변화가 이미 쓰나미처럼 밀려왔을 때서야 "우리도 뭔가 해야 하는 거 아니야?"라고 말한다.

진화 엔진의 두 번째 부품은 '끊임없는 확장'이다. 변화를 감지하는 것과 변화 속으로 뛰어드는 것은 다르다. 많은 팀이 시장이 변하고 있다는 걸 안다. 하지만 아무것도 하지 않는다. 위험하니까. 실패할 수 있으니까. 지금 하던 일도 바쁜데 새로운 걸 왜 하냐고. 그렇게 안전지대에 머물다가, 어느 날 그들이 서 있던 땅이 무너진다. 끊임없는 확장은 안전지대를 벗어나는 용기가 아니다. 그것은 작고 빠른 실험을 반복하는 루틴이다. 7일짜리 테스트, 10%의 탐험 시간, 실패해도 괜찮은 작은 시도들. 이것이 쌓이면 팀은 새로움을 두려워하지 않게 된다. 아니, 새로움이 일상이 된다.

이 네 가지가 정말 필수인지 어떻게 아는가? 실제로 하나씩 빼보면 알 수 있다. 감정적 단단함을 빼면 팀은 피드백을 거부한다. 기술적 정교함을 빼면 피드백은 많지만 개선은 없다. 민첩한 반응을 빼면 변화를 놓친다. 끊임없는 확장을 빼면 감지만 하고 행동하지 않는다. 네 개 중 하나라도 없으면 엔진은 헛돈다. 서로 물고 물린다. 감정적으로 단단해지면 더 많은 피드백을 받게 되고, 더 많은 피드백은 기술을 정교하게 만든다. 민첩하게 반응하면 더 많은 기회를 포착하고, 더 많은 기회는 확장의 근육을 키운다. 결국 네 가지가 모두 작동할 때, 당신 팀은 연마와 진화 두 엔진을 동시에 돌리는 선도 팀이 된다.

3. 단단한 팀의 8가지 작동 원리

단단한 팀들에게는 공통적인 작동 원리가 있다. 짧고 명확하다. 각 원리에는 실제 작동하는 방법론이 있다. 하나씩 열어보자. 첫 번째 공식부터 시작한다. 왜 이것이 첫 번째인가? 피드백 없이는 다른 모든 것이 작동하지 않기 때문이다. 피드백을 정보로 받지 못하는 팀은 개선도, 변화도, 실험도 할 수 없다. 여기서부터 시작한다.

팀 작동 원리 1. 피드백을 정보로 받는다

2023년 봉준호 감독의 인터뷰가 화제가 됐다. 기자가 물었다. "현장에서 스태프들의 의견을 많이 듣는다고 들었습니다." 봉준호는 답했다. "당연하죠. 촬영 감독이 '이 각도는 아닌 것 같다'고 하면 저는 무조건 들어요. 왜냐하면 그들이 저보다 그 분야를 더 잘 아니까요. 감독이 모든 걸 다 안다는 건 착각이에요." 그는 이어서 말했다. "심지어 막내 스태프가 '이 장면 뭔가 이상한데요'라고 하면, 저는 그 말을 무시하지 않아요. 그 친구가 관객의 눈으로 보는 첫 번째 사람이거든요." 왜 이 인터뷰가 화제가 됐을까? 감독이라는 절대 권위 앞에서도, 막내까지 피드백을 주는 시스템. 이게 봉준호 현장의 힘이었다.

회의실. 팀장이 전략을 발표했다. 질문이 있냐고 물었다. 침묵. 한 팀원이 속으로 생각한다. '이 부분은 현실적으로 어려운데... 하지만 괜히 말했다가 분위기 깨면 어쩌지?' 결국 아무도 말하지 않는다. 회의는 30분 만에 끝난다. 3개월 후, 그 전략은 실패한다. 회의실에서 나올 때 누군가 한 명이라도 말했다면 달랐을까? 아마도.

왜 피드백을 정보로 받는 것이 팀 성장의 첫 번째 특징인가? 팀장 혼자서는 모든 걸 볼 수 없다. 마케터는 고객의 언어를 듣고 개발자는 기술적 한계를 알며 디자이너는 사용자 경험의 허점을 본다. 이 모든 시각이 합쳐져야 팀은 제대로 본다. 하지만 피드백이 막히면? 팀장의 눈만 남는다. 한 사람의 시각으로는 시장을 못 이긴다. 한 마케터가 말했다. "우리 팀이 3년 전에 망할 뻔했어요. 팀장이 밀어붙인 캠페인이 완전히 빗나갔거든요. 나중에 알고 보니 팀원 절반이 '이건 아닌 것 같다'고 생각했대요. 왜 아무도 안 말했냐고요? 팀장이 피드백을 받아들인 적이 없었으니까요." 그 일 이후 이 팀은 바뀌었다. "이제는 전략 회의 때 무조건 반대 의견부터 들어요. '이게 안 될 수도 있는 이유 세 가지'를 각자 말하게 해요. 그걸 하고 나니까 실패가 확 줄었어요." 문제는 피드백이 무섭다는 것이다. 특히 팀장에게. 그래서 대부분의 팀은 수동적이다. 터지면 어쩔 수 없이 듣지만, 평소엔 피드백을 안 구한다. 하지만 성장하는 팀은 정반대다. 피드백을 적극적으로, 주도적으로 구한다. 팀장 혼자 한 달 고민하는 것보다, 팀원 다섯 명의 피드백 한 번이 더 빠르다.

그렇다면 어떻게? 두 가지 방법이 있다.

첫 번째, 피드백 형식을 구조화하라. 한 IT 기업 팀장의 방식이다. "우리 팀은 '행동-영향-대안' 구조를 써요. '지난주 회의에서 개발 일정이 빠졌어요(사실), 그래서 마케팅 팀이 일정을 못 잡았어요(영향), 다음엔 회의 전에 일정표를 공유하면 어떨까요?(대안)'. 이 형식을 쓰니까, 피드백이 공격이 아니라 도구가 되더라고요." 핵심은 사람이 아니라 상황에 집중하는 것이다. "너는 책임감이 없어"가 아니라 "회의 시간이 지켜지지 않았어요". 이렇게 바꾸면 상대는 방어하지 않는다. 행동은 바꿀 수 있지만, 사람 자체는 못 바꾸니까.

두 번째, 피드백 비율을 맞춰라. 한 HR 컨설턴트가 말했다. "피드백 잘하는 팀은 긍정과 개선의 비율이 5:1에서 3:1이에요. 그보다 긍정이 적으면 위축되고, 많으면 개선이 안 돼요." 사람의 뇌는 부정 정보를 긍정보다 훨씬 강하게 받는다. 칭찬 하나보다 비난 하나가 더 오래 남는다. 그래서 개선 피드백 하나를 주려면, 최소 3개의 긍정 피드백이 먼저 쌓여 있어야 한다. 그래야 안전하다. 그래야 정보로 받는다.

한 스타트업 팀의 방식이 흥미롭다. "우리 팀은 매주 금요일 오후 4시에 30분씩 '팀 피드백 라운드'를 해요. 먼저 그 사람이 팀에 기여한 것 두 가지를 구체적으로 말하고, 그 다음 개선 제안 하나를 말해요. 한 달 지나니까 자연스러워지더라고요." 그리고 놀라운 일이 벌어졌다. "팀원들이 피드백을 기다리기 시작한 거예요. '이번 주 제기획서 어땠어요?'라고 먼저 물어보더라고요. 피드백이 공포가 아니라 성장 도구가 된 거죠."

이게 핵심이다. 피드백을 수동적으로 받지 말고, 적극적으로 구하라. 그러려면 피드백이 안전해야 한다. 형식이 있어야 하고, 비율이 맞아야 하며, 타이밍이 예측 가능해야 한다. 그래야 팀원들이 방어하지 않는다. 그래야 정보로 받는다. 피드백을 정보로 받는 팀과 그렇지 않은 팀. 3개월 후 차이는 극명하다. 피드백을 회피하는 팀은 같은 실수를 반복한다. 같은 수준에 머문다. 반면 피드백을 적극적으로 구하는 팀은 빠르게 달라진다. 실수가 줄어들고, 품질이 올라가며, 팀 전체가 똑똑해진다. 누구의 아이디어든 팀의 것이 되고, 누구의 실수든 팀의 교훈이 된다.

봉준호의 촬영 현장으로 다시 돌아가자. 막내 스태프가 "이 장면 뭔가 이상한데요"라고 말했을 때, 감독이 듣지 않았다면? 그 영화는 조금 덜 완성됐을 것이고, 그 막내는 다음번엔 입을 다물었을 것이다. 하지만 감독이 들었다. 팀 전체가 그 장면을 다시 봤다. 영화는 조금 더 나아졌고, 막내는 다음번에도 말할 용기를 얻었다. 이것이 피드백을 정보로 받는 팀이 만드는 선순환이다.

팀 작동 원리 2. 마찰을 적극 활용한다

2017년 한 다큐멘터리에서 애플의 디자인 팀 회의 장면이 공개됐다. 조너선 아이브가 새 아이폰 디자인을 보여주자, 한 젊은 디자이너가 손을 들었다. "이 모서리 곡선, 너무 급진적인 것 같은데요." 회의실이 조용해졌다. 아이브는 세계 최고의 디자이너다. 그런데 신입이 반대 의견을 냈다. 아이브가 물었다. "왜 그렇게 생각하지?" 그 디자이너는 설명했다. "사용자가 한 손으로 쥘 때 이 각도면 미끄러질 수 있어요." 아이브는 고개를 끄덕이고 팀에게 말했다. "다시 테스트해봅시다." 이 장면이 인상적이었던 이유는? 위계가 분명한 조직에서, 신입의 반대 의견이 설계를 바꿨기 때문이다. 애플 내부자에 따르면 아이브는 회의 때 항상 이렇게 말한다고 한다. "여기서는 최고의 아이디어가 이깁니다. 직급이 아니라."

반대편 회의실을 보자. 팀장이 전략안을 설명한다. "이번 분기 목표는 이렇습니다. 질문 있으신가요?" 침묵이 흐른다. 한 팀원이 속으로 생각한다. '이 목표는 현실적으로 어려운데... 하지만 괜히 말했다가 분위기 깨면 어쩌지?' 결국 아무도 말하지 않는다. 회의는 20분 만에 끝난다. 3개월 후, 그 전략은 실패한다.

왜 마찰을 건설적으로 활용하는 것이 팀 성장의 특징인가? 모두가 같은 생각을 하는 팀은 사실 한 명이 생각하는 것과 다르지 않기 때문이다. 팀의 힘은 다양성에서 나온다. 마케터는 고객 언어로 듣고, 개발자는 기술 제약으로 보며, 디자이너는 사용자 경험으로 느긴다. 이 시각들이 충돌할 때, 누구도 혼자서는 도달하지 못했을 해법이 나온다. 마찰을 피하는 팀은 이 가능성을 버린다. 한 스타트업 대표는 이렇게 말했다. "창업 초기 우리 팀은 너무 조용했어요. 제가 뭐라고 하면 다들 고개만 끄덕이더라고요. 6개월 지나니까 같은 실수를 반복하고, 혁신이 없고, 결정이 늘 제 생각대로만 되더라고요. 그때 깨달았어요. 조용한 게 아니라 죽어 있었던 거예요." 그래서 이 대표는 방식을 바꿨다. "이제는 제가 아이디어를 내면, 누군가는 무조건 반대 의견을 내야 해요. '이게 안 될 수도 있는 이유 세 가지'를 찾는 거죠. 반대가 없으면 불안하거든요."

문제는 대부분의 팀이 논쟁을 다루는 기술이 없다는 것이다. 본능적으로만 반응한다. 화가 나면 목소리를 높이고, 반박당하면 방어하며, 불편하면 입을 다문다. 하지만 성장하는 팀은 다르다. 그들에게는 마찰을 다루는 룰이 있다.

첫 번째 룰: 아이디어에는 세게, 사람에게는 부드럽게. 한 광고 대행사 팀장의 말이다. "우리 팀은 이 문장을 회의실 벽에 붙여뒀어요. '이 카피는 힘이 없어요'는 OK. '당신은 카피 감각이 없네요'는 NO. 3개월쯤 지나니까 팀 전체가 이 언어를 쓰기 시작했어요. '이 부분이 약해 보여요'라고 말하면, 듣는 사람도 방어하지 않고 '어떤 부분이요?'라고 물어봐요."

두 번째 룰: 비판은 반드시 대안과 함께. 한 IT 기업 팀의 규칙이다. "예전엔 '이건 안 될 것 같은데요'라는 말이 분위기를 얼어붙게 했어

요. 그래서 규칙을 만들었어요. 뭔가 안 된다고 말하려면, 반드시 대안을 제시하거나 최소한 '이런 방향은 어떨까요?'라는 질문으로 바꾸라고요. 비판이 공격이 아니라 제안처럼 들리기 시작했죠."

세 번째 룰: 팩트-추론-감정 구분하기. 한 컨설팅 팀의 방식이다. "우리는 화이트보드를 세 개 영역으로 나눠요. '사실', '해석', '느낌'. '고객이 이탈하고 있다'는 말이 나오면, 그게 뭔지 먼저 확인해요. '지난주 해지율 10% 증가'는 사실. '고객이 실망한 것 같다'는 해석. '불안하다'는 느낌. 이렇게 나누니까 논쟁이 명확해졌어요."

네 번째 룰: 마찰 종료 후 정리 문장 남기기. 한 제조업 팀장의 말이다. "격렬한 토론 후엔 꼭 화이트보드에 '이 논쟁 덕분에 우리가 얻은 것'을 한 문장으로 적어요. '품질팀과 생산팀의 관점이 충돌했지만, 덕분에 품질과 납기를 모두 맞추는 방법을 찾았다.' 이런 식이죠. 이 확인이 쌓이면, 다음번 마찰이 덜 무섭더라고요." 마찰을 건설적으로 활용하는 팀과 그렇지 않은 팀은 3개월 후 완전히 다른 곳에 있다. 마찰을 피하는 팀은 조용하지만 정체되어 있다. 리더의 생각이 곧 팀의 결론이 된다. 반면 마찰을 룰로 활용하는 팀은 시끄럽지만 살아있다. 의견이 부딪히지만 해법은 더 정교해지고, 불편하지만 관계는 더 단단해진다.

애플 디자인 팀으로 다시 돌아가보자. 신입 디자이너가 아이브에게 반대 의견을 낼 수 있었던 이유는 무엇인가? 그 팀에 룰이 있기 때문이다. 직급이 아니라 아이디어로 승부하고, 비판에는 근거가 따르며, 마찰 후에도 관계는 그대로다. 그래서 신입도 다음번에 또 말한다. 더 나은 제품을 만들기 위해. 이것이 마찰을 건설적으로 활용하는 팀이 만드는 결과다.

팀 작동 원리 3. 매일 조금씩 개선한다

컬리 김슬아 대표가 말했다. "우리는 매일 1%씩 나아지는 것을 목표로 했어요. 1.01의 365제곱을 계산해보세요. 37.8이 나와요. 1년 후엔 37배 나은 팀이 되는 거죠. 반대로 매일 1%씩 나빠지면? 0.99의 365제곱은 0.03이에요. 거의 사라지는 거죠." 그는 이어서 말했다. "컬리 초기에 우리는 매주 배송 프로세스 하나씩을 개선했어요. 포장 방법, 동선, 온도 체크 방식. 하나하나는 작았지만, 6개월 후엔 완전히 다른 시스템이 됐어요." 이것은 수학이 아니라 현실이다. 작은 개선이 쌓이면 팀은 변한다.

회의실에서 프로젝트가 끝났다. 팀원들이 지쳐 있다. 팀장이 말한다. "다들 수고했어요. 다음엔 더 잘해봅시다." 누군가 묻는다. "이번에 뭘 개선할 수 있을까요?" 팀장이 답한다. "지금은 다들 피곤하니까, 다음에 생각해봅시다." 그리고 다음 프로젝트가 시작된다. 똑같은 방식으로. 3개월 후, 똑같은 문제가 반복된다.

왜 매일 조금씩 개선하는 것이 단단한 팀의 특징인가? 큰 변화는 결심이 필요하지만, 작은 개선은 습관이 되기 때문이다. 대부분의 팀은 어느 날 갑자기 달라지길 꿈꾼다. '이번 분기엔 혁신하자.' '올해는 완전히 다르게 하자.' 하지만 그런 날은 오지 않는다. 월요일 아침, 팀은 여전히 익숙한 방식으로 일을 시작한다. 왜? 바꿀 구체적인 것이 없으니까. 단단한 팀은 다르다. 거창한 변화 대신 작은 개선을 쌓는다. 오늘 회의 시간을 10분 줄이고, 내일 보고 양식을 하나 통일하며, 다음 주엔 업무 요청 방식을 명확히 한다. 하나하나는 작다. 하지만 3개월 후 팀은 눈에 띄게 달라져 있다. 일하는 속도가 빨라지고, 실수가 줄어들며, 서로 기다리는 시간이 짧아진다. 한 IT 스타트업 팀장은 말했다. "2년 전 우리 팀은 늘 바빴어요. 근데 성과는 안 나왔죠. 그래서 팀 전체가 모여서 딱 하나만 정했어요. '이번 주에 우리 팀이 개선할 것 하나.' 첫 주는 '슬랙 메시지에 답장을 2시간 안에 하자'였어요. 둘째 주는 '코드 리뷰를 당일에 끝내자.' 이렇게 매주 하나씩. 지금 50주 지났는데, 우리 팀 완전히 달라졌어요. 예전엔 프로젝트 하나 끝내는 데 2달 걸렸는데, 지금은 3주면 돼요." 문제는 개선이 의지에만 맡겨져 있다는 것이다. '다음엔 더 잘하자'는 구호일 뿐, 실제로 뭘 바꿀지는 모호하다. 하지만 단단한 팀은 개선을 루틴으로 만든다. 두 가지 방법이 있다.

첫 번째는 주간 팀 개선 리추얼이다. 한 디자인 스튜디오의 규칙이다. "우리 팀은 매주 금요일 오후 4시 반에 15분짜리 '이번 주 개선' 시간을 가져요. 한 가지만 물어요. '이번 주 우리 팀 프로세스에서 개선할 것 하나가 뭘까?' 예를 들어 '클라이언트 피드백을 받을 때 양식을 통일하자' 같은 거요. 그럼 다음 주 월요일부터 그걸 적용해요.

이게 쌓이니까 6개월 후엔 우리 팀 업무 매뉴얼이 완전히 새로 쓰였어요." 이것은 개인 피드백이 아니라 팀 시스템의 업그레이드다. "네가 잘못했어"가 아니라 "우리 방식을 이렇게 바꾸자".

두 번째는 진화를 가시화하는 것이다. 한 컨설팅 팀의 방식이다. "우리는 분기가 끝날 때마다 '3개월 전 vs 지금'을 비교해요. 같은 프로젝트를 예전엔 얼마나 걸렸고, 지금은 얼마나 걸리는지. 숫자로 보는 거예요. 지난 분기에 발견한 게, 우리가 기획 단계를 20% 단축했다는 거였어요. 어떻게? 매주 작은 개선이 쌓여서요. 템플릿을 정리하고, 체크리스트를 만들고, 불필요한 회의를 빼고. 하나하나는 10분, 20분 아끼는 거였는데, 쌓이니까 프로젝트 전체가 일주일 빨라진 거죠." 이것은 팀의 성장을 느낌이 아니라 증거로 만든다. "우리가 나아지고 있다"가 아니라 "우리가 이만큼 나아졌다". 이 차이가 팀을 움직인다.

한 제조업 팀의 사례가 인상적이다. "우리 팀은 생산 공정을 매달 하나씩 개선해요. 지난달엔 자재 배치를 바꿨어요. 작업자가 2미터 덜 걷게요. 별거 아닌 것 같죠? 근데 하루에 100번 반복하면 200미터예요. 한 달이면 4킬로미터를 덜 걷는 거예요. 이렇게 12개월 하니까 작년보다 생산량이 15% 늘었어요. 사람을 더 뽑지도 않았고, 기계를 바꾸지도 않았어요. 그냥 매달 작은 거 하나씩 고쳤을 뿐이에요." 매일 조금씩 개선하는 팀과 그렇지 않은 팀은 1년 후 다른 세계에 있다. 개선하지 않는 팀은 바쁘지만 제자리다. 작년에 2달 걸렸던 일이 올해도 2달 걸린다. 반면 매일 개선하는 팀은 조용하지만 계속 빨라진다. 6개월 전엔 못했던 것을 지금은 하고, 작년의 우리를 돌아보면 "우리 참 많이 달라졌네"라고 말한다.

컬리로 다시 돌아가보자. 매일 1%씩 나아진다는 것. 이것은 구호가 아니라 시스템이었다. 배송팀은 매주 배송 시간을 1분씩 줄였고, CS팀은 매주 응대 스크립트를 한 문장씩 다듬었으며, 상품팀은 매주 품질 체크 항목을 하나씩 추가했다. 6개월 후, 컬리의 배송은 업계에서 가장 빨랐고, CS 만족도는 가장 높았으며, 상품 결품률은 가장 낮았다. 한 번의 혁신이 아니었다. 매주 하나씩, 매일 조금씩. 이것이 매일 조금씩 개선하는 팀이 만드는 기적이다.

팀 작동 원리 4. 깨달으면 즉시 반영한다

SpaceX의 창업자 일론 머스크는 로켓 개발 과정에서 '설계-빌드-테스트-학습'의 주기를 극한으로 단축하는 '반복적 설계Iterative Design' 철학을 고수한다. 전통적인 항공우주 산업에서는 발사 실패 후 위원회를 소집해 몇 달간 보고서를 쓰지만, SpaceX는 다르다. 로켓이 폭발하든 궤도 진입에 실패하든, 실시간 데이터를 통해 무엇이 잘못되었는지 깨닫는 순간 즉시 행동에 나선다. 깨달음과 수정 사이의 간극을 수주, 수개월이 아니라 단 며칠로 줄이는 것이다. 실제로 그들은 발사 실패 후 원인을 파악하면, 공장에 대기 중인 다음 로켓의 하드웨어를 즉시 교체하거나 소프트웨어를 수정하여 곧바로 다음 발사를 준비한다.

반대편 회의실을 보자. 팀 회고 시간이다. 누군가 말한다. "이번 프로젝트에서 커뮤니케이션이 문제였어요." 모두 고개를 끄덕인다. 팀장이 정리한다. "좋은 지적이네요. 다음엔 더 명확하게 해봅시다." 회의가 끝난다. 다음 프로젝트가 시작된다. 아무것도 바뀌지 않았다. 한 달 후, 또 같은 문제가 생긴다.

왜 깨달으면 즉시 반영하는 것이 단단한 팀의 특징인가? 깨달음과 행동 사이의 시간이 길어질수록, 실제 변화 가능성은 급격히 떨어지기 때문이다. 심리학자들은 이것을 "의도-행동 격차"라고 부른다. 이 간극이 1주일이 되면 실행 확률은 50%로 떨어지고, 한 달이 되면 10%로 떨어진다. 결국 안 한다. 한 광고 대행사 크리에이티브 디렉터는 말했다. "예전 우리 팀은 회고를 열심히 했어요. 프로젝트 끝날 때마다 2시간씩 회의하면서 아이디어가 쏟아졌죠. 근데 다음 프로젝트 때 보면 아무것도 안 바뀌어 있어요. 왜? 누구도 실행하지 않았으니까요." 그래서 이 팀은 방식을 완전히 바꿨다. "이제는 회고에서 개선안을 정하면, 그 자리에서 담당자를 정하고, 48시간 안에 바꾸기로 합의해요. '클라이언트 피드백 양식이 불명확하다'는 문제가 나오면, 누군가 담당해서 이틀 안에 새 양식을 만들어요. 다음 주 월요일부터 그걸 써요." 성장하는 팀은 깨달음을 즉시 행동으로 전환하는 시스템을 가지고 있다. 두 가지 방법이 있다.

<u>첫 번째는 48시간 행동 규칙이다.</u> 한 IT 스타트업의 방식이다. "우

리 팀은 회의에서 문제를 발견하면, 그 자리에서 세 가지를 정해요. 첫째, 뭘 바꿀 건가? 둘째, 누가 할 건가? 셋째, 언제까지? 데드라인은 무조건 48시간이에요. 월요일 회의에서 '코드 리뷰가 너무 늦어진다'는 문제가 나오면, 그 자리에서 '리뷰 요청 후 4시간 안에 답하기'(뭘), '개발팀 전체'(누가), '수요일까지'(언제)를 정해요. 수요일이 되면 실제로 그렇게 일해요."

두 번째는 작고 빠른 실험 사이클이다. 한 마케팅 에이전시의 규칙이다. "우리는 '1 Up, 1 Down' 규칙이 있어요. 매주 하나는 새로 시도하고(1 Up), 하나는 그만둬요(1 Down). 이번 주에 '슬랙 프로젝트별 채널 만들기'를 시도했어요. 동시에 '매일 아침 전체 회의'를 그만뒀어요. 일주일 써보고 금요일에 평가해요. 효과 있으면 계속하고, 없으면 다시 바꿔요. 이렇게 하니까 6개월 전 일하는 방식이랑 지금이 완전히 달라요."

깨달으면 즉시 반영하는 팀과 그렇지 않은 팀은 6개월 후 완전히 다르다. 느리게 반영하는 팀은 회고는 많지만 변화는 적다. 회의실에서는 좋은 아이디어가 쏟아지지만, 다음 주가 되면 아무도 기억하지 못한다. 반면 즉시 반영하는 팀은 회고는 짧지만 변화는 많다. 문제를 발견하면 48시간 안에 고치고, 일주일에 하나씩 실험하며, 한 달이면 업무 방식이 눈에 띄게 달라진다.

다시 SpaceX의 사례로 돌아가 보자. 그들에게 즉시 반영은 단순한 규칙이 아니라 생존을 위한 문화였다. 문제를 발견하면 완벽한 보고서나 승인 체계를 기다리지 않는다. 깨달은 순간부터 가장 빠른 시간 내에 하드웨어와 소프트웨어를 수정한다. 그래서 SpaceX는 압도적으로 빠르다. 시장의 요구가 변하거나 기술적 한계에 부딪혔을 때, 그들은 다음 발사 윈도우를 기다리지 않고 지금 당장 변화를 실행한다. 이것이 깨달으면 즉시 반영하는 팀이 만드는 폭발적인 진화의 속도다.

팀 작동 원리 5. 변화 신호에 민감하다

2010년 블록버스터는 미국 전역에 9,000개 매장을 가진 비디오 대여 체인이었다. 같은 해, 매장 직원들은 이상한 현상을 보고하기 시작했다. "손님들이 매장에 와서 영화를 고르는데, 스마트폰으로 뭔가를 확인해요. 그리고 빌리지 않고 나가요." 본사에 보고가 올라갔다. 경영진 회의에서 누군가 말했다. "넷플릭스 때문인 것 같습니다. 온라인 스트리밍을 시작했대요." 한 임원이 답했다. "사람들은 매장에 오는 걸 좋아해요. 스트리밍은 틈새시장일 거예요." 2013년 블록버스터는 파산했다. 같은 시기, 교보문고는 다른 선택을 했다. 매장 직원들이 비슷한 보고를 올렸다. "손님들이 책을 보다가 스마트폰으로 가격을 비교하고 나가요." 경영진은 이것을 신호로 읽었다. "오프라인 매장의 역할이 바뀌고 있다"고. 그들은 즉시 전략을 바꿨다. 매장을 문화 공간으로 재설계했다. 카페를 넣고, 북 토크를 열고, 체험 공간을 만들었다. 지금도 교보문고는 건재하다. 무엇이 달랐는가? 둘 다 같은 신호를 봤다. 하지만 한쪽은 무시했고, 한쪽은 반응했다. 이것이 변화 신호에 대한 민감도의 차이다.

회의실을 보자. 영업팀 과장이 말한다. "요즘 고객들이 '경쟁사 A는 이런 기능이 있던데'라는 말을 자주 해요." 팀장이 답한다. "그래요? 근데 우리 제품도 충분히 좋잖아요." 대화가 끝난다. 3개월 후, 분기 실적이 나쁘다. 팀장이 묻는다. "왜 매출이 떨어진 거죠?" "고객들이 경쟁사로 많이 넘어갔어요." "왜 진작 말 안 했어요?" "3개월 전에 말씀드렸는데요."

왜 변화 신호에 민감한 것이 단단한 팀의 특징인가? 시장은 경고 없이 바뀌지 않기 때문이다. 변화는 항상 신호를 보낸다. 고객이 쓰는 단어가 달라지고, 경쟁사가 새 기능을 출시하며, 업계에서 새로운 키워드가 떠오른다. 문제는 대부분의 팀이 이 신호를 놓친다는 것이다. 바쁘니까. 지금 하던 일에 집중하느라. 그리고 신호가 쓰나미가 되어 밀려왔을 때서야 "왜 진작 몰랐지?"라고 묻는다. 한 패션 브랜드 MD는 말했다. "2년 전 우리 매장에서 이상한 일이 있었어요. 20대 고객들이 매장에 와서 옷을 입어보고, 사진만 찍고 나가는 거예요. 근데 한 직원이 말하더라고요. '저 사람들, 나중에 온라인에서 사는 것 같아요. 인스타에서 우리 옷 입은 사진을 올리던데요.' 이게 신호였어요. 오프라인은 체험 공간이 되고, 구매는 온라인으로 옮겨가고 있다는. 우리는 즉시 전략을 바꿨어요. 매장을 포토존으로 만들고, QR코드로 바로 온라인 구매하게 했죠."

문제는 신호를 감지하는 시스템이 없다는 것이다. 누군가 우연히 알아차리길 바란다. 하지만 단단한 팀은 변화 감지를 시스템으로 만든다. 두 가지 방법이 있다.

첫 번째는 시그널 보드 Signal Board**다.** 한 IT 스타트업의 방식이다. "우리 팀은 사무실 한쪽 벽에 '시그널 보드'를 만들었어요. 화이트보드인데, 세 개 영역으로 나눴어요. '고객 신호', '시장 신호', '내부 신호'. 팀원 누구나 뭔가 이상하다 싶으면 포스트잇을 붙여요. 매주 월요일 아침 15분, 이 보드를 같이 봐요. '이 신호가 의미하는 게 뭘까?' 어떤 신호는 별거 아니에요. 근데 가끔, 정말 중요한 신호가 있어요. 그걸 일주일 만에 캐치하니까 경쟁사보다 한 달은 빨라요."

두 번째는 외부 안테나 역할 분산이다. 한 컨설팅 회사의 방법이다. "우리는 팀원마다 '모니터링 영역'을 하나씩 맡아요. 한 명은 고객, 한 명은 경쟁사, 한 명은 기술, 한 명은 규제. 매주 5분씩만 투자해서 '이번 주 내 영역에서 달라진 것'을 공유해요. 긴 보고서 아니에요. 근데 이게 쌓이면 팀 전체가 시장을 생생하게 느껴요."

한 제조업 팀장의 경험이 인상적이다. "우리 팀은 분기마다 '3개월 전 vs 지금' 체크를 해요. '3개월 전에 없었는데 지금 있는 것'을 찾는 거예요. 지난 분기에 발견한 게, 거래처들이 '친환경'이라는 단어를 갑자기 많이 쓰기 시작했다는 거였어요. 이게 신호였어요. 우리는 즉시 친환경 소재 개발에 착수했어요. 6개월 후, 경쟁사들이 그제야 시작할 때 우리는 이미 제품을 출시했죠." 변화 신호에 민감한 팀과 그렇지 않은 팀은 6개월 후 다른 세계에 있다. 둔감한 팀은 변화를 늦게 안다. 경쟁사가 이미 움직였을 때, 시장이 이미 바뀌었을 때 뒤늦게 깨닫는다. 반면 민감한 팀은 변화를 먼저 본다. 아직 확실하지 않을 때, 작은 신호일 때, 남들이 무시할 때 이미 움직인다.

블록버스터와 교보문고로 다시 돌아가보자. 둘 다 고객의 행동 변화를 봤다. 하지만 블록버스터는 그것을 일시적 현상으로 봤고, 교보문고는 구조적 변화로 봤다. 그 차이가 한 회사는 사라지게 만들었고, 한 회사는 살아남게 만들었다. 변화는 항상 신호를 보낸다. 문제는 그 신호를 볼 준비가 되어 있느냐다. 이것이 변화 신호에 민감한 팀이 살아남는 이유다.

팀 작동 원리 6. 허락을 구하지 않는다

넷플릭스의 한 콘텐츠 담당자가 트위터에 올린 글이 화제가 됐다. "오늘 점심시간에 한국 드라마 '킹덤'의 시즌2 제작을 결정했다. 상사 승인? 안 받았다. 위원회 검토? 없었다. 내 권한 범위 안이니까." 사람들은 놀랐다. 수십억 원짜리 결정을 점심시간에? 그것도 승인 없이? 넷플릭스의 내부 규칙은 이랬다. "콘텐츠 담당자는 자기 판단으로 제작을 결정할 수 있다. 단, 분기 예산 범위 내에서." 넷플릭스 인사 담당 임원의 설명이다. "우리는 '승인' 대신 '맥락'을 준다. 회사의 전략과 예산 범위를 명확히 알려주고, 그 안에서는 각자 알아서 판단한다. 현장에 있는 사람이 가장 빠르게, 가장 정확하게 판단할 수 있으니까.”

반대편 사무실을 보자. 신입 사원이 클라이언트에게서 이메일을 받았다. 간단한 수정 요청이다. 30분이면 끝난다. 하지만 그는 팀장에게 먼저 물어본다. “이거 해드려도 될까요?” 팀장은 회의 중이다. 3시간 후 답장이 온다. “부장님께 여쭤봐.” 부장은 출장 중이다. 다음 날 답이 온다. “괜찮습니다.” 클라이언트는 2일을 기다렸다. 이미 짜증난 상태다.

왜 허락을 구하지 않는 것이 단단한 팀의 특징인가? 승인을 기다리는 동안 기회는 사라지기 때문이다. 시장은 빠르다. 고객은 참을성이 없고, 경쟁사는 움직이며, 트렌드는 바뀐다. 모든 결정에 승인이 필요한 팀은 느릴 수밖에 없다. 그리고 느린 팀은 기회를 놓친다. 한 스타트업 마케팅 팀장은 말했다. “우리 팀이 초기에 느렸어요. 캠페인 하나 돌리려면 CEO 승인이 필요했거든요. 답이 늦어요. 일주일씩 기다렸죠. 그 사이 경쟁사는 이미 캠페인을 돌리고 있었어요. 그래서 CEO가 결단을 내렸어요. ‘100만 원 이하 마케팅 비용은 승인 필요 없다. 그냥 하고 주간 회의 때 보고해.’ 이게 바뀌니까 우리 속도가 3배 빨라졌어요.” 문제는 대부분의 조직이 ‘허락 문화’에 갇혀 있다는 것이다. 모든 것에 승인이 필요하다. 왜? 책임이 무섭기 때문이다. 그래서 모두가 위로 물어본다. 하지만 성장하는 팀은 반대로 간다. 권한을 명확히 나누고, 범위 안에서는 허락 없이 움직인다. 두 가지 방법이 있다.

첫 번째는 권한의 명확한 선언이다. 한 디자인 스튜디오의 규칙이다. "우리는 '3cm 룰'이 있어요. 각자가 허락 없이 결정할 수 있는 범위를 3cm라고 부르는 거예요. 디자이너의 3cm는 '클라이언트가 요청한 수정을 3시간 안에 끝낼 수 있으면 바로 한다'. 이렇게요. 이게 명확하니까 팀원들이 자신 있게 움직여요. 내 권한이 어디까지인지 아니까요." 이것은 권한을 가시화한다. "알아서 해"는 애매하다. 하지만 "3시간 이내 작업은 승인 없이"는 명확하다.

두 번째는 선 실행 후 공유 원칙이다. 한 IT 기업 개발팀의 방식이다. "우리는 '먼저 하고 나중에 말하라' 문화가 있어요. 단, 조건이 있어요. 첫째, 되돌릴 수 있는 결정일 것. 둘째, 24시간 안에 팀에 공유할 것. 개발자가 새로운 라이브러리를 시도하고 싶다? 일단 써봐요. 하루 써보고 괜찮으면 팀 채널에 '이거 써봤는데 좋더라' 공유해요. 별로면 그냥 빼고 '안 맞더라' 공유하고요." 이것은 실패의 비용을 낮춘다. "허락받고 하다 실패"보다 "해보고 안 되면 그만"이 싸다.

한 유통업체 매니저의 경험이 흥미롭다. "우리 매장은 예전엔 모든 프로모션을 본사 승인받아야 했어요. 답 오는 데 3일. 그 사이 더위는 끝나요. 그래서 지금은 바꿨어요. 10만 원 이하 프로모션은 매장 재량이에요. 그냥 하고 주간 보고에 적으면 돼요. 이게 바뀌니까 매출이 올랐어요. 타이밍을 놓치지 않으니까요." 허락을 구하지 않는 팀과 그렇지 않은 팀은 3개월 후 속도가 다르다. 승인 중심 팀은 신중하지만 느리다. 아이디어가 나와도 일주일 기다리고, 기회가 와도 승인받다 놓친다. 반면 권한 중심 팀은 빠르지만 통제된다. 각자 범위 안에서 즉시 움직이고, 해보고 안 되면 빠르게 바꾸며, 기회가 오면 그날 잡는다.

넷플릭스로 다시 돌아가보자. 점심시간에 수십억 원짜리 결정을 내린 담당자. 이것은 무모함이 아니라 신뢰를 기반으로 한 권한 위임이었다. 회사는 그에게 맥락(전략, 예산)을 줬고, 그는 그 범위 안에서 판단했다. 그리고 실제로 '킹덤'은 전 세계적 히트를 쳤다. 더 중요한 것은 이것이다. 그 담당자는 그날 분명 크게 성장할 기회를 얻었다. 수십억 원짜리 결정을 내리고, 결과를 보고, 배웠다. 판단력은 판단을 해봐야 자란다. 허락을 구하지 않는 팀이 빠른 이유는 단순히 속도 때문이 아니다. 팀원 한 명 한 명이 결정하고, 실행하고, 배우면서 성장하기 때문이다. 이것이 허락을 구하지 않는 팀이 만드는 단단함이다.

팀 작동 원리 7. 완벽을 기다리지 않는다

2022년 11월 30일 OpenAI가 ChatGPT를 출시했을 때, 그들은 이것을 "연구 프리뷰"라고 불렀다. 완성품이 아니었다. 팩트를 틀리게 말하고, 편향된 답변을 하며, 때로는 터무니없는 소리를 했다. OpenAI는 출시 공지에 썼다. "ChatGPT는 때때로 그럴듯하게 들리지만 잘못되거나 무의미한 답변을 생성할 수 있습니다." 경고였다. 불완전하다는 고백이었다. 하지만 놀라운 일이 벌어졌다. 5일 만에 100만 명이 사용했다. 2개월 만에 1억 명. 역사상 가장 빠르게 성장한 애플리케이션이 됐다. 2024년 기준 ChatGPT는 전체 AI 챗봇 시장의 약 60%를 차지했고, 제미나이는 15%, 클로드는 10% 수준이었다. 왜? ChatGPT가 가장 먼저, 가장 불완전하게 출시됐기 때문이다. 그리고 그 수억 명의 사용자가 보낸 피드백으로, ChatGPT는 매주 달라졌다. OpenAI CEO 샘 알트만은 말했다. "우리는 불완전한 상태로 출시하는 게 두려웠어요. 하지만 실제 사용자들이 어떻게 쓰는지 보지 않고서는, 무엇이 완벽인지 알 수 없었어요. 실험실에서 2년 더 개발하는 것보다, 2개월 동안 1억 명에게 배우는 게 나았습니다."

반대편 회의실을 보자. 신제품 개발 회의다. 팀장이 묻는다. "출시 준비됐나요?" "90% 정도요. 근데 몇 가지 기능이 아직…" "그럼 다음 달에 다시 보죠. 완벽하게 준비된 다음에." 한 달 후, 또 같은 대화가 반복된다. 6개월 후, 경쟁사가 유사한 제품을 먼저 출시한다.

왜 완벽을 기다리지 않는 것이 단단한 팀의 특징인가? 완벽은 존재하지 않기 때문이다. 더 정확히 말하면, 실제로 써보기 전까지는 무엇이 완벽인지 알 수 없다. 회의실에서 완벽하다고 생각한 것이 시장에 나가면 엉망일 수 있고, 불완전하다고 생각한 것이 고객에게는 충분할 수 있다. 완벽을 기다리는 팀은 움직이지 않는다. 그리고 움직이지 않는 팀은 배우지 못한다. 한 소프트웨어 스타트업 대표는 말했다. "창업 초기 우리는 완벽주의자들이었어요. 1년 동안 제품을 개발했죠. 모든 기능을 넣고 완벽하게 만들어서 출시했어요. 근데 고객 반응이 이상한 거예요. '이 기능은 왜 있어요? 안 써요.' 1년 동안 우리가 만든 기능의 절반은 쓸모없었어요. 그 후로 방식을 완전히 바꿨어요. 이제는 1주일 단위로 출시해요. 불완전해도 일단 내놓고, 반응 보고, 고치고." 문제는 완벽주의가 안전해 보인다는 것이다. 하지만 역설적이게도 완벽을 추구할수록 더 큰 실패를 한다. 왜? 가정이 틀렸을 때 돌이키기엔 너무 많이 투자했으니까. 반면 불완전하게 빨리 내놓는 팀은 작게 실패한다. 두 가지 방법이 있다.

첫 번째는 7일 단위 실험이다. 한 마케팅 에이전시의 규칙이다. "우리는 '7-Day Test' 규칙이 있어요. 새로운 걸 시도할 때 완벽하게 준비하지 말고, 7일 안에 작은 버전으로 테스트하는 거예요. 반응 좋으면 계속하고, 별로면 방향 바꾸고. 이렇게 하니까 우리가 한 달에 4번 시도할 수 있어요." 이것은 실패의 비용을 낮춘다.

두 번째는 시간의 일정 비율을 실험에 고정 배분하는 것이다. 한 디자인 팀의 방식이다. "우리 팀은 '10% 룰'이 있어요. 업무 시간의 10%는 무조건 실험에 써요. 완벽하지 않아도 돼요. 실패해도 돼요. 이 10% 시간 덕분에 우리 팀이 계속 새로워져요." 이것은 실험을 선택이 아니라 의무로 만든다.

완벽을 기다리지 않는 팀과 그렇지 않은 팀은 1년 후 완전히 다른 곳에 있다. 완벽 추구 팀은 신중하지만 정체되어 있다. 반면 실험 중심 팀은 난잡해 보이지만 계속 진화한다. 한 해에 시도하는 게 수십 개고, 절반은 실패하지만 나머지가 팀을 바꾼다.

ChatGPT로 다시 돌아가보자. 불완전한 AI. 구글은 더 강력한 기술력을 가지고 있었고, 클로드는 더 안전한 AI를 만들었다. 하지만 시장의 60%를 가장 먼저 가져간 건, 가장 불완전하게 출시한 ChatGPT였다. 그들은 불완전한 상태로 세상에 내놓았다. 그리고 1억 명의 사용자가 교사가 되었다. 6개월 동안 배운 것이 실험실에서 10년 동안 배울 것보다 많았다.

팀 작동 원리 8. 판단 기준을 세운다

슬랙Slack이 성장기에 가졌던 구체적인 판단 기준은 단순히 친절함과 같은 가치가 아니었다. 슬랙의 창업자 스튜어트 버터필드는 팀이 슬랙에서 2,000개의 메시지를 주고받는 순간을 임계점으로 정의했다. 이 수치를 넘긴 팀의 93%가 서비스를 이탈하지 않는다는 데이터를 확인했기 때문이다. 이후 슬랙의 모든 의사결정 기준은 이 기능이 팀이 2,000개의 메시지에 도달하는 시간을 단축하는가에 맞춰졌다. 이것이 바로 슬랙이 공유했던 구체적인 판단 지표이자 알고리즘이었다.

반대편 회의실을 보자. 프로젝트가 끝나면 팀장이 "이번에 결과가 좋네, 어떤 점이 주효했지?"라고 묻는다. 팀원들은 "모바일 결제 단계를 한 단계 줄인 게 맞았습니다"라고 답한다. 대화는 여기서 끝난다. 6개월 후, 비슷한 프로젝트가 시작된다. 담당자가 그때 "왜 단계를 줄였지? 이탈률 때문이었나, 아니면 보안성보다 편의성이 더 중요하다고 판단했기 때문이었나?"라고 묻지만 아무도 확신하지 못한다. 결국 팀은 과거의 성공에서 아무것도 배우지 못한 채 다시 처음부터 논의를 시작한다.

왜 판단 기준을 세운다는 것이 단단한 팀의 특징인가? 끊임없는 확장을 위해 새로운 시도를 반복하는 팀에게 판단 기준이 없는 시도는 자칫 무모한 도박이 될 수 있기 때문이다. 결과는 운이나 상황에 따라 변하지만, 판단 로직Why은 복리처럼 쌓여 팀의 지능이 된다. 진화에서의 판단 기준은 미래의 불확실한 선택 앞에서 팀 전체의 판단 해상도를 높이는 지능적 필터가 된다. 이를 위해 팀의 판단 기준을 실제 무기로 만드는 두 가지 구체적인 방법을 제안한다.

첫 번째는 실행과 중단의 경계선을 명확히 하는 것이다. 새로운 영토로 확장하기 위해 빠르게 실행한다거나 완벽을 기한다는 식의 추상적인 원칙은 실제 현장에서 힘을 쓰지 못한다. 단단한 팀은 판단의 근거를 '이럴 때는 실행하고, 저럴 때는 멈춘다'라는 구체적인 숫자와 조건으로 남긴다. 예를 들어 '핵심 기능 3개에 결함이 없다면 나머지 버그 5개는 무시하고 즉시 출시한다'는 식의 실행 트리거 Execution Trigger를 세우는 것이다. 반대로 멈춤의 기준인 중단 스위치 Kill-Switch 역시 날카로워야 한다. '광고 전환율이 1% 미만으로 떨어지면 해당 채널의 예산 집행을 즉시 중단한다'. 혹은 '고객 문의 응대 시간이 2시간을 넘어가면 모든 신규 기능 개발을 멈추고 운영 지원에 전원을 투입한다'라는 식의 명확한 임계치를 미리 합의해 둔다. 이 경계선이 기록으로 남아 있을 때, 팀원들은 리더에게 일일이 묻지 않고도 기록에서 판단을 꺼내 스스로 당당하게 결정을 내릴 수 있다.

두 번째는 레퍼런스 이면의 판단 로직을 추출하는 것이다. 진화 엔진을 돌리며 새로운 시도를 하기 위해 내외부의 레퍼런스를 참고할 때, 단단한 팀은 단순히 그들이 무엇을 했는지를 보지 않는다. 그들이 무엇 때문에 그런 결정을 내렸는지 그 판단 기준과 근거를 확인하는 습관을 갖는다. 우리 팀의 과거 레퍼런스라면 당시의 판단 기준이 지금도 여전히 유효한지를 따져보고, 타사의 레퍼런스라면 그들이 세운 기준이 우리 상황에도 적용될 만한 것인지 로직을 해부하는 과정이다. 나아가 우리 팀의 기록을 레퍼런스로 남길 때도 반드시 그 판단 기준을 함께 남겨야 한다. 그래야 다음 사람이 그 기록을 딛고 영토를 확장해갈 때 시행착오 시간을 획기적으로 줄이고 성공 확률을 높일 수 있다. 과거에는 생존을 위해 속도를 택했지만, 지금은 신뢰를 위해 품질 임계치를 높인다는 식의 업데이트된 기록이 쌓일 때 팀의 판단 해상도는 극도로 정교해진다. 이런 습관이 자리 잡으면 팀은 단순히 남을 따라 하는 것이 아니라, 축적된 지능 위에서 팀 스스로 최선의 선택을 내리는 자율적인 조직으로 진화한다.

함께 돌아야 하는 엔진

여덟 가지 작동 원리는 무작위로 나열된 게 아니다. 이 여덟 개가 정교하게 맞물려 돌 때, 엔진이 작동한다.

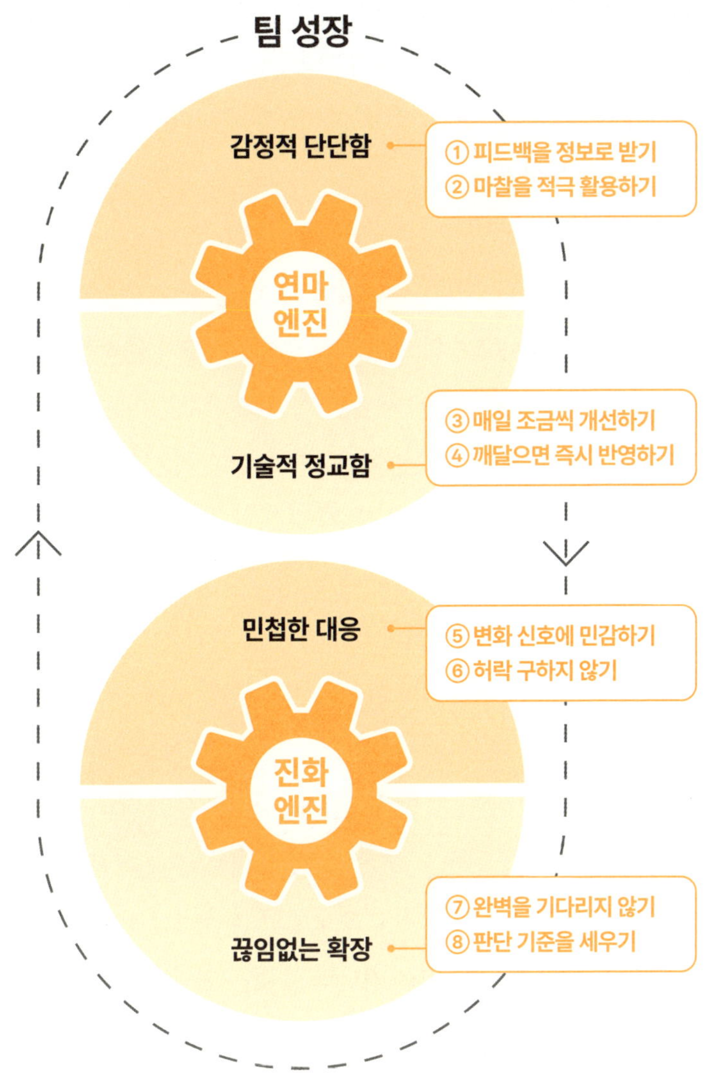
팀 성장
감정적 단단함
① 피드백을 정보로 받기
② 마찰을 적극 활용하기
연마
엔진
기술적 정교함
③ 매일 조금씩 개선하기
④ 깨달으면 즉시 반영하기
민첩한 대응
⑤ 변화 신호에 민감하기
⑥ 허락 구하지 않기
진화
엔진
끊임없는 확장
⑦ 완벽을 기다리지 않기
⑧ 판단 기준을 세우기

놀라운 건, 이 두 엔진이 서로를 강화한다는 것이다. 연마 엔진이 돌면 진화가 쉬워진다. 왜? 기본이 단단하니까. 실험해도 무너지지 않는다. 진화 엔진이 돌면 연마가 가속된다. 왜? 새로운 시도에서 배우니까. 배움이 쌓이면 더 정교해진다. 두 엔진이 함께 돌 때, 팀은 폭발적으로 나아간다

여덟 가지 원리. 이것은 선택 사항이 아니다. 하나라도 빠지면 엔진은 제대로 돌지 않는다. 피드백 없이는 개선할 게 없고, 마찰이 없다면 더 나은 답이 나오지 않으며, 개선 없이는 정교해질 수 없고, 즉시 반영 없이는 변화가 일어나지 않는다. 신호 감지 없이는 늦고, 권한 없이는 느리며, 완벽 추구는 출발을 막고, 판단 기준 없이는 매번 처음부터 다시 시작할 뿐이다. 여덟 개 모두 필요하다.

팀 상황별 작동 원리 선택하기

우리 팀 상황에 적합한 작동 원리는 무엇인가?

여덟 가지 작동 원리를 봤다. 모든 팀이 같은 지점에서 시작하는 건 아니다. 어디서부터 시작해야 할까? 위기에 몰린 팀과 안정된 팀은 다른 처방이 필요하다. 갈등으로 흔들리는 팀과 혁신이 필요한 팀은 다른 공식부터 써야 한다. 크게 팀의 다섯 가지 상황별 작동 원리가 있다. 당신 팀의 상황을 진단하고, 맞는 원리를 선택하라. 그리고 그 상황에 맞는 처방부터 시작하라. 극단적으로 보일 수 있다. 하지만 그래야 바뀐다.

상황 1. 생존형 - 버티는 팀

위기다. 자원이 부족하고 시장이 급변한다. 인력도 예산도 시간도 없다. 지금 하던 일도 버거운데 새로운 걸 시도할 여유가 없다. 생존이 걸려 있다. 버티는 게 목표다. 시그널 보드(⑧)로 생존 신호만 체크하고, 3cm 권한(⑩)으로 승인 없이 즉시 결정하라.

상황 2. 적응형 - 배우는 팀

시장이 빠르게 변한다. 신규 사업에 진입했거나, 피벗을 했거나, 완전히 새로운 영역으로 왔다. 기존 방식이 안 통한다. 완벽을 포기하라. 7-Day Test(⑫)로 일주일에 실험 하나씩, 48시간 행동규칙(⑥)으로 배운 것은 즉시 반영하고, 판단 기준(⑭,⑮)을 남겨 학습의 속도를 높여라.

상황 3. 공동체형 - 연결된 팀

갈등이 있었다. 신뢰가 약화됐거나, 팀이 재편됐다. 일은 돌아가는데 분위기가 이상하다. 서로 눈치를 보고, 솔직하지 못하며, 불편한 진실은 말하지 않는다. 이 상태로는 성장할 수 없다. 관계부터 회복하라. 마찰을 다루는 4가지 룰(③)을 통해 불편함을 다루는 언어를 배우고, 피드백 요청(①,②)을 리더부터 시작하라. 신뢰가 먼저다.

상황 4. 창조형 - 시도하는 팀

신사업을 만들거나, 돌파구를 찾아야 한다. 자원도 있고 시간도 있다. 하지만 새로운 게 나오지 않는다. 안전지대에 갇혀 있다. 실험을 의무화하라. 10% 실험 배분(⑬)을 고정하고, 3cm 권한(⑩)으로 승인 없는 실험을 가능하게 하며, 이면의 판단로직(⑮)을 추출해 다음 시도의 성공 확률을 높여라.

상황 5. 자율형 - 스스로 움직이는 팀

성숙한 팀이다. 원격으로 일하거나, 자율 조직을 지향하거나, 리더 의존도를 낮추고 싶다. 팀원 개개인이 성장했고, 서로 신뢰한다. 리더의 권한을 팀에게 넘겨라. 권한 확대(⑩,⑪)로 결정권을 분산하고, 판단 로직(⑭,⑮)을 동기화하여 리더 없이도 일관된 최선의 선택을 내리며, 자동화된 피드백(①,②)을 통해 스스로 진화하는 지능형 조직으로 완성하라.

팀 상황별 작동 원리 선택하기

작동 원리별 방법론

1. 피드백을 정보로 받기
① 피드백 형식 구조화
② 피드백 비율 맞추기

2. 마찰을 적극 활용
③ 마찰을 다루는 4가지 룰

3. 매일 조금씩 개선
④ 주간 팀 개선 리추얼
⑤ 진화 가시화

4. 깨달으면 즉시 반영
⑥ 48시간 행동 규칙
⑦ 작고 빠른 실험 사이클

5. 변화 신호에 민감
⑧ 시그널 보드
⑨ 외부 안테나 역할 분산

6. 허락을 구하지 않기
⑩ 권한의 명확한 선언 (3cm 권한)
⑪ 선 실행 후 공유 원칙

7. 완벽을 기다리지 않기
⑫ 7-Day Test
⑬ 업무시간의 실험 10% 배분

8. 판단 기준을 세우기
⑭ 실행/중단 경계선 명확화
⑮ 이면의 판단로직 추출

혼자가 아니다. 그것이 우리의 가장 큰 힘이다.

최고의 팀에서 함께하고 있는가? 함께하면 좋은 사람들과 있는가? 시간이 지나서 이 순간을 돌아볼 때 "그 시절이 참 좋았다"고 말할 수 있는가?

우리는 가끔 착각한다. 모두가 친해야 한다고, 모두가 같이 만나야 한다고. 그러나 더 맞는 사람이 있고, 덜 맞는 사람이 있고, 같이 앉아 있으면 어색한 사람이 있다. 그게 삶이다. 그런데 팀에 대해서는 유독 다른 기대를 한다. 모두가 친해야 하고, 모두가 존중해야 하고, 모두가 가까워야 하고, 모두가 배려해야 한다고.

그렇지 않다. 팀은 때로 부딪히고 때로 찢어지고, 때로 나만 더 배려하고, 때로 나만 더 헌신하는 것 같다. 때로 시기하고, 때로 질투하고, 때로 미워한다. 그게 사람 사는 곳이다. 그렇게 우리는 사람들 속에서 함께하며 자라고 잘한다. 때론 못 자라고 못한다. 중요한 것은 모두가 친한 팀이 아니라, 함께 목표를 향해 나아가야 한다는 사실이다. 그게 삶이니까.

나인팀 8기는 그래서 해냈다. 목표한 책을 냈으니까. 2025년, 그 치열함의 결과로 <단단한 팀>이 나왔다. 책은 쉽게 나오지 않았다. 각자의 일과 가정과 개인 생활을 병행하면서 책을 쓴다는 것은 결코 만만한 일이 아니었다. 주말을 반납하고, 밤늦게까지 원고를 쓰고, 새벽에 일어나 글을 읽었다. 서로의 글을 읽고 피드백하고, 다시 고치고, 또 토론했다. 때론 감정이 상하고, 때론 지쳐서 포기하고 싶었다.

하지만 우리는 해냈다. 혼자가 아니었기 때문이다. 혼자만 열심히 하는 것이 아니라 다른 사람들도 열심히 하고 있다는 것을 알았기 때문이다. 내가 포기하면 다른 사람들에게 미안할 것 같았기 때문이다. 그리고 무엇보다, 우리가 함께 만들어낼 결과물이 가치 있을 것이라고 믿었기 때문이다.

함께 할 때 가장 힘든 것은 해석이다. 각자의 해석이 달랐다. 중요한 것은 그 해석이 그렇게 일리에 어긋나지 않았던 것이다. "그것도 좋은데요."라는 말을 참 많이도 했고, 들었다. 그렇게 확산이 되었다.

수렴은 없고 확산만 이어졌다. 누가 풍부가 좋다 했던가.

'단단함'을 각자의 방식으로 해석했다. 처음에 "단단한 팀"이라는 제목을 정했을 때, 각자 다른 것을 떠올렸다. 어떤 사람은 강인함을, 어떤 사람은 회복탄력성을, 어떤 사람은 일관성을, 어떤 사람은 신뢰를 생각했다. 모든 것이 맞았다. 단단함은 하나의 의미로 정의될 수 없다. 각자의 맥락에서, 각자의 상황에서, 각자의 필요에 따라 다르게 해석된다. 그래 함께 글을 쓰는 건 미친 짓인지도 모른다. 역시 어려웠다.

'팀'을 각자의 방식으로 해석했다. 어떤 사람에게 팀은 같은 목표를 향해 가는 사람들이었고, 어떤 사람에게는 서로를 지지하는 공동체였고, 어떤 사람에게는 함께 성장하는 학습조직이었다. 모든 해석이 공존했고, 그것이 우리의 논의를 풍부하게 만들었다. 풍부함이 늘 좋지만은 않다. 늘 허공에 떠도는 느낌이었다. 역시 함께 글을 쓰는 건 어려웠다.

'레버리지'를 각자의 방식으로 해석했다. 어떤 사람은 효율성의 관점에서, 어떤 사람은 협력의 관점에서, 어떤 사람은 전략의 관점에서 이해했다. 하지만 결국 우리가 도달한 결론은 같았다. 레버리지는 혼자서는 만들 수 없다는 것. 함께할 때만 가능하다는 것. 그러나 역시 함께 글을 쓰는 건 어려웠다.

'리더'를 각자의 방식으로 해석했다. 권위를 가진 사람, 책임을 지는 사람, 방향을 제시하는 사람, 구성원을 돌보는 사람, 변화를 이끄는 사람. 각자의 경험에서 나온 리더의 모습은 달랐지만 공통점도 있었다. 진정한 리더는 혼자가 아니라 함께한다는 것. 이것 빼고는 없었다. 역시 함께 글을 쓰는 건 어려웠다.

'플레이어'를 각자의 방식으로 해석했다. 실행하는 사람, 기여하는 사람, 참여하는 사람, 책임지는 사람. 다양한 해석이 있었지만, 우리가 공감한 것은 모든 구성원이 플레이어라는 점이었다. 리더만 중요한 것이 아니라, 각자의 위치에서 각자의 역할을 하는 모든 사람이 중요하다는 것. 공감한 것이 너무 뻔하지 않는가. 함께 글을 쓰는 건 어려웠다는 걸 깨달았다.

그러나 우리는 포기 하지 않았다. 수없이 토론하고, 부딪히고, 조율하면서 우리는 공통의 언어를 만들어냈다. 완전히 같지는 않지만, 서로를 이해할 수 있을 만큼 가까워진 언어. 좋은 팀은 공동의 언어를 사용한다고 한다.

이제 우리는 각자의 일터와 각자의 공간에서 단단한 팀이 되기 위해, 단단한 리더가 되기 위해, 단단한 플레이어가 되기 위해 나아갈 것이다. 우리가 경험했던 것들이 각자의 공간에서 어떤 식으로 적용되고 강화될지 모른다. 기대가 되는 것은 사실이다. 누군가는 자신의 조직에서 팀 빌딩에 활용할 것이고, 누군가는 리더십 개발에 적용할 것이고, 누군가는 프로젝트 관리에 활용할 것이다. 같은 책을 쓰고 같은 과정을 거쳤지만, 각자의 현장에서 다르게 발현될 것이다.

나인팀 8기는 이제 각자의 길을 간다. 누군가는 가끔 만나고, 서로 안부를 전하겠지만 모두가 계속 만나는 일은 없거나 점점 줄어갈 것이다. 삶은 각자의 방향으로 흘러가고, 우선순위는 바뀌고, 환경은 달라진다. 하지만 우리는 안다. 이 경험이 우리를 어딘가에서 연결할 것이라는 것을. 직접 만나지 않아도, 자주 연락하지 않아도, 우리는 어딘가에서 비슷한 고민을 하고, 비슷한 시도를 할 것이다.

팀은 완벽하지 않다. 사람은 완벽하지 않다. 관계는 완벽하지 않다. 하지만 그럼에도 불구하고, 아니 바로 그렇기 때문에, 우리는 함께해야 한다. 혼자서는 갈 수 없는 곳에, 함께라면 갈 수 있다.

이 책이 나오기까지 많은 사람들의 도움이 있었다. 가족들, 동료들, 친구들. 그들의 이해와 지지와 격려가 없었다면 이 책은 나올 수 없었다. 우리 모두를 위해 시간을 내어진 그들의 헌신이 있었기에 이 책이 나왔다. 진심으로 감사드린다 우리는 혼자가 아니다.
그것이 우리의 가장 큰 힘이다.

단단한 팀

초판 1쇄 발행 2026년 2월 26일

지은이 김지혜 김형철 박　승 서동춘 양해준 엄용준 원유중
　　　　이경일 이경훈 이광호 이준희 전수정

내지·표지·일러스트 김미나
마케팅 임주성 이유림 윤소연
경영지원 이지원

펴낸곳 플랜비디자인 **펴낸이** 최익성
출판등록 제2016-000001호

주소 경기도 화성시 동탄첨단산업1로 27 동탄IX타워 A동 3210호
전화 031-8050-0508 **전화** 02-2179-8994
이메일 hello@planbhr.co.kr **인스타** @planb_designcompany
ISBN 979-11-6832-236-3 (03320)